Chuck Spezzano

Die Heilkraft der Seele

Verlag Via Nova

CHUCK
SPEZZANO

Die Heilkraft der Seele

Heilung auf allen Ebenen des Lebens

Verlag Via Nova

Übersetzung aus dem Englischen:
Ulrike Kraemer

Originaltitel:
Awaken Inner Healing
for Health, Relationships and Life Challenges

---

1. Auflage 2016
Verlag Via Nova, Alte Landstr. 12, 36100 Petersberg
Telefon: (06 61) 6 29 73
Fax: (06 61) 96 79 560
E-Mail: info@verlag-vianova.de
Internet: www.verlag-vianova.de
Umschlaggestaltung: Guter Punkt, München
Satz: Sebastian Carl, Amerang
Verzierungen: © Milos Dizajn – shutterstock_150103664
Druck und Verarbeitung: Appel und Klinger, 96277 Schneckenlohe

ISBN 978-3-86616-330-0

Für Tara und Zach Focht

Danksagungen

Einem Menschen zu danken bedeutet, seinen Beitrag zu dem Werk, das vollendet wurde, anzuerkennen. In diesem Sinne möchte ich meiner Frau und meinen Kindern danken, die mich bei jedem Buch immer wieder neu inspirieren. Ich danke auch meinen Lektoren Eric und Celia Taylor, deren Beitrag zu diesem Buch darin besteht, dass sie ihm – wie schon so vielen anderen Büchern zuvor – den letzten sprachlichen Schliff gegeben haben. Sie waren mir immer gute Freunde und sind unentbehrlich, wenn es darum geht, diese Konzepte der Öffentlichkeit zu präsentieren. Meine Schreibkraft Sunny Kukahiko war mir ebenfalls eine unschätzbare Hilfe, denn sie hat mit großem Engagement das, was sonst unleserlich gewesen wäre, in ein vorzeigbares Manuskript verwandelt. Mein Dank geht außerdem an Charlie und Cilla, die liebevoll dafür sorgen, dass im Büro alles reibungslos läuft, an Harrylne, die sich um das Haus kümmert, und an Peter, der das Anwesen pflegt und in Ordnung hält. Ich danke meinem Herausgeber Werner Vogel vom Verlag Via Nova, der diesem Buch eine Heimat gegeben hat. Django und Bianca danke ich für ihre Unterstützung bei Buchvorstellungen, Workshops und Veranstaltungen in Europa.

Vorbemerkung der Übersetzerin

Die englische Sprache unterscheidet in den meisten Fällen nicht zwischen männlichen und weiblichen Substantivformen. So ist mit „partner" beispielsweise immer sowohl der Partner als auch die Partnerin gemeint und mit „friend" nicht nur der Freund, sondern auch die Freundin. Um die Lesbarkeit des deutschen Textes zu bewahren und unnötig komplizierte Satzkonstruktionen zu vermeiden, wurde in der deutschen Übersetzung bewusst darauf verzichtet, immer beide Substantivformen zu erwähnen, und in den meisten Fällen die männliche Form benutzt. Trotzdem schließt der „Partner" natürlich immer auch die „Partnerin" und der „Freund" immer die „Freundin" ein.

Inhalt

Hundert Prinzipien der Heilung

1. Liebe heilt Angst und Trennung.
2. Vergebung löst Illusionen, Probleme, Groll und Schuld auf.
3. Fülle bringt Einheit.
4. Urteile und Groll verbergen Schuld. Verstehen stellt unsere Verbundenheit wieder her und lässt uns dadurch erkennen, dass wir allen Schmerz und alle Traumata fälschlicherweise benutzt haben, um uns zu trennen, unsere Selbstkonzepte zu stärken und auf diese Weise ein Ego zu erschaffen.
5. Jede Anhaftung führt früher oder später zu Schmerz. Loslassen befreit uns von Schmerz und davon, festhalten zu müssen.
6. Jedes Bedürfnis, das Trennung entspringt, geht mit dem Verlangen einher, einerseits das zu bekommen, was wir zu brauchen glauben, und andererseits dagegen anzukämpfen, weil wir uns vor dem Verlust unserer Unabhängigkeit fürchten.
7. Trennung ist die Wurzel aller Probleme. Sie ist unser Kampf mit Gott, und wir benutzen sie, um Zorn hervorzurufen oder am Leben zu erhalten.
8. Trennung führt zu Angst, Schuld, Groll und Autoritätskonflikt. Dies sind die Eckpfeiler aller Probleme. Eine dieser fünf Dynamiken zu heilen heißt, das Problem zu heilen.
9. Emotionen zeigen, dass wir in eine Illusion investiert haben, um eine bestimmte Belohnung zu bekommen.
10. In einen Zustand des Friedens zu gelangen, wenn wir vor einem Problem stehen, ist gleichbedeutend damit, das Problem aufzulösen.
11. Probleme und Schmerz zeigen uns, dass wir noch nicht vollständig zur Wahrheit gelangt sind, denn sie sind ein Teil der Illusion, die aus Trennung entsteht.
12. Zuversicht gibt uns die Möglichkeit, Probleme als etwas zu klären, mit dem es sich lediglich zu befassen gilt.

13. Jedes Problem und jeder Schmerz verbirgt eine Gabe. Wenn wir die Gabe mit offenen Armen annähmen, würde das Problem verschwinden.
14. Trennung und Probleme führen uns in Richtung Tod, während Lösungen uns zum Leben führen.
15. Rückhaltlosigkeit führt zu Verpflichtung. Verpflichtung öffnet die Tür zum Empfangen und bringt uns zum nächsten Schritt voran, ob in Beziehungen, im Leben oder im Beruf.
16. Der Himmel ist auf unserer Seite. Unser Ego ist nicht auf unserer Seite, denn es baut auf Trennung auf, und das schließt sogar die Trennung von uns selbst ein.
17. Wenn wir unsere Verbundenheit zerstören, leiden wir. Aller Schmerz ist ein Hinweis auf den Ort, *an dem* ***wir*** *unsere Verbundenheit mit einem anderen Menschen zerstört haben.*
18. Unser Schmerz rührt von unserer Interpretation der Ereignisse her, nicht von den Ereignissen selbst.
19. Jedes schmerzhafte Ereignis ist ein Scheideweg, an dem wir die falsche Richtung eingeschlagen haben. Wir hätten uns dafür entscheiden können, vorzutreten und unser Licht leuchten zu lassen, statt hartherzig zu sein und uns zu verstecken.
20. Alle Heilung lässt uns auf eine höhere Bewusstseinsstufe gelangen, erlaubt uns, in stärkerem Maße zu lieben und zu empfangen, verleiht uns größere Integrität und Liebenswürdigkeit und vergrößert unsere Unschuld.
21. Emotionen liegen an der Wurzel aller Probleme. Wenn wir die Emotionen heilen, lösen die Probleme sich auf.
22. Unsere Heilung führt uns zurück zum Einssein. Sie ist eine Erneuerung von Licht, Liebe und Wahrheit. Sie bringt uns die Erkenntnis zurück, dass wir reiner Geist sind.
23. Auf einer bestimmten Ebene ist jede Angst eine Angst vor Veränderung. Deine Veränderung ist dein Heilmittel.
24. Angst ist die Angst davor, dass wir mit dem nächsten Schritt nicht umgehen können. Es gibt jedoch nichts, was wir gemeinsam mit dem Himmel nicht schaffen können.
25. Ein Herzensbruch ist ein geplatzter Traum, der daher rührt, dass du etwas zu einem Götzen gemacht hast.

26. Besonderheit ist der Versuch, anders zu sein, um Aufmerksamkeit zu erlangen. Sie ist eine Form des Nehmens.
27. Aller Schmerz rührt von dem Versuch her, zu nehmen oder zu bekommen, obwohl dies manchmal dadurch verborgen wird, dass wir geben, um zu nehmen. Das Ego schlägt vor, dass wir nehmen oder bekommen, statt uns zu verbinden, damit wir unsere Unabhängigkeit aufrechterhalten können. Erfüllen kann uns jedoch nur das, was uns verbindet.
28. Jede Trennung ruft neuen Widerstand und neue Probleme hervor. Wir trennen uns, bis der Widerstand so stark geworden ist, dass wir entweder zur Heilung gelangen oder uns vom Licht entfernen.
29. Wenn wir uns mit einem anderen Menschen verbinden, dann verbinden wir uns mit uns selbst und auf einer umfassenderen Ebene auch mit dem Himmel.
30. Für jedes Problem und jede Falle, in die wir tappen, hält der Himmel Gnade und Wunder bereit, um uns zu befreien.
31. Vergebung macht einen Feind zu einem Verbündeten und lässt uns beide in einen neuen Fluss gelangen.
32. Fünfundachtzig Prozent unserer Probleme, besonders unserer chronischen Probleme, dienen dazu, unserer Lebensaufgabe aus dem Weg zu gehen. Fünfzehn Prozent sind Lektionen, die wir lernen müssen, damit wir unsere Lebensaufgabe erfüllen können.
33. Unsere Lebensaufgabe zu leben heißt, ein von Kreativität erfülltes Leben zu führen, das von visionärer Schau und von der Fähigkeit geprägt ist, einen positiven Weg voran zu erkennen.
34. Unsere Lebensaufgabe besteht darin, glücklich zu sein, Heilung dort zu erlangen, wo wir noch nicht heil sind, das zu vollbringen, womit wir betraut wurden, weil nur wir es vollbringen können, und schließlich ein so hohes Maß an Heilung zu erlangen, dass wir zum Erlöser der Welt werden.
35. Fülle ist unser natürlicher Zustand. Wenn wir nicht in der Fülle sind, haben wir einen Fehler gemacht.
36. Wenn das Unterbewusstsein und das Unbewusste ans Tageslicht gebracht würden, könnten wir erkennen, dass alles, was in unserem Leben geschieht, unsere eigene Entscheidung war. Viele unserer falschen Entscheidungen verbergen wir vor uns selbst.

37. Jede Todesversuchung ist als Wiedergeburt gedacht, als eine Einladung, neu geboren zu werden.
38. Wenn wir etwas annehmen, stecken wir nicht länger darin fest. Wenn wir das annehmen, was geschieht, können wir zum nächsten Schritt in unserer Entwicklung vorangelangen.
39. Wenn wir einen Groll hegen, dann glauben wir, jemand habe unsere Regeln gebrochen und nicht gemäß dem Drehbuch gelebt, das wir ihm zugewiesen hatten. Auf einer tieferen Bewusstseinsebene hat er sich jedoch genau an das heimliche Drehbuch gehalten, das wir für ihn geschrieben haben.
40. Jedes negative Ereignis, das uns widerfährt, benutzen wir aus einem ganz bestimmten Grund. Es erfüllt einen Zweck. Wir ziehen einen Gewinn daraus. Wir wollten es benutzen, um etwas zu vergraben.
41. Wir weisen einem anderen Menschen immer die Schuld an dem zu, was wir selbst getan oder unterlassen haben.
42. Heilung beinhaltet stets eine Form der Integration, die Frieden, Zuversicht und Ganzheit bringt. Sie impft uns gleichsam gegen das, was negativ ist.
43. Die Wurzeln von Kindheitstraumen liegen im Mutterleib. Wo wir unsere Ganzheit im Mutterleib verloren haben, dort haben wir einen Teil unserer selbst der Hölle überantwortet.
44. Aller Schmerz ist ein Missverständnis und somit heilbar. Er ist einfach ein Fehler, den es zu berichtigen gilt.
45. Das Ego belegt alle Orte, an denen wir Fehler gemacht oder uns getrennt haben, mit Sünde und Schuld, um das Problem festzuschreiben und seine eigene Macht zu vergrößern. Das Ego labt sich an Schuld.
46. Jeder Herzensbruch erzeugt ein Geflecht von Problemen.
47. Heilung ist die Wahl zwischen Liebenswürdigkeit und Angriff.
48. Heilung bedeutet, dem Ego die Zügel aus der Hand zu nehmen und uns für das zu entscheiden, was wir wollen.
49. Umfassendere Heilung bedeutet, dem Himmel die Zügel zu überlassen in dem Wissen, dass der Himmel die besseren Entscheidungen für uns trifft als wir selbst.
50. Heilung ist die Entscheidung, zu segnen, statt zu urteilen, zu vergeben, statt zu grollen, zu helfen, statt zu hassen, glücklich zu sein, statt uns in unserem Selbsthass selbst anzugreifen.

51. Heilung heißt, den Menschen, die negativ handeln, rückhaltlos zu geben in dem Wissen, dass ihr Verhalten ein Hilferuf ist.
52. Glück hängt nicht von äußeren Umständen ab. Es ist die Entscheidung, ungeachtet der Umstände glücklich zu sein.
53. Heilung bedeutet, Anhaftungen loszulassen, denn aller Schmerz rührt von Anhaftungen her.
54. Ein Herzensbruch im Erwachsenenalter rührt von einem Herzensbruch in der Kindheit her, während Kindheitstraumen aus der Zeit im Mutterleib herrühren. Schmerz, den wir im Mutterleib erlitten haben, geht auf Muster zurück, die auf einer Ahnenebene oder in „vergangenen Leben" entstanden sind. Diese Muster rühren wiederum aus dem kollektiven Feld, dem astralen Feld oder den Orten her, an denen wir uns vom Licht abgewendet haben. Alle diese Dinge gehen auf unseren Fall aus dem Zustand des Einsseins und der Gnade zurück, der die Wurzel aller Trennung ist.
55. Da das Einssein unteilbar ist und wir den Himmel nicht verlieren können, sind wir in eine ungeheuer große Illusion hineingefallen.
56. Die Verletzung, die wir erlitten haben, wurde uns von einem Menschen zugefügt, der von mehreren anderen verletzten Menschen verletzt wurde, die ihrerseits durch viele andere verletzte Menschen verletzt wurden. Was wir nicht heilen, geben wir an andere Menschen weiter, die es ihrerseits wiederum an viele andere Menschen weitergeben. Wir besitzen eine Gabe der Erlösung, und mit Hilfe des Himmels können wir das gesamte Netzwerk heilen.
57. Ein Verrat an uns war der Versuch, dort Schuld zu tilgen, wo wir glaubten, andere Menschen verraten zu haben.
58. Wo wir jemanden benutzt haben, um uns zu verraten, dort haben wir in Wirklichkeit uns selbst, andere Menschen und den Himmel verraten.
59. Vergebung ist praktische Liebe.
60. Probleme oder einzelne Schichten eines Problems können geheilt werden, indem wir fragen, wer unsere Hilfe braucht. Wenn wir die Antwort wissen, können wir intuitiv Liebe in das Problem einströmen lassen. Dadurch wird das Problem oder zumindest eine Schicht des Problems geheilt. Die Heilung geschieht rasch und mühelos, ganz gleich, wie klein, groß oder schmerzhaft das Problem ist.

61. Alle Verletzung und aller Schmerz rühren von dem Versuch her, etwas zu bekommen oder zu nehmen.
62. Wenn Trennung geschieht, dann sind Gefühle von Unzulänglichkeit und Widerstand die Folge. Ist der Widerstand groß genug geworden, hindert er uns daran, den nächsten Schritt zu gehen. Er sorgt dafür, dass unser Leben zunehmend von Schwierigkeiten geprägt ist, weil wir versuchen, gegen ihn anzukommen.
63. Wir besitzen das spirituelle Erbe der Unbegrenztheit und die unzähligen Gaben, die Gott uns gegeben hat.
64. Jedes Problem könnte durch Gnade ganz mühelos gelöst und sogar unsere Lebensaufgabe mit ihrer Hilfe mühelos vollbracht werden. Gnade ist die Liebe Gottes, die uns in jeder Lebenslage zuteilwird.
65. Wir können nur dann Angst haben, wenn wir versuchen, alles aus eigener Kraft zu schaffen. Wir können uns nur dann fürchten, wenn wir vergessen, wer an unserer Seite geht, um uns in jedem Augenblick und auf jede nur erdenkliche Weise seine göttliche Hilfe zu gewähren.
66. Vertrauen kann jedes Problem heilen. Vertrauen ist die Investition unseres Geistes in einen positiven Ausgang, während Angst die Investition unseres Verstandes in einen negativen Ausgang ist. Es ist unsere Entscheidung, in was wir investieren.
67. Loslassen gibt Anhaftungen und den mit ihnen einhergehenden Schmerz auf, sodass wir den nächsten Schritt gehen können. Unsere Bedürfnisse rühren aus der Vergangenheit her, versuchen aber, durch Anhaftung in der Gegenwart erfüllt zu werden. Das wird nie funktionieren. Eine Anhaftung ist vorgetäuschte Verbundenheit und führt zur Verschmelzung.
68. Frieden ist die Pforte zur Ewigkeit.
69. Das Ego erzeugt Emotionen durch Manipulation, um Aufmerksamkeit und Besonderheit zu erlangen.
70. Emotionen sollte weder die oberste Priorität eingeräumt, noch sollten sie geschmälert werden. Emotionen sollten als Hinweiszeichen auf das dienen, was der Heilung bedarf.
71. Das Ego ist aus Selbstkonzepten aufgebaut. Ein Selbstkonzept gleicht einem lebensgroßen Gummiüberzug, der jeden Kontakt verhindert und den Fluss zum Stillstand bringt. Der mit Selbstkonzepten einhergehende Selbstangriff lenkt uns von den Hilferufen der Menschen in unserer

Umgebung ab. Die meisten Menschen tragen so viele Selbstkonzepte in sich, dass ihr Ego einem riesigen Wohnturm mit unzähligen kleinen Eigentumswohnungen gleicht.

72. Selbst der größte Schmerz im Leben kann dadurch geheilt werden, dass wir uns fragen, wer unsere Hilfe braucht, und durch unseren Schmerz hindurch geben.
73. Den Himmel zu fragen, worin dein Wert liegt, wenn du dich wertlos fühlst, oder worin deine Bedeutung liegt, wenn du dich bedeutungslos fühlst, sind einfache Möglichkeiten, diese Fallen zu heilen.
74. Wenn du über einen Menschen urteilst, kannst du ihn nur so weit sehen und verstehen, wie dein Urteil reicht. Liebe gibt dir die Möglichkeit, in ihn hineinzuschauen und ihn zu erkennen.
75. Wenn du einen Herzensbruch erlitten hast, dann bist du zugleich Opfer und trägst Rache, Schuld, Angst, Verlust, Aufopferung, Unabhängigkeit, Hass, Selbsthass, Zynismus und Bitterkeit in dir. Dies kann auf der Ebene von Geschichten, Verschwörungen oder Götzen der Fall sein und zeigt einige der tiefsten Fallen auf, die im Unbewussten verborgen liegen.
76. Alles, was wir einem anderen Menschen anlasten, lasten wir Gott an.
77. Ein Angriff auf einen Menschen weitet sich zum Angriff auf alle Menschen aus. Das schließt den Angriff auf uns selbst ein.
78. Ein Problem ist eine Form der Klage. Ein großes Problem ist ein Wutanfall.
79. Falsche Geisteshaltung, Widerborstigkeit und Starrsinn verbergen unsere Angst vor Veränderung.
80. Probleme im Mutterleib setzen Kindheitstraumen und selbstzerstörerische Muster in Gang. Es kann geschehen, dass wir Anteile, die hier abgespalten werden, in unsere inneren Höllen verbannen.
81. Perfektionismus ist eine Kompensation für Unzulänglichkeit. Wir glauben, dass wir perfekt sein müssen, um geliebt zu werden. Zielsetzungen bitten, während Erwartungen fordern. Erwartungen und Perfektionismus rühren von alten Bedürfnissen her.
82. Kontrolle fordert, dass die Dinge nach ihrem Willen laufen sollen, um ihre Bedürfnisse zu befriedigen. Das führt zu Auseinandersetzungen.
83. Das Maß unserer Unabhängigkeit entspricht dem Maß unseres gespaltenen Bewusstseins. Ein gespaltenes Bewusstsein führt zu Angst und lähmt uns, weil keine der beiden Seiten zufriedengestellt werden kann.

84. Unabhängigkeit, Abhängigkeit und Aufopferung sind Rollen. Das Maß, in dem wir diese Rollen spielen, entspricht dem Maß, in dem wir nicht empfangen können.
85. Wenn wir für alle unsere Erfahrungen die volle Verantwortung übernehmen würden, dann würden wir zur Erleuchtung gelangen.
86. Eine Rolle ist gleichbedeutend damit, dass wir viel tun, uns aber nicht einbringen. Da wir keinen Kontakt herstellen, können wir nicht empfangen und weder Erfolg noch Nähe genießen.
87. Das Maß, in dem unsere Mutter und unser Vater gute Eltern oder ein gutes Paar waren, und das Maß, in dem unsere Familie, unsere früheren Partner, unser gegenwärtiger Partner und unsere Kinder gut zu uns waren oder sind, entspricht dem Maß, in dem wir gut zu ihnen waren oder sind. Wenn wir einen 80%-Partner haben, dann sind auch wir nur zu 80% ein guter Partner oder eine gute Partnerin. Sowohl schwierige als auch einfache Menschen können uns verletzen, aber das Maß, in dem sie gut zu uns sind, entspricht dem Maß, in dem wir gut zu ihnen sind.
88. Rollen tun die richtigen Dinge aus den falschen Gründen und sind deshalb weder authentisch noch integer. Sie sind vielmehr Abwehrmechanismen und Kompensationen für Schuld und Unwürdigkeit. Unsere Entscheidung verwandelt eine Rolle in echtes Geben.
89. Wenn eine Beziehung richtig genutzt wird, ist sie der schnellste Weg zu persönlichem Wachstum. Wenn wir unserem Partner wirklich geben, gehen wir den nächsten Schritt hin zu Nähe und Erfolg. In einer Beziehung können nur Ebenbürtigkeit und Gegenseitigkeit zum Erfolg führen, denn wenn nicht beide Partner gleichermaßen gewinnen, ruft die Konkurrenz zwischen ihnen Angst, Machtkämpfe und Leblosigkeit hervor.
90. Wir wurden als Abbild Gottes erschaffen und besitzen deshalb nur die Eigenschaften, die er uns gegeben hat und die den seinen und nicht den zahllosen Selbstkonzepten gleichen, die wir selbst aufgebaut haben und die auf Ungerechtigkeit, Schmerz und Projektion gründen.
91. Die Welt ist ein Spiegel unseres Bewusstseins. Wir sehen nur das, was wir von uns selbst glauben. Die Welt zeigt uns, was wir verurteilt, abgespalten, verdrängt und projiziert haben. Einige uralte Selbstkonzepte haben wir so gut verborgen, dass, wenn die Menschen in unserer Welt sie uns nicht wie einen Spiegel vorhalten würden, wir nichts von der Exis-

tenz dieses Anteils wüssten, dessentwegen wir uns immer wieder selbst angreifen. Vergebung reinigt unseren Spiegel und unser Bewusstsein.

92. Vergebung dient uns. Wenn wir nicht vergeben würden, könnten wir die verborgenen, auf Schuld gründenden Selbstkonzepte nicht finden, die uns in der Welt verankert halten.
93. Jede Form von Sabotage ist Selbstsabotage. Sie steht für die Angst davor, uns in noch höherem Maße aufopfern zu müssen, wenn wir den nächsten Schritt gehen.
94. Schattenfiguren, die wir in der Welt sehen, sind Schattenfiguren, die wir in uns tragen. Sie sind Orte des Selbsthasses, Aspekte unserer selbst, die wir verurteilt und in uns eingesperrt haben. Sie programmieren uns und unsere Welt, obwohl sie kompensiert werden. Sie errichten unsichtbare Wände, die uns daran hindern, den nächsten Schritt zu gehen. Vergebung oder Integration ist gefordert, um sie zu heilen.
95. Unter jedem chronischen Problem verbirgt sich ein Wutanfall, der damit zu tun hat, dass wir unseren Willen nicht bekommen haben. Darunter verbirgt sich unsere falsche Geisteshaltung. Darunter verbirgt sich unsere Angst vor Veränderung. Darunter verbirgt sich unsere Anhaftung an Götzen, die Welt und unser Ego. Darunter verbergen sich unser Autoritätskonflikt und unser Kampf mit Gott.
96. Der Himmel will, dass wir vollkommen glücklich sind. Überall dort, wo wir nicht glücklich sind, haben wir uns auf die Seite des Egos und der Trennung geschlagen.
97. In unserem natürlichen Zustand sind wir grenzenloser, reiner Geist. Wir sind ein göttliches *Wesen*, das sich in einer menschlichen Form verbirgt.
98. Gott sieht uns als vollkommen liebenswert, denn so hat er uns erschaffen. Unsere dunklen Selbstkonzepte können nichts daran ändern, wer wir sind. Wir können nur glauben, dass es so ist.
99. Der Zweck des Lebens besteht darin, die Lektion zu lernen, damit wir erwachen können. Der Zweck der Welt besteht in Vergebung.
100. Unsere Glaubenssätze sind Gesetze des Egos. In Wirklichkeit unterstehen wir jedoch nur den Gesetzen des Himmels.

Einführung

Wir alle entwickeln uns weiter, und in diesem Prozess bewegt unser Geist sich auf die Einheit zu, während wir Schritte hin zu tieferer Verbundenheit und Einheit mit anderen Menschen gehen. Heilung beendet die Trennung. Integration und Ganzheit bewirken, dass eine Vereinigung stattfindet. Es gab zahlreiche Gründe dafür, dass wir glaubten, unsere Verbundenheit zerstören und uns trennen zu müssen. Sie sind alle unwahr. Die Geschichten, die wir über unsere Herzensbrüche und unsere zerstörte Verbundenheit erzählen, sind Geschichten, in denen wir keineswegs qualvoll unterdrückt wurden, wie wir uns selbst und anderen Menschen weismachen wollten, sondern vielmehr uns selbst, anderen Menschen und dem Himmel untreu gewesen sind. Wir waren Opfer, aber unser Unterbewusstsein zeigt, dass wir das Ereignis benutzt haben, um uns zu verstecken, weil wir Angst vor Nähe und Erfolg, vor dem nächsten Schritt, vor unseren Gaben, unserer Lebensaufgabe und davor hatten, unser Licht leuchten zu lassen. Das Unterbewusstsein zeigt, dass unsere Opfersituationen reine Phantasiegespinste waren und dass wir die Ereignisse benutzt haben, um bestimmte Belohnungen zu bekommen, unsere Bedürfnisse zu befriedigen und unabhängig zu sein. Sie waren Lügen des Egos, und wir haben andere Menschen beschuldigt und unseren Groll genährt, um die Trennung aufrechtzuerhalten. Heilung räumt diese Lügen aus. Sie bringt ein höheres Maß an Integrität und lindert den Schmerz und die dunklen Emotionen, die uns voneinander getrennt und Missverständnisse am Leben halten. Heilung ist das Bekenntnis zu unserer eigenen Unschuld und damit die Erkenntnis, dass alle Menschen unschuldig sind. Das ist das, was Heilung in Wirklichkeit ist. Heilung ist gleichbedeutend mit Weiterentwicklung. Heilung ist gleichbedeutend mit Verbindung. Heilung macht uns glücklich und frei. Heilung bringt ein höheres Maß an Liebe und ein klareres Verständnis dafür, dass die Fehler, die wir gemacht haben, berichtigt werden können, sodass unsere Verbundenheit wiederhergestellt werden kann. Heilung lässt Liebe und Glück wachsen. Sie lässt uns in höherem Maße geben und empfangen. Sie öffnet unser Herz und unseren Geist. Heilung ist der Weg, der zum Himmel zurückführt. Heilung bringt uns das spirituelle Erbe und die zahllosen Gaben zurück, die wir verloren haben, als wir aus dem Zustand des Einsseins heraus- und noch tiefer in den Traum der Dunkelheit und des Leidens hineingefallen sind. Je weiter wir voranschreiten, umso mehr finden wir zu uns selbst zurück.

Unsere Lebensaufgabe besteht in Heilung und in der Erneuerung dessen, was verloren war. Wir erlangen den Frieden und die Ganzheit zurück, die wir durch unsere Trennung verloren hatten. Heilung bedeutet, dem Ruf der Liebe und der Wahrheit zu folgen. Unsere Zuversicht und unsere Macht wachsen. Wir lassen unsere Selbstkonzepte los und sind offener für das Leben und für alles, was der Himmel für uns bereithält.

Heilung bedeutet, Schuld aufzulösen. Heilung ist die Integration unseres gespaltenen Bewusstseins zu neuer Ganzheit, sodass wir mit neuer Zuversicht vorangehen können. Heilung macht uns zu besseren Menschen und lässt uns schließlich erkennen, dass wir reiner Geist sind, grenzenlos und in Sicherheit. Wir erinnern uns wieder daran, dass wir eins mit Gott und mit allem Leben sind. Wir verlieren uns als Ego und finden uns so wieder, wie wir ursprünglich in Liebe, Licht und Einssein geschaffen wurden.

Lektion 1

Worum geht es bei dieser Abwehrstrategie?

Probleme und Krankheiten sind stets mehr als Probleme oder Krankheiten. Es sind Abwehrstrategien. Eine Abwehrstrategie soll uns vor etwas beschützen. In den meisten Fällen soll sie uns vor emotionalem Schmerz oder vor Dingen schützen, denen wir nicht ins Auge blicken wollen. Manchmal ist es jedoch die Abwehrstrategie, die uns umbringt, während es uns viel besser ginge, wenn wir uns unserem emotionalen Schmerz oder unserer Schuld stellen würden. Das Ego will nicht, dass wir uns diesem Schmerz stellen, weil der unwahrscheinliche Fall eintreten könnte, dass wir ihn nutzen, um Heilung zu erlangen, und damit wäre es bedroht. Deshalb bietet es uns rasch Dissoziation als Lösung an, die ebenfalls eine Abwehrstrategie ist. Sie verlagert die Emotion und führt in der Folge häufig zu einem noch größeren Problem, das ebenfalls eine Abwehrstrategie ist. Wenn wir das Problem, die Dissoziation, das Urteil, den Groll, die Schuld, den Schmerz und die Angst überwinden, die allesamt Abwehrstrategien sind, gelangen wir zur Wahrheit. Die Wahrheit ist ein Ort, an dem das Ego nicht ist. Wir gelangen auch an einen Ort, an dem wir unsere Gaben, unsere Lebensaufgabe und schließlich unsere geistige Wesensnatur entdecken.

Klienten, die ein Problem haben, frage ich häufig, ob dieses Problem eine negative Sache abwehren soll oder ob es etwas anderes betrifft.

Kürzlich habe ich mit einer Frau namens Cecily gearbeitet, die an einer früheren Beziehung festhielt. Unter ihrer Anhaftung lag ihre Gabe der Ernte verborgen, die es ihr ermöglichte, die reichen Früchte ihrer Arbeit einzubringen. Unter ihrer Angst lag der Glaube verborgen, dass sie schlecht sein und sich schlecht fühlen müsse, um sich ändern und zu den Gipfeln des Erfolges gelangen zu können. Neben diesen Glaubenssätzen über sich selbst und auch darüber, wie Heilung zu geschehen hatte, trug sie Angst, Wut und Schuld in sich. Jede dieser Emotionen durchbrachen wir entweder dadurch, dass sie Frieden anstelle ihres Glaubenssystems und den damit einhergehenden schlechten Gefühlen wählte, oder dadurch, dass sie ihre Angst, ihre Schuld und ihren Zorn in Gottes Hände legte und wahrnahm, was ihr im Gegenzug gegeben wurde. Im Laufe dieses Prozesses empfing sie beispielsweise die Gabe der Geisteskraft, die sie einsetzen konnte, um ihr Unternehmen nach ihren eigenen Vorstellungen zu führen. Auch Erfolg und Organisationsstärke wurden ihr auf einer vollkommen neuen Ebene zuteil.

Im Laufe der Jahre hatten Cecily und ich eine Reihe von Sitzungen gehabt, in denen wir immer wieder auf ihr Autoritätsproblem zu sprechen kamen, bei dem es darum ging, dass sie nicht wollte, dass ihr Leben so gut oder so erfolgreich verlief. Diesmal war sie bereit, den Kampf aufzugeben, als ich sie daran erinnerte, dass eine ihrer Gaben darin bestand, jeden Durchbruch, den sie erzielte, direkt mit ihrer Familie, ihren Freunden und ihren Mitarbeitern zu teilen. Nun konnte sie sich endlich zugestehen, in so hohem Maße begabt und vom Glück gesegnet zu sein, weil sie diese Dinge mit allen Menschen teilen und dadurch auch für sie mehren konnte.

Cecily fühlte sich nach der Sitzung glücklich und frei, und es schien, als sei bei diesem wichtigen Aspekt endlich eine Veränderung eingetreten. Sie stand an der Schwelle zu einem außergewöhnlichen Leben.

Lektion 2

Missbrauch der Vergangenheit

Wir glauben an die lineare Zeit, und unsere Erfahrung folgt stets unserem Glauben. Unsere Vergangenheit bestimmt, wie wir unsere Zukunft erleben und wahrnehmen. Gefühle von Schuld, Versagen und Schmerz aus der Vergangenheit zeichnen eine angsterfüllte Zukunft vor. Doch die Vergangenheit ist vorbei. Sie existiert nur noch in dem Maße, in dem wir sie lebendig erhalten, weil sie uns in der Gegenwart eine Ausrede liefert. Diese Ausrede können wir beispielsweise benutzen, um zu kontrollieren, unseren Willen durchzusetzen, Forderungen zu stellen, Recht zu haben, anzugreifen oder unabhängig zu sein.

Wofür benutzt du die Vergangenheit? Wenn du nicht in jeder Hinsicht glücklich bist, missbrauchst du sie. Die Vergangenheit ist vorbei. Lasse sie los. Frage dich intuitiv, welche Erfahrung aus der Vergangenheit ein aktuelles Problem hervorgerufen hat. Entscheide dich dann dafür, sie loszulassen. Wenn du nicht unmittelbar eine Antwort, eine Gabe oder ein positives Gefühl empfängst, ist dir nach wie vor daran gelegen, die Vergangenheit zu missbrauchen. Deine Angst vor dem nächsten Schritt ist stärker als dein Wunsch, ihn zu gehen. Du kannst über die Wurzel deiner gegenwärtigen Schwierigkeiten nachdenken. Du kannst darüber meditieren oder sie in den Hintergrund deines Bewusstseins verbannen und dort schmoren lassen, bis die Antwort von innen heraus hochkocht. Lasse sie los. Die Vergangenheit ist vorbei. Verabschiede dich von ihr. Mache dich nicht zu ihrer Geisel. Sie beeinflusst dich nur in dem Maße, in dem du es willst. Warum solltest du wollen, dass die Vergangenheit dein Leben bestimmt? Welcher Sache gehst du aus dem Weg? Wovor hast du Angst? Was ist so gut, dass du fürchtest, nicht damit umgehen zu können? Lasse deine Angst und deine Vergangenheit los. Lege sie in die Hände Gottes.

Lektion 3

Missbrauch der Zukunft

Es ist einfach, die Zukunft zu missbrauchen. Dein Missbrauch der Zukunft ist schlicht die Fortführung deines Missbrauchs der Vergangenheit. Du kannst nur dann ein Problem haben, wenn du die Zukunft missbrauchst. Wenn du die Zukunft missbrauchst, hast du Angst, und es gibt kein Problem, an dessen Wurzel nicht Angst läge. In einer Passage über Krankheit in *Ein Kurs in Wundern* heißt es, man solle den Heiligen Geist nicht darum bitten, die Krankheit zu beseitigen, die lediglich das Symptom ist, sondern darum, die zugrunde liegende Angst zu beseitigen, die Ursache der Krankheit ist. Es gibt also kein Problem ohne Angst, keine Angst ohne Missbrauch der Zukunft und keinen Missbrauch der Zukunft ohne Missbrauch der Vergangenheit. Die Schuld der Vergangenheit erzeugt die Angst vor der Zukunft. Wir gehen davon aus, dass die Zukunft der Vergangenheit gleichen wird.

Schuld sorgt dafür, dass wir auf der Stelle treten. Deshalb bleiben wir in der Vergangenheit gefangen und fürchten uns vor der Zukunft. Schuld entsteht auf mehreren Ebenen. Alle schlechten Gefühle aus der Vergangenheit, die du noch nicht losgelassen hast, sind gleichbedeutend mit Schuld. Schuld geht immer mit Selbstbestrafung einher. Hinzu kommen natürlich alle Dinge, bei denen wir davon überzeugt sind, versagt zu haben. Dazu gehören beispielsweise unsere früheren Beziehungen ebenso wie unsere Familie. Alle Negativität in unserer Familie und in unseren Beziehungen läuft auf unterbewusste Schuld hinaus. Die dissoziierte Unabhängigkeit, die alten Schmerz verbirgt, verbirgt in gleichem Maße ebenfalls Schuld. Es ist also alles schlecht, und deshalb sehen wir die Zukunft in einem schlechten Licht, schrecken vor ihr zurück und führen Probleme herbei, damit wir den nächsten Schritt unserer Entwicklung hinauszögern können. Die Zukunft existiert jedoch ebenso wenig wie die Vergangenheit. Es gibt nur die Gegenwart, und das Ego unternimmt alles, um sie mit Füßen zu treten. Wenn wir vollkommen im Hier und Jetzt wären, würde das Ego sich auflösen, weil es überflüssig wäre. Es versucht ständig, uns zu beschäftigen, und will uns dazu bringen, den Blick auf die Zukunft oder die Vergangenheit gerichtet zu halten. In Wahrheit existieren jedoch weder die Zukunft noch die Vergangenheit. Ängste, Sorgen und schlechte Gefühle sind daher Illusionen, die dem Ego den Rücken stärken.

Gib heute deinen Missbrauch der Zukunft auf. Der gegenwärtige Moment ist alles, was du hast. Der gegenwärtige Moment bringt dir den Frieden, der die Grundlage aller guten Dinge ist.

Dieser Frieden heilt dich. Dieser Frieden gibt dir die Zuversicht, dich dem sich entfaltenden Fluss anzuvertrauen, der dich voranbringt.

Lektion 4

Krankheit, Probleme und Angriff

Krankheit, Probleme und Angriff gehen Hand in Hand. Ohne Angriff gäbe es keine Probleme, keine Verletzungen und keine Krankheit. Wir urteilen über andere Menschen und greifen sie an, aber der Angriff verlässt seinen Ursprung nicht. In dem Maße, in dem wir einen anderen Menschen angreifen, greifen wir auch uns selbst an. In dem Maße, in dem wir einen anderen Menschen angreifen, öffnen wir uns selbst für einen Angriff und glauben, er könne Schaden anrichten. Unser Angriff zerstört unsere Unverwundbarkeit, und wir betreten eine Welt des Leidens. Dabei erkennen wir nicht, dass das Problem erst durch unseren Angriff entstanden ist.

Unser Angriff führt stets dazu, dass wir uns schuldig fühlen, auch wenn wir vielleicht glauben, im Recht zu sein. Unsere Schuldgefühle haben zur Folge, dass wir uns selbst bestrafen. Unser Angriff lässt uns glauben, dass wir angegriffen werden, und das erzeugt Angst. Diese Angst hat keine äußere Ursache, sondern rührt von unserem Urteil und von unseren eigenen Angriffsgedanken her. Angst und Schuld sind die Hauptwurzeln jedes Problems. Sobald du deine Urteile und deine Angriffsgedanken aufgibst, wird deine Immunität in vollem Umfang wieder hergestellt.

Frage dich, wen außer dir selbst du in Bezug auf deine Probleme angreifst. Ist dein Angriff den Preis wert, den du dafür bezahlst? Ist es das, was du wirklich willst? Du könntest stattdessen segnen. Statt über einen anderen Menschen zu urteilen, könntest du ihm helfen. Du könntest ihm vergeben. Deine Vergebung würde dich von der Schuld und der Angst befreien, die eine Folge deines Angriffs sind. Sie würde dich von der Schuld befreien, durch die dein Urteil überhaupt erst entstanden ist. Angriff und Selbstangriff sind die Fundamente deines Egos. Jenseits davon liegt die überwältigende Freude deiner geistigen Wesensnatur. Deine geistige Wesensnatur ist reine Liebe, die Teil der höchsten Liebe ist. Willst du ein Liebender sein oder ein Streiter und Kämpfer? Diese Entscheidung treffen wir in jedem Augenblick neu.

Lektion 5

Die Alternative zum Angriff

„Ich kann nur meine eigene Sündenlosigkeit angreifen, und nur sie ist es, die mich sicher hält."

Ein Kurs in Wundern, Lektion 341

Angriff und Selbstangriff treten stets gemeinsam auf. Wenn du Angriff in dir trägst, dann trägst du auch Selbstangriff in dir. Ein Angriff auf einen anderen Menschen ist gleichbedeutend mit einem Angriff auf deine eigene Immunität. Alle Probleme und Krankheiten sind mit Angriff und Selbstangriff verbunden. Unser Ego schlägt uns vor, dass wir angreifen sollen, um das zu verteidigen, was seine Bedürfnisse erfüllt, um sein Bedürfnis nach Besonderheit und Aufmerksamkeit zu verteidigen, um seine Trennung zu verteidigen, um zu gewinnen und um zu gewinnen, indem wir verlieren. Es verteidigt seine emotionalen Anhaftungen auf eine positive oder negative Weise. Sünde, Krankheit und Probleme gehen Hand in Hand. Angriff ist dazu gedacht, alles anzugreifen, was wir für falsch halten, aber er kehrt zu uns zurück und verstärkt damit das, was unserer Meinung nach an uns selbst nicht in Ordnung ist. Angriff und Selbstangriff rühren daher, dass wir urteilen. Unser Urteil führt dazu, dass wir leiden, weil es Angst und Trennung verstärkt.

Wir könnten segnen, statt zu urteilen. Wir könnten uns auf den Standpunkt stellen, dass alles, was wir außerhalb unserer selbst sehen, uns einen Menschen zeigt, der Hilfe braucht. Dann wäre es weit wahrscheinlicher, dass wir uns unter vergleichbaren Umständen selbst segnen würden. Wir könnten lieben, statt zu urteilen. Wenn wir nicht helfen, kann es anderen Menschen nicht besser gehen, und Liebe hilft ihnen. Wir können anderen Menschen auch dadurch helfen, dass wir geben, statt sie anzugreifen. Für jedes Problem, das wir erkennen, haben wir eine Seelengabe mitgebracht. Wenn wir die entsprechende Tür in unserem Geist öffnen, uns von der Gabe erfüllen lassen und sie mit anderen Menschen teilen, dann werden wir selbst in noch höherem Maße von ihr erfüllt. Vergebung ist das oberste Prinzip der Heilung. Vergebung und Selbstvergebung führen dazu, dass sowohl den Menschen in unserer Umgebung als auch uns selbst geholfen wird. Vergebung verbündet uns mit den Menschen, denen wir vergeben, und bewirkt, dass es allen besser geht. Wir werden zu einem Teil der Lösung, statt ein Teil des Problems zu sein. Wir bringen unser eigenes Leben ebenso wie das Leben anderer Menschen voran. Anderen Menschen zu helfen macht uns glücklich. Es löst die dunklen Glaubenssätze auf, die wir verdrängt haben, und sorgt dafür, dass auch die entsprechenden Selbstkonzepte aufgelöst werden.

Das Ego benutzt Angriff, um Wunder zu blockieren, aber gerade ein Wunder wird gebraucht, um ein chronisches Problem zu transformieren. Liebe, segne, gib und vergib also, damit du das Wunder annehmen kannst, das der Himmel stets für dich bereithält.

Lektion 6

Uns anderen Menschen öffnen, um Heilung zu erlangen

Eines der großen Heilungsprinzipien besteht darin, uns anderen Menschen zu öffnen. Jedes Problem zeigt einen Ort, an dem wir auf der Stelle treten. Wenn wir uns anderen Menschen öffnen, indem wir geben, segnen, lieben oder ihnen in irgendeiner Form unsere Hilfe und Großzügigkeit zuteilwerden lassen, dann werden wir aus unserer Festgefahrenheit befreit, weil wir unser Bewusstsein dort immer mehr öffnen, wo wir zuvor in Groll und Urteil gefangen waren. Wir lassen diese Dinge los und können erneut die Weisung vernehmen, die uns den Weg voran zeigt.

Unser Gefängnis besteht aus negativen Emotionen. Wenn wir uns anderen Menschen öffnen, dann werden wir daraus befreit. Je länger wir an einer Stelle feststecken, umso deprimierter werden wir. Je stärker wir uns öffnen und weit werden, umso mehr bleiben wir im Fluss.

Steigere dich nicht in dein Problem hinein, sondern denke darüber nach, wie du nicht nur die Menschen erreichen kannst, die du liebst, sondern auch die Menschen, die deine Hilfe brauchen. Vergib insbesondere den Menschen, die dir deiner Meinung nach Unrecht getan haben.

Lektion 7

Die Macht der göttlichen Präsenz

Heilung rührt daher, dass wir uns an die göttliche Präsenz erinnern. Bei einem Problem oder einer Krankheit ist die Erinnerung an die göttliche Präsenz gleichbedeutend damit, die Wahrheit über die Illusion ans Licht zu bringen. Im Angesicht der Wahrheit kann die Illusion nicht bestehen. Wenn du dich an Gott erinnerst, dann erinnerst du dich an die Wahrheit, weil Gott die Wahrheit ist. Alle Probleme rühren von Trennung, Angst und Schuld her. Sich wieder an Gott zu erinnern heißt, sich wieder an das Einssein, die höchste Liebe und die höchste Unschuld zu erinnern. Die Präsenz des Himmels lässt deine Selbstliebe wachsen, die möglicherweise auf einer bestimmten Stufe erstarrt ist. Die göttliche Präsenz lässt dein Selbst weit werden, denn du bist Gottes geliebtes Kind. Ganz gleich, worin das Problem besteht, das du selbst heraufbeschworen hast, kannst du dir nun vorstellen, dass dein liebender Vater dich in seinen Armen hält. Bitte die göttliche Präsenz darum, sich einzufinden. Sie ist stets da, aber deine Bitte, sich bei dir einzufinden, rückt sie in dein Bewusstsein. Lasse zu, dass du geliebt wirst. Du bist nicht allein. Die Größe der Falle, in der du gefangen bist, verrät, wie groß deine Angst ist. Doch Gott ist Liebe, und im Angesicht der Liebe muss die Angst weichen. Wenn du dir ins Gedächtnis rufst, wer an deiner Seite geht, kannst du unmöglich Angst haben und gehst ganz selbstverständlich weiter auf dem Weg, der dir deine Ganzheit zurückbringt.

Lektion 8

Sanftmut

Sanftmut rührt von Stärke her. Sie rührt von dem Frieden her, der uns Ganzheit verleiht. Sie gibt uns die Möglichkeit, einfühlsam und behutsam auf die Menschen in unserer Umgebung einzugehen. Sanftmut rührt von Vertrauen her, und Vertrauen bedeutet, dass wir uns dafür entscheiden, unseren Geist in eine positive Richtung und auf einen positiven Ausgang zu lenken. Vertrauen wendet sich von der Angst ab, die gleichbedeutend mit Angriff ist, und investiert die Kraft unseres Geistes stattdessen in die Liebe und in Gott. Vertrauen verschreibt sich der Wahrheit, die jenseits des Traums von *maya* liegt.

Vertrauen bringt Sicherheit. Weil wir auf eine positive Weise geben, können wir auf eine positive Weise empfangen. Weil es keinen Angriff gibt, gibt es auch keinen Kummer. Sanftmut ist eine heilende Antwort, die uns unsere Zärtlichkeit zurückbringt, sodass wir in unserer Entwicklung voranschreiten und sicher sein können, den nächsten Schritt zu gehen. Sanftmut macht es unmöglich, anderen Menschen zu schaden. Wenn wir keinen Schaden zufügen, wird auch uns kein Schaden zugefügt. Vertrauen bedeutet, dass es kein Urteil gibt, und wir können anderen Menschen nur dann Schaden zufügen, wenn wir urteilen. Der Schaden, der uns zugefügt wird, rührt von unserem Wunsch her, anderen Menschen zu schaden. Er hält einen anderen Menschen für schuldig und verurteilt sowohl ihn als auch uns selbst. Er setzt dem Frieden ein Ende und lässt Probleme entstehen. Der Wunsch, anderen Menschen zu schaden, steht Inspiration, innerer Weisung, Gaben und Gnade im Weg. Er löscht jeden Gedanken an unsere Lebensaufgabe und unsere Bestimmung aus. Gesund zu sein und keine Probleme zu haben ist leicht für die Sanftmütigen und unmöglich für die, die danach trachten, anderen Menschen zu schaden. Sanftmut verleiht uns eine ungeheure Stärke. Sie ist der Weg der Hilfsbereitschaft und der Heilung. Alles andere ist gleichbedeutend mit Leiden. Wir geben alle Gedanken auf, die einen anderen Menschen angreifen. Dadurch nehmen unsere Gnade und unsere Unverwundbarkeit zu. Bekenne dich zu deiner Sanftmut. Sie mehrt Nähe und Freude und lässt dich die Himmelsleiter emporsteigen.

Lektion 9

Selbsttäuschung

Krankheiten sind wie alle Probleme von Selbsttäuschung gekennzeichnet. Wir verbergen die Tatsache, dass wir das Problem oder die Krankheit wollen und sie benutzen, um etwas zu bekommen. Wir verheimlichen vor uns selbst, dass das Problem einen Anteil unseres Bewusstseins widerspiegelt, der in Konflikt mit dem Anteil unseres Bewusstseins steht, mit dem wir uns identifiziert haben. Wir täuschen uns selbst, wenn wir glauben, ein Problem sei keine Ausrede, die unsere Angst vor dem nächsten Schritt verbirgt, weil wir das Gefühl haben, unzulänglich zu sein. Wir täuschen uns selbst, wenn wir zu der Überzeugung gelangen, das Problem sei ein abgegrenztes Ereignis und nicht Teil eines älteren Problems, das wir aus der Vergangenheit in die Gegenwart getragen haben. Wir verheimlichen vor uns selbst, dass unser Problem ein Angriff auf einen anderen Menschen ist, dem wir die Schuld an unserer Situation geben, oder dass es unser Widerstand und unsere Rebellion gegen Gott darstellt, dessen einziger Wunsch darin besteht, uns zu lieben und uns zu helfen. Wir verleugnen, dass die gesamte Situation mit Selbstangriff und mangelnder Selbstliebe zu tun hat. Wir verheimlichen vor uns selbst, dass das Problem von der falschen Entscheidung herrührt, dem Plan des Egos und nicht dem Plan unseres höheren Bewusstseins zu folgen, und dass es eine Form von Widerstand gegen unsere Gaben, die Gnade des Himmels, unsere Lebensaufgabe und unsere Bestimmung ist. Wir tun so, als sei das Problem keine ausgeklügelte Methode, uns zu verstecken und in unsere Kleinheit zu investieren, während wir gleichzeitig unabhängig sind, um unseren eigenen Weg gehen zu können. Dies erzeugt ein so hohes Maß an Selbsttäuschung, dass wir nicht nur das Unterbewusstsein, sondern auch das Unbewusste erschaffen, um unser geistiges Erbe und unsere geistige Wesensnatur zu verleugnen.

Nun ist die Zeit gekommen, uns der Wahrheit zu verpflichten. Willst du dich selbst täuschen und dich ohnmächtig fühlen, oder willst du dich selbst erkennen, deine Verantwortung und deine Macht wieder willkommen heißen und deine Angst vor dir selbst aufgeben?

Lektion 10

Heilung beginnt mit der Entscheidung, Probleme anzunehmen

Der Geist ist der Arzt des Körpers. Wenn wir die Verantwortung für unsere körperliche Verfassung übernehmen, dann können wir sie verbessern. Wenn wir sie einem anderen Menschen oder einer Situation zur Last legen, dann befreit uns das nicht von der Schuld, die Ursache der Krankheit ist, sondern verbirgt sie lediglich. Die Welt hat uns nichts getan. Heilung ist die Befreiung von Schuld und von der Angst, die sie erzeugt. Wenn wir unsere verborgenen Motive verstehen, haben körperliche Symptome und Probleme keine Macht mehr über uns, weil sie keinem Zweck mehr dienen, und infolgedessen verschwinden sie mitsamt ihren Auswirkungen.

Die folgenden einfachen Schritte bringen Heilung:

1. Übernimm die volle Verantwortung für deine Gesundheit und für die Probleme, vor denen du in deinem Leben stehst.
2. Bringe in Erfahrung, welchem Zweck dieses Problem für dich gedient hat.
3. Wenn du erkennst, welchem Zweck es dient, hat es seinen Halt über dich verloren.
4. Erkenne, dass der Körper in diesem Zusammenhang nur der Träger des Problems und deshalb ohne Bedeutung ist. Er ist nur das Instrument, mit dessen Hilfe du erkennst, dass es eine Lektion gibt, die du lernen musst. Von Bedeutung ist, wofür du ihn einsetzt.
5. Besinne dich auf Gott, deinen liebenden Vater, der nur das Beste für dich will. Er will, dass du aus deinen Alpträumen erwachst.

Die Grundlage der Heilung besteht darin, dass wir unseren Körper als das Lerninstrument nutzen, das er in Wirklichkeit ist. Der Geist ist der Arzt. Der Geist gibt uns unsere Erfahrung. Er blickt auf das, was wir sehen wollen, und erkennt, dass die Welt uns nichts getan hat. Sie ist nicht verantwortlich für das, was uns widerfahren ist. Wir selbst sind es. Die Befreiung von Schuld ist die Befreiung von Problemen und von Krankheiten, und in dieser Befreiung erkennen wir die Bedeutungslosigkeit des Körpers. Wir erlangen Heilung, indem wir uns auf Gott besinnen. Wir erlangen Heilung, indem wir erkennen, dass unsere Symptome keinem wirklichen Zweck dienen. Wenn wir dies erkennen, verschwinden die Symptome mitsamt ihren Auswirkungen.

Lektion 11

Das Urteil der Schuld

Die Tatsache, dass du ein Problem hast oder leidest, zeigt, dass du ein Urteil der Schuld über einen anderen Menschen gefällt hast. Ein Urteil der Schuld, das du über einen anderen Menschen fällst, hast du auch über dich selbst gefällt. Dein gegenwärtiges Problem könnte nicht existieren, wenn nicht eine solche Dynamik bei dir am Werk wäre. Dieses Urteil der Schuld ist gleichbedeutend mit Angriff und Selbstangriff, und es liegt an der Wurzel des Problems, vor dem du stehst. Wenn du nicht die Absicht hast, das Problem und das damit verbundene Leiden aufrechtzuerhalten, ist es nun an der Zeit, dein Urteil zu ändern. Ist die Verurteilung eines anderen Menschen und deiner selbst den Preis wert, den du in Form dieses Problems dafür bezahlst?

Es ist nun an der Zeit, in Berufung zu gehen und deinen Fall vor das höchste Gericht zu bringen. Gott betrachtet dich als unschuldig. In dieser Welt der Illusion hast du einen dunklen Traum geträumt, in dem ihr beide – du und dein Bruder – schuldig wart. Er entspricht nicht der Wahrheit. Gott, der die höchste Autorität ist, verkündet deine Unschuld. Gott, der die höchste Unschuld ist, kann dich nur als unschuldig betrachten. Schuld in dir zu erkennen würde bedeuten, dass er diese Schuld auch in sich selbst erkannt haben müsste, denn das Gesetz der Wahrnehmung besagt, dass man etwas in sich selbst erkannt haben muss, um es in jemand anderem erkennen zu können. Gott als ewigwährender Geist nimmt noch nicht einmal wahr, denn Wahrnehmung geschieht in der Welt von Zeit und Illusion. In *Ein Kurs in Wundern* heißt es immer wieder: „Reiner Geist bist du, sicher und geheilt und ganz. Du bist, wie Gott dich schuf. Du bist sein Sohn in alle Ewigkeit."

So möge es sein!

Das Urteil ist verkündet. Du bist unschuldig. Der höchste Gerichtshof hat deinen Fall abgewiesen. Du kannst es annehmen oder dich dafür entscheiden, weiterhin gegen einen anderen Menschen und gegen dich selbst vorzugehen. Was willst du? Was würde dich glücklich machen?

Lektion 12

Der Wille Gottes

Gott ist Liebe. Gott ist Wahrheit. Gottes Wille für uns besteht darin, dass wir den Weg wiederfinden, der uns nach Hause zur höchsten Liebe und zum Einssein bringt. In unserem Wunsch nach Trennung glaubten wir, seinem Willen zuwiderhandeln und unsere eigene Welt aufbauen zu können. Alle Heilung rührt von Gott her. Es ist sein Wille, dass wir den Weg zurück finden, und deshalb wird es geschehen. Dies ist auch unser wahrer Wille, aber wir haben uns auf die Seite des Egos gestellt und sind vom Weg abgekommen. Weil wir gegen den Willen Gottes angekämpft haben, glauben wir, uns einen mächtigen und furchtbaren Gegner geschaffen zu haben. Diese Überzeugung rührt jedoch daher, dass wir unseren eigenen Angriff auf Gott projiziert und infolgedessen entsetzliche Angst bekommen haben. Gott vertraut uns, und er weiß, dass wir unseren Weg nach Hause finden werden, weil wir das Einssein niemals verlassen haben. Was eins ist, kann nicht geteilt werden. Wir glaubten nur, uns trennen zu können und es getan zu haben, und dieser Traum war die Geburt der Schuld. Nun ist es an der Zeit, aufzuwachen und zu erkennen, dass das, was im Traum geschehen ist, eben nur ein Traum war, und dass Schuld eine Illusion ist, die versucht, den Traum der Trennung aufrechtzuerhalten. Unser Glaube an eine Illusion verleiht ihr jedoch keine Wirklichkeit. Wir glauben nur, sie sei wirklich.

Es ist an der Zeit, uns wieder auf den Willen Gottes auszurichten, denn sein Wille sieht ausschließlich Freude und Liebe für uns vor. Vergib dir selbst für deine Illusion. Lasse Gott ein. Akzeptiere seinen Willen, denn er ist dein wahrer Wille. Wenn du es tust, blüht dein Leben auf. Triff diese Entscheidung immer wieder, und nimm wahr, wie dein Problem sich Schicht um Schicht auflöst: „Ich akzeptiere jetzt den Willen Gottes für mich, und ich lasse das los, was nicht die Wahrheit für mich sein kann."

Lektion 13

Selbstliebe

Gesundheit und Freiheit von Problemen sind natürliche Ausdrucksformen der Selbstliebe. Wenn wir uns selbst lieben, dann ist unser Verhalten uns selbst und anderen Menschen gegenüber stets von Unbeschwertheit und Güte geprägt. Wenn wir uns selbst verurteilen und angreifen, öffnen wir uns für Verletzungen, Unfälle, Probleme und Krankheiten. Wenn wir glauben, nicht liebenswürdig zu sein, können wir uns dafür entscheiden, uns selbst zu lieben. Selbstvergebung bringt den Frieden, der zu Liebe und Selbstliebe führt.

Wenn wir uns in unserer Haut unwohl fühlen, können wir einen Augenblick in die Stille gehen und nach innen schauen. Wir können unseren inneren Führer bitten, alle Irrtümer in unserem Denken zu berichtigen. Wir können den Himmel fragen, was uns liebenswürdig macht. Wir können die göttliche Präsenz bitten, sich bei uns einzufinden, denn wenn wir uns der göttlichen Präsenz bewusst sind, wächst unsere Selbstliebe auf ganz natürliche Weise.

Dies ist eines der Grundprinzipien, wenn es darum geht, gesund und frei von Problemen zu sein. Wenn es uns an Selbstliebe mangelt, öffnen wir uns für Selbsthass und alle möglichen Formen des Selbstangriffs.

Wenn du dich selbst liebst, dehnst du diese Liebe ganz natürlich sowohl auf die Menschen in deiner Umgebung als auch auf die Menschen aus, die du liebst. Was du dir selbst gibst, das gibst du auch allen anderen Menschen.

Lektion 14

Krankheiten und Probleme zeigen, dass wir bei der Lösung unserer Probleme einen Fehler machen

Jedes Problem zeigt einen Versuch an, ein Problem zu lösen. Ein Problem zu benutzen, um ein anderes Problem zu lösen, führt allerdings garantiert dazu, dass es nicht geheilt wird. Häufig machen wir nicht nur bei der Lösung unserer Probleme einen Fehler, sondern irren uns sogar in Bezug auf das Problem, das wir zu lösen versuchen. Der Fehler besteht immer in einer Form von Selbstzweifel und einem Urteil, das wir fällen. Weil ein Urteil immer mit dem Zweifel beginnt, der von Schuld herrührt, versuchen wir, unsere Schuld zu verlagern, indem wir über einen anderen Menschen urteilen. Wir haben einen anderen Menschen und uns selbst verurteilt und damit Schaden angerichtet.

Ein Problem zeigt, dass wir etwas falsch wahrgenommen haben. Wir haben eine Interpretation irrtümlich für die Wahrheit gehalten. Eine Interpretation ist falsch und ruft eine emotionale Verstimmung in uns hervor. Unsere emotionale Verstimmung verkündet, dass ein anderer Mensch im Unrecht ist. Er hat eine Sünde begangen und es daher verdient, bestraft zu werden. Eine Emotion spiegelt einen Ort wider, an dem wir versuchen, die Realität zu verändern. Es ist jedoch nicht an uns, über die Realität zu entscheiden. Unsere Verstimmung gegenüber einem anderen Menschen richtet sich in Wirklichkeit nur gegen einen Fehler, den wir infolge unserer verborgenen Schuld jedoch für eine Sünde halten. Die Tatsache, dass wir ihn für eine Sünde halten, bedeutet, dass wir glauben, diese Sünde begangen zu haben oder gerade zu begehen.

Wir können unsere emotionalen Verstimmungen als Hinweiszeichen benutzen, um unsere inneren Zerrbilder und unsere Selbstbestrafung zu heilen. Wir können den Himmel bitten, unseren Geist zu berichtigen und uns unsere Unschuld zurückzugeben. Das macht es leicht, die Fehler anderer Menschen zu vergeben und sie dadurch von ihren Fehlern zu befreien. Unsere emotionale Verstimmung erscheint uns sowohl gerechtfertigt als auch wahr, aber wir sind in einer Illusion gefangen. Es ist nun an der Zeit, dass wir herausfinden, worin das Problem wirklich besteht. Es besteht immer in einer Form von Trennung, und wir können dieser falschen Wahrnehmung vergeben und sie beenden.

Frage dich, welches Problem du mit Hilfe des Problems zu lösen versuchst, vor dem du gerade stehst. Wenn du die Antwort auf diese Frage erhältst, wirst du erkennen, dass alle Krankheiten und Probleme schlechte Strategien sind, um tiefere Probleme zu lösen. Wenn du das volle Ausmaß deines Fehlers erkennst, fällt die falsche Strategie fort, und eine viel bessere Entscheidung nimmt ihren Platz ein.

So sollen Probleme in einer Beziehung beispielsweise die Angst vor Nähe und vor dem nächsten Schritt auflösen, weil wir fürchten, unzulänglich zu sein und mit unserem Partner oder unserer Beziehung auf der nächsten Stufe nicht umgehen zu können. Einige Menschen führen sogar einen Herzensbruch herbei, um den nächsten Schritt nicht gehen zu müssen. Jedes unserer Probleme hat also mit Angst zu tun, aber es gibt auch noch andere klassische Themen wie Schuld oder die Tatsache, dass wir Probleme benutzen, um unserer Lebensaufgabe aus dem Weg zu gehen.

Lektion 15

Hinter jeder Krankheit und jedem Problem steckt ein Angriff

Das Fundament unseres Egos besteht aus Angriff und Selbstangriff. Jedes Problem, vor allem aber jede Krankheit, verbirgt einen Angriff auf einen anderen Menschen. Wenn wir einen anderen Menschen angreifen, greifen wir stets auch uns selbst an. Jede Krankheit ist natürlich eine Form von Selbstangriff, aber bei diesem Selbstangriff wollen wir durch unsere Selbstverletzung gleichzeitig einen anderen Menschen verletzen. Das bedeutet, dass wir einen Weg eingeschlagen haben, der zu einem wahren Teufelskreis aus Angriff und Selbstangriff geworden ist.

Frage dich, wen du angreifst. Wofür greifst du den betreffenden Menschen an? Es war ein Teil deiner Lebensaufgabe und dein heiliges Versprechen, ihn von diesem Problem zu befreien. Weil du ihn nicht erlöst hast, wirst du durch seine Probleme verletzt. Dann verletzt du deinerseits andere Menschen durch dieses Verhalten, oder du kompensierst es. Eine Kombination beider Verhaltensweisen ist ebenfalls möglich. Dieses Muster aus Angriff und Groll verbirgt den Schmerz unter dem Groll und die Schuld unter dem Schmerz. Darunter liegen schließlich die Vergebung und die Gaben verborgen, die den betreffenden Menschen und dich selbst heilen würden. Bist du bereit, ihm diese Vergebung nun zu gewähren? Deine Vergebung befreit dich aus dem Teufelskreis von Angriff und Selbstangriff. Eine hohe Mauer des Egos, die dich von dir selbst, von anderen Menschen, vom Leben und vom Himmel trennt, stürzt ein, und du bist frei.

Lektion 16

Es ist dir bereits gegeben

Die Wurzeln deines Problems, ganz gleich, worin es besteht, sind Angst, Trennung, Schuld, Groll und der Autoritätskonflikt mit Gott. Der Himmel ist dein Freund. Du wirst über alles hinaus geliebt, was du dir vorzustellen vermagst. Gott ist das universelle Prinzip der Liebe und des Gebens. Diese Erkenntnis ist gleichbedeutend mit Heilung. Meine bevorzugte Definition von Gott stammt aus *Ein Kurs in Wundern*, der Gott beschreibt als *DAS-WAS-ALLEN-ALLES-GIBT*. Das heißt, dass uns alles gegeben wird, was wir brauchen. Es ist nicht Gottes Wille, dass wir durch irgendetwas gefangen gehalten oder eingeschränkt werden. Der Weg zu unserer Selbstbefreiung ist daher gesichert. Wir brauchen ihn nur zu gehen. Die Antworten, die wir brauchen, sind uns bereits gegeben. Der schnellste Weg zur höchsten Wahrheit besteht darin, die Wahrheit anzunehmen. Je weiter wir uns auf diesem Weg voranwagen, umso mehr Begrenzungen fallen weg und umso mehr Gaben entwickeln sich. Wenn wir sie dem Himmel übergeben, damit er sie nutzt, um unseren Mitmenschen zu helfen, dann ist es dem Ego unmöglich, diese Kräfte für seine eigene Überhöhung zu beanspruchen. Unsere Gaben sollen uns glücklich machen und uns erfüllen, indem sie unsere Mitmenschen befreien. Uns wird alles gegeben, was wir brauchen, ganz gleich, worin es besteht. Einzig unser Ego und unsere Identifikation mit dem Ego lassen uns fortwährend in eine andere Richtung blicken und machen uns daher blind für das, was uns gegeben wurde. Nun ist es an der Zeit, unsere Augen zu öffnen und zuzulassen, dass wir geliebt werden. Gott liebt uns, indem er uns alles gibt, und wir lieben Gott, indem wir alles empfangen. Entscheide dich dafür, alles zu empfangen. Je mehr du empfängst, umso mehr teilst du das, was du empfangen hast, mit anderen Menschen, und das lässt deine Fähigkeit, zu empfangen, weiter wachsen. Es ist dir bereits gegeben.

Lektion 17

Krankheiten und Probleme zeigen falsche Glaubenssätze über dich selbst

Krankheiten und Probleme stehen für falsche Glaubenssätze, die du über dich selbst hast. Alle Glaubenssätze sind Glaubenssätze über dich selbst, und ohne bestimmte Glaubenssätze würdest du eine bestimmte Erfahrung nicht machen. Deine Glaubenssätze haben die vielen Geschichten in deinem Leben entstehen lassen. Nun ist es an der Zeit, dich von allen Glaubenssätzen zu befreien, die dich zu Fall bringen könnten. Dazu gehören unter anderem:

1. Ich bin mein Körper.
2. Eine Krankheit ist eine von außen wirkende Kraft, die meinen Körper angreift.
3. Ich bin ein Körper und bin nicht verantwortlich für das, was mir auf der körperlichen Ebene widerfährt.
4. Unfälle und Krankheiten geschehen aus heiterem Himmel.
5. Wenn ich einen anderen Menschen angreife, kann ich seinem Angriff entkommen.
6. Depressionen rühren von Dingen her, die geschehen sind und auf die ich keinen Einfluss hatte.
7. Ich bin für meine Emotionen nicht verantwortlich.
8. Ich bin ein Opfer.
9. Ich bin nicht verantwortlich für das, was mir im Leben widerfahren ist.
10. Wozu ich meinen Geist einsetze, hat keine Auswirkungen auf meinen Körper, meine Gesundheit oder mein Leben.

Dies sind Glaubenssätze, die eine direkte Auswirkung auf deine Gesundheit und dein Wohlbefinden haben. Wie viele von jedem dieser Glaubenssätze trägst du in dir? Willst du auch weiterhin in sie investieren, oder willst du dich dafür entscheiden, sie loszulassen?

Glaubenssätze, die uns lieb und teuer sind, werden zu Götzen. Wir glauben, dass sie uns retten oder uns glücklich machen. Die folgenden Götzen haben eine direkte Auswirkung auf deine Gesundheit und dein Leben:

- Götzen der Angst
- Götzen der Schuld
- Götzen des Leidens
- Götzen des Herzensbruchs
- Götzen der Krankheit
- Götzen der Depression
- Götzen der Grausamkeit
- Götzen der Kreuzigung
- Götzen des Körpers
- Götzen der Aufopferung

Hinzu kommen noch unsere Götzen der Selbstkonzepte, die uns besonders viel bedeuten und auf denen alle anderen Götzen aufbauen.

Lasse heute alle Glaubenssätze und Götzen los, von denen du weißt, dass sie deine Gesundheit beeinträchtigen oder Probleme herbeiführen, die negative Folgen für dich haben. Entscheide dich dafür, sie durch die Wahrheit zu ersetzen. Bitte darum, dass dir die Wahrheit gezeigt werden möge. Bitte darum, dass deine dunklen Glaubenssätze durch die Lektionen des Himmels ersetzt werden mögen. Jenseits aller Glaubenssätze zu leben bedeutet, das Nicht-Selbst und die mit ihm einhergehende ekstatische Freude zu erfahren.

Lektion 18

Harmlosigkeit

Wenn unsere Gedanken harmlos sind, dann sind wir in Sicherheit. Wir sind vollkommen immun gegen jede Gefahr. Wir werden von unserem eigenen Geist geschützt. Wenn wir andere Menschen dagegen angreifen und über sie urteilen, dann urteilen wir zugleich auch über uns selbst und greifen uns selbst an. Wenn wir andere Menschen angreifen, dann öffnen wir uns dafür, selbst angegriffen zu werden. Wenn wir einen anderen Menschen verfluchen, dann glauben wir an die Wirksamkeit unserer Flüche und öffnen uns damit selbst für ihre Auswirkungen. Angriff ist gleichbedeutend damit, dass wir uns auf die Seite des Egos und der Trennung stellen. Dies ist eine falsche Geisteshaltung, die noch größere Probleme mit sich bringt.

Wenn wir, statt zu urteilen, erkennen, dass das negative oder nach unserer Auffassung unangemessene Verhalten eines anderen Menschen in Wirklichkeit ein Hilferuf war, dann öffnen wir uns, um ihm zu helfen. Unser Mitgefühl strömt in Form von Hilfe, Segnungen und Barmherzigkeit zu ihm hin. Diese Öffnung lässt uns in einen Fluss gelangen, der uns voranbringt. Sie hilft uns, über die Fallen unseres eigenen Denkens hinauszugelangen, und sie hilft anderen Menschen und uns selbst, den nächsten Schritt zu gehen. Wenn wir auf einen anderen Menschen zugehen, helfen wir ihm, seine Angst vor Erfolg und vor dem nächsten Schritt zu überwinden, und das hilft uns, über unsere eigenen, ähnlich gelagerten Ängste hinauszugelangen.

Harmlosigkeit ist gleichbedeutend damit, im Frieden zu sein. Es gibt nichts, worüber wir uns Sorgen machen müssten. Die Welt verliert ihre Gefährlichkeit. Wir können entspannen. Anderenfalls sind Angriff und Selbstangriff die Folgen. Wir wollen heute erkennen, dass Harmlosigkeit und Wahrheit stets

Hand in Hand gehen. Wir wollen uns Harmlosigkeit zum Ziel setzen und uns ihr bedingungslos verschreiben. Wir wollen uns verpflichten, jeden Ort zu heilen, an dem wir das Gefühl haben, nicht harmlos zu sein, um unsere Sicherheit und die Sicherheit der Menschen in unserer Umgebung zu schützen.

Lektion 19

Heilung bedeutet, das Gefühl der Trennung zu beenden

Trennung liegt an der Wurzel jedes Problems. Sie spaltet unser Bewusstsein und schickt die abgespaltenen Anteile in unterschiedliche Richtungen mit Kurs auf unterschiedliche Ziele. Wie könnte diese Strategie uns Erfolg bringen? Zwei vollkommen gegensätzliche Ergebnisse müssten sich zur gleichen Zeit einstellen. Stattdessen ist es notwendig, die Trennung in unserem Bewusstsein zu beenden, die der Trennung in der äußeren Welt vorangeht. Diese Trennung entsteht durch Urteile und bewirkt ihrerseits, dass wir über andere Menschen urteilen. Unser Urteil lässt – zumindest in unserer Wahrnehmung – Schuld wirklich und Illusionen wahr erscheinen. Durch Vergebung überwinden wir die Distanz, die alle Probleme entstehen lässt. Durch die Verbindung mit einem anderen Menschen beenden wir unsere bedrückende innere Einsamkeit und heilen die Spaltung in unserem eigenen Bewusstsein.

Es gibt nur ein Problem, das zwar viele Namen hat, in Wahrheit aber immer in Trennung besteht. Trennung kann jedoch geheilt werden, weil sie eine Illusion ist. Jenseits dieser Illusion der Trennung, die das Kennzeichen unserer Welt ist, existiert eine leuchtende Welt des Lichts, die von ekstatischer Freude geprägt ist. Heilung bewirkt, dass unser eigenes Bewusstsein und unser Zusammenleben mit anderen Menschen von Gefühlen der Zusammengehörigkeit und des Friedens erfüllt sind.

Lege dein Bewusstsein heute in die Hände des Himmels. Lasse dich zu der Erkenntnis führen, welche Trennung du heute beenden und wie du sie beenden sollst. Lasse es durch Gnade geschehen. Wisse, dass diese Einheit Gottes Wille für dich ist, während du auf dem Weg hin zur höchsten Einheit bist.

Lektion 20

Der Körper funktioniert perfekt

Der Körper ist neutral. Er begibt sich nicht von sich aus auf die Suche nach einem Problem oder einer Krankheit. Auf dieser Ebene gibt es weder Unfall noch Zufall. Es ist vielmehr so, dass wir den Körper für Dinge missbrauchen, für die er nicht geschaffen wurde. Der Körper ist erstaunlich ausdauernd. Wenn wir jedoch urteilen, kann sogar der fitteste Körper sich innerhalb kürzester Zeit erschöpfen. Du kannst diesbezüglich einmal ein kleines Experiment machen. Denke an einen Menschen, der deiner Meinung nach einen Fehler gemacht hat, und verurteile ihn. Achte auf die Zeit. Verurteile ihn eine Minute lang. Wie fühlst du dich nach Ablauf dieser Minute? Die meisten Menschen fühlen sich so, als sei ihnen ihre gesamte Energie entzogen worden. Wenn wir den Körper nicht stören, indem wir ihm unnatürliche Aufgaben, wie etwa einen Angriff, übertragen, dann gedeiht er auf ganz natürliche Weise. Unser Körper ist als Werkzeug der Kommunikation gedacht. Es macht uns glücklich, mit anderen Menschen zu kommunizieren und eine Brücke zu ihnen zu schlagen.

Wenn wir den Körper für taktische Zwecke einsetzen, um andere Menschen zu beherrschen, dann missbrauchen wir ihn. Wenn wir versuchen, einen anderen Menschen beispielsweise durch Sex zu versklaven, oder uns selbst in dieser Weise missbrauchen, dann schöpfen wir fehl und schaden unserem Körper, indem wir die Konflikte unseres Bewusstseins auf ihn verlagern. Wenn wir den Körper nur zum Vergnügen benutzen, sind Probleme ebenfalls vorprogrammiert. Schwelgen ist ein Missbrauch des Körpers. Natürlich bereitet unser Körper uns Vergnügen, aber wenn wir danach streben, ist Schmerz die Folge. Unser Körper funktioniert perfekt, wenn wir ihn nur als Werkzeug der

Kommunikation einsetzen und ihm keine zusätzlichen Aufgaben übertragen. Dann überlasten wir den Körper nicht oder schwelgen über Gebühr, um einen Mangel oder einen Konflikt in unserem Bewusstsein auszugleichen. Stolz stellt ebenfalls eine Form von körperlichem Missbrauch dar. Wir benutzen eine äußere Sache, um uns selbst einen Wert zu geben. Wenn unser Körper sich im Laufe der Zeit oder auch deshalb verändert, weil wir einen Unfall erleiden oder krank werden, dann greifen wir uns an, weil wir unseren bisherigen Status verloren haben.

Du bist reiner, ewiger Geist, und als solcher bist du in Sicherheit und von Ganzheit erfüllt. Der Glaube, dass du etwas anderes bist, bringt dich in Gefahr, denn er überträgt dir andere Aufgaben, erschöpft dich, weil er dich einengt, und schneidet dich vom Empfangen ab, während er gleichzeitig dafür sorgt, dass du ständig beschäftigt bist.

Lege deinen Körper in die Hände Gottes. Statt dich auf deine eigene Kraft zu verlassen, triff immer wieder die Entscheidung: „Gott ist meine Stärke. Darauf baue ich." Dies erneuert dich und ruft dir die göttliche Präsenz in Erinnerung, die für dich verfügbar ist, um dich zu tragen und dich glücklich zu machen. Spüre die göttliche Präsenz und lasse dich von ihr verjüngen. Wenn du dich selbst als reinen Geist erkennst, dann funktioniert dein Körper perfekt und ist in der Lage, alles zu tun, was seiner wahren Aufgabe entspricht.

Lektion 21

Heilung ist gleichbedeutend mit Empfangen

Jeder Akt der Heilung öffnet uns und bewirkt, dass wir in höherem Maße empfangen können. Empfangen ist wie Geben ein Akt der Liebe, und je weiter unsere Heilung voranschreitet, umso mehr lieben wir. Heilung bewirkt, dass das Opfer in uns, das dem unwahren Weiblichen entspricht, in das wahre Weibliche verwandelt wird. Das bringt wiederum unsere männliche Seite ins Gleichgewicht und lässt zu, dass auch unser Leben ins Gleichgewicht kommt. Es öffnet uns nicht nur für ein höheres Maß an Leichtigkeit und Fluss, sondern bringt auch Wahrheit und Ebenbürtigkeit in unser Leben hinein. Wahrheit lässt uns nicht nur den Weg erkennen, der uns voranbringt, sondern gibt uns auch die Freiheit, ihn zu gehen. Ebenbürtigkeit lässt innere Partnerschaft entstehen, weil sie bewirkt, dass unsere männliche und unsere weibliche Seite sich gleichberechtigt verbinden, und auch außerhalb unserer selbst lässt sie ein höheres Maß an Nähe entstehen. Heilung führt uns auf den Weg der Sühne, der gleichbedeutend damit ist, dass alle unsere Fehler berichtigt werden. Er bringt uns zurück in den Himmel, und jeder Schritt, den wir auf diesem Weg gehen, befähigt uns, in höherem Maße zu geben und in höherem Maße zu empfangen. Heilung befreit uns Schritt für Schritt von dem Bedürfnis, Dinge zu bekommen oder zu nehmen, denn durch unser Geben und Empfangen sind wir verbunden und erfüllt. Eine grundlegende Frage, die wir uns stellen müssen, lautet: „Wollen wir den Schmerz, oder wollen wir die Heilung?" Wenn wir uns unserer Heilung immer wieder neu verpflichten, dann gehen wir den Weg der Berichtigung, und weil wir empfangen, ist unser Leben von einem höheren Maß an Fülle geprägt. Empfangen erfordert ein weit höheres Maß an Mut, bedeutet allerdings auch, dass wir uns weit weniger anstrengen müssen. In dem Maße, in dem unsere Heilung voranschreitet, wächst auch unsere Fähigkeit, mühelos zu empfangen.

Solange keine Heilung geschehen ist, wird jeder neue Akt des Empfangens schwierig. Heilung lässt uns hingegen ganz natürlich in immer höherem Maße empfangen.

Lektion 22

Als Stärke missverstandene Schwäche

Schwäche wird immer dann als Stärke missverstanden, wenn wir uns in einem Zustand der Unabhängigkeit befinden, der nichts mit Ideenreichtum zu tun hat, sondern eine Kompensation für Schmerz, Bedürftigkeit und Schwäche ist. Dies ist eine falsche Unabhängigkeit, die von Dissoziation und dem Bedürfnis nach Kontrolle geprägt ist. Aller Widerstand und alle Unzulänglichkeit werden verborgen und treten als das genaue Gegenteil in Erscheinung, was dazu führt, dass wir uns in unserem übersteigerten Selbstvertrauen zu viel zumuten. Dieser Zustand der Unabhängigkeit befindet sich nicht im Gleichgewicht, weil er sich vor der weiblichen Seite mit ihren Emotionen, ihren tiefen Gefühlen und ihrer Verletzlichkeit fürchtet. Damit wird es uns unmöglich zu empfangen, und unser Kopf ist nicht mit unserem Herzen verbunden. Ein weiterer Aspekt der Schwäche besteht darin, dass wir unseren eigenen so genannten „guten" Ideen nachgehen, was meist zur Folge hat, dass wir uns aufopfern. Wir könnten stattdessen auf unsere innere Stimme der Führung hören. Je höher die Bewusstseinsebene ist, auf die wir gelangen, umso offener sind wir für Weisung in Form von Inspiration, Schau und spiritueller Schau. Sie gibt uns die Antwort auf alle unsere Probleme. Wir müssen nur auf sie hören. Um stets den richtigen Weg zu finden, müssen wir eine Beziehung zu dieser inneren Führung aufbauen. Dies geschieht in einem allmählichen Entwicklungsprozess, in dem uns schließlich sogar Offenbarungen zuteilwerden.

Je unabhängiger wir sind, umso mehr glauben wir, alles aus eigener Kraft schaffen zu müssen. Alles aus eigener Kraft schaffen zu wollen bedeutet, dass wir unseren eigenen Weg gehen, statt uns für den wahren Weg zu entscheiden. Unabhängigkeit ist auch die Verkörperung eines gespaltenen Bewusstseins, und ein gespaltenes Bewusstsein erzeugt Angst. Wir sind in einem Zwiespalt, der im Stadium der Unabhängigkeit meist in Form von Hindernissen zutage tritt, wobei die verborgene Seite für das steht, was wir ins Unterbewusstsein verbannt und womit wir uns in geringerem Maße identifiziert haben. Wir wollen unser Ziel erreichen, aber noch mehr wollen wir unabhängig bleiben. Das behindert uns und hält uns auf.

Wechselseitige Abhängigkeit ist eine höhere Bewusstseinsstufe der Einheit, und diese Einheit bewirkt ein immer höheres Maß an Heilung.

Radikale Abhängigkeit – die Abhängigkeit vom Himmel – ist die höchste Stufe des Bewusstseins, bevor wir zu dem reinen Gewahrsein gelangen, das mit dem Erwachen einhergeht.

Je höher die Bewusstseinsstufe ist, auf der wir uns befinden, umso größer sind Zentriertheit, Friede und Freude. Wo sie sind, dort ist Heilung.

Wahre Stärke rührt von wechselseitiger Verbindung her. Wahre Stärke rührt von der vollkommenen Abhängigkeit vom Himmel und von seiner Führung her. Je größer diese Abhängigkeit wird, umso mehr gelangen wir von einem Zustand, in dem wir mit dem Tao fließen, hin zu einem Ort, an dem das Tao durch uns hindurchfließt.

Es liegt keine Stärke in Trennung, Kontrolle oder Beherrschung. Stärke rührt von Ebenbürtigkeit her, und die höchste Stufe der Integrität ist das Einssein. Das Einssein ist das, was nicht zerstört werden kann. Trennung kann nur eine Illusion sein. Wir wollen den Wunsch loslassen, unseren eigenen Weg zu gehen, und den Himmel stattdessen darum bitten, uns seinen Weg zu zeigen. Es ist ein Weg der Heilung, der uns in immer höherem Maße mit anderen Menschen, mit uns selbst und mit dem Himmel zusammenbringt.

Lektion 23

Dem Ego Gehör schenken

Das Ego kämpft immer für seine eigenen Rechte. Es kämpft, um sich zu verteidigen, und es kämpft, bevor oder nachdem du das Gefühl hast, gekränkt worden zu sein. In *Ein Kurs in Wundern* heißt es, dem Ego Gehör zu schenken sei gleichbedeutend damit, in den Krieg zu ziehen. Das heißt nicht, dass du dir von anderen Menschen auf der Nase herumtanzen lassen oder dich aufopfern sollst. Wenn du glücklich, gesund und in Fülle leben willst, bist du aufgerufen, Frieden zu deinem einzigen Ziel zu machen. Ohne Frieden gibt es keine Liebe. Je mehr Stress sich aufbaut, umso grausamer sind wir in der Regel sowohl zu uns selbst als auch zu anderen Menschen.

Wenn es nach dem Ego ginge, wären wir immer wütend, und wenn wir wütend sind, greifen wir andere Menschen und auch uns selbst an. Das schadet unserer Gesundheit. Wenn wir wütend sind, projizieren wir unsere eigene Verantwortung für ein Ereignis auf andere Menschen. Die Verantwortung für uns selbst und für alles zu übernehmen, was uns widerfährt, ist dagegen das, was uns ermächtigt. Diese Ermächtigung erkennt, dass es einen besseren Weg gibt als die unterbewusste Strategie, gekränkt oder Opfer zu sein. Beide Dinge führen dazu, dass wir wichtige Türen in unserem Leben schließen, auf Distanz zu uns selbst, zum Leben und zu Beziehungen gehen und einen Teil von uns selbst preisgeben.

Für deine Gesundheit und auch für dein Glück ist es von ausschlaggebender Bedeutung, dass du dich für den Frieden entscheidest. Verpflichte dich ihm, und wenn du nicht im Frieden bist, dann übernimm die Verantwortung dafür. Nicht das Verhalten eines anderen Menschen hat dafür gesorgt, dass du deinen Frieden verloren hast, sondern die Art und Weise, in der du auf sein Verhalten reagiert hast. Wenn du in dein Unterbewusstsein hineinschauen könntest, würdest du erkennen, dass du das Ereignis herbeigeführt hast, weil es einem heimlichen Motiv des Egos dient, das beispielsweise in Trennung, Unabhängigkeit, einem Akt der Rache oder der Tilgung einer Schuld bestehen kann.

Wenn du Gesundheit willst, brauchst du Frieden. Wenn du Liebe und Fülle willst, brauchst du Frieden. Wenn du glücklich sein willst, brauchst du Frieden. Das heißt, dass du die Vergangenheit klären musst, damit alle posttraumatischen Belastungen aufgelöst werden. In Wirklichkeit existiert die Vergangenheit nicht mehr, aber wir erhalten sie aus einem bestimmten Grund am Leben. Sie dient uns, weil sie uns Aufmerksamkeit einbringt, uns Ausreden liefert und uns die Möglichkeit gibt, Rache zu üben. Um es mit den Worten Shakespeares zu sagen: „Ein Märchen ist's, erzählt von einem Blöden, voller Klang und Wut, das nichts bedeutet." Wir könnten die Vergangenheit loslassen, sodass Frieden ihren Platz einnehmen kann. Wir könnten unsere Zukunft in die Hände Gottes legen und damit nicht nur unsere Angst vor der Zukunft, sondern auch die Dinge aus der Vergangenheit heilen, die dafür sorgen, dass wir uns vor der Zukunft fürchten. Wir könnten stattdessen Frieden sehen. Entscheide dich heute für Heilung und Frieden. Akzeptanz bringt Frieden. Vergebung bringt Frieden. Loslassen bringt Frieden. Die Integration dessen, was sich uns scheinbar entgegenstellt, bringt Frieden. Verpflichtung und Hilfsbereitschaft gegenüber anderen Menschen bringen Frieden. Alles in Gottes Hände zu legen bringt Frieden. Mache Frieden zu deinem einzigen Ziel.

Lektion 24

Falsche Wahrnehmung

In *Ein Kurs in Wundern* (T-8.IX.2.1) heißt es: „Eine falsche Wahrnehmung ist der Wunsch, dass die Dinge seien, wie sie nicht sind.“ Im vorherigen Absatz (T-8.IX.1.7) heißt es auch: „Nur die Wahrnehmung kann krank sein, weil nur die Wahrnehmung falsch sein kann.“ Wahrnehmung ist keine Tatsache, sondern eine Entscheidung. Diese Feststellung bekräftigt meine eigenen Erkenntnisse bei der Arbeit mit Menschen, die krank waren oder Probleme hatten. Wenn die Aufgabe darin liegt, Menschen zu heilen, dann liegt das Ziel darin, ihre Wahrnehmung zu verändern. Ein höheres Maß an emotionaler Reife hilft dir, deine Wahrnehmung zu verändern, denn wenn du deine Glaubenssätze, deine Emotionen und dein Verhalten änderst, dann veränderst du damit auch das, was dir in deinem Leben widerfahren ist und noch widerfahren wird.

Es läuft immer wieder auf die Frage hinaus, warum jemand sich für eine schmerzhafte Wahrnehmung und infolgedessen für schmerzhafte Erfahrungen entscheiden sollte. Man könnte sagen, dass alle schmerzhaften Wahrnehmungen, die zu schmerzhaften Erfahrungen werden, im Dienste unseres Egos stehen, das Trennung will, weil das Ego von Trennung herrührt und Trennung ist. Trennung ist gleichbedeutend mit der Entscheidung, andere Menschen anzugreifen, und Angriff ist gleichbedeutend mit Selbstangriff und Schmerz. Wir zahlen einen sehr hohen Preis, wenn wir es zulassen, dass eine Situation, in der wir hätten helfen können, sich in eine schmerzerfüllte Situation verwandelt. Trennung bringt uns dazu, nach Aufmerksamkeit zu streben, während wir uns gleichzeitig verstecken. Wir streben nach Liebe und laufen gleichzeitig vor ihr davon. Wir wollen, dass unsere Bedürfnisse befriedigt werden, lehnen jedoch die Verbundenheit ab, die dies bewirken würde.

Falsche Wahrnehmung rührt von einem gespaltenen Bewusstsein her, und ein gespaltenes Bewusstsein macht es uns unmöglich, gegensätzliche Ziele zu erreichen. Ganzheit allein lässt unser Bewusstsein zur Ruhe kommen, sodass wir empfangen können.

Ich habe festgestellt, dass alle Heilung deshalb geschehen kann, weil unsere schmerzhaften Emotionen und die Erfahrungen, von denen sie herrühren, nicht die Wahrheit sind. Sie sind eine falsche Wahrnehmung. Eine Situation, in der alle beteiligten Menschen gewinnen können, ist von Frieden geprägt. Wenn wir uns diese Wahrheit zu eigen machen, wird es uns zunehmend möglich, eine Situation aus einem spirituellen Blickwinkel zu betrachten. Im Laufe der Jahre hat meine Arbeit sich ganz natürlich in eine spirituelle Richtung entwickelt, während ich Menschen geholfen habe, tragische und traumatische Erlebnisse zu überwinden, ihren Frieden wiederzufinden und ihre Entscheidung für Angriff und Trennung aufzugeben, bis sie sich schließlich dem am tiefsten verborgenen Bereich des Unbewussten stellen konnten. Es ist der Angriff auf Gott, in dessen Wesensnatur es liegt, uns immer den Weg zum Frieden anzubieten.

Triff im Hinblick auf die Wahrnehmung deines Problems die Entscheidung: „Ich könnte stattdessen Frieden sehen." Ich habe festgestellt, dass diese Zeile aus *Ein Kurs in Wundern* (Lektion 34) zu den Sätzen gehört, die in der Lage sind, die Wahrnehmung zu verändern. Während du ihn aussprichst, achte darauf, ob deine Wahrnehmung der Situation sich verändert. Hat sie sich verschlechtert? In diesem Fall war die Situation von einem hohen Maß an verborgener Negativität geprägt. Vertraue dem Prozess und fahre fort. Es ist besser, diese Negativität jetzt zutage zu fördern, als später darunter zu leiden. Sei unbesorgt, wenn sich die Situation gleich darstellt und sich auch gleich anfühlt. Vertraue dem Prozess. Du bist bis zu diesem Punkt gekommen, und nun gibt es einen Ausweg. Es handelt sich ganz einfach um die Dissoziation, die zuerst beseitigt werden muss. Vertraue dem Prozess. Fühle dich wiederum in deine Situation ein und sprich die Worte: „Ich könnte stattdessen Frieden sehen." Schaue dein Problem nochmals an. Wie stellt es sich für dich dar, und wie fühlt es sich an? Ist es schlimmer geworden? Besser? Unverändert? Sprich noch einmal die Worte: „Ich könnte stattdessen Frieden sehen." Wiederhole den Satz. „Ich könnte stattdessen Frieden sehen." Wie stellt die Situation sich nun für dich dar, und wie fühlt sie sich an? Triff eine Entscheidung. „Ich könnte stattdessen Frieden sehen." Bei fast allen Menschen stellt sich für gewöhnlich zumindest eine leichte Verbesserung ein. Wiederhole den Satz immer wieder. Fahre fort, bis du zu einem Gefühl tiefen Friedens gelangt bist. Erkenne, dass du Ereignisse aus der Vergangenheit zutage förderst, die im Unterbewusstsein verborgen liegen und von einem hohen Maß an Emotionalität geprägt sind. Sie haben zu deinem gegenwärtigen Problem geführt. Triff erneut die Entscheidung: „Ich könnte stattdessen Frieden sehen." Wiederhole den Satz immer wieder, bis du einen Ort tiefen Friedens erreicht hast. Wenn dieser Prozess abgeschlossen ist, wiederhole die Übung mit einer schmerzhaften Erfahrung aus der Vergangenheit, bis deine Wahrnehmung und dein Blick auf dich selbst und alle anderen an der Erfahrung beteiligten Menschen von vollkommenem Frieden erfüllt sind.

Lektion 25

Hinter jeder Krankheit und jedem Problem steckt die Identifikation mit dem Körper

Die Wahrnehmung, dass wir ein Körper sind, spielt bei jeder Krankheit eine zentrale Rolle. Wenn wir erkennen könnten, dass wir reiner Geist sind, bliebe unser Körper von allein im Gleichgewicht. Unser Bewusstsein würde sich selbst von Konflikten heilen und sie nicht mehr länger auf den Körper verlagern. Es gibt einige Prinzipien, die dafür sorgen, dass unser Körper für Krankheiten anfällig ist. Das Ego benutzt den Glauben an den Körper, um Angriff zu fördern. Es benutzt den Körper, um den Angriffsgedanken zu verstärken. Es gibt keine Krankheit und keine Verletzung, bei der unter den schmerzhaften, ablenkenden Symptomen nicht auch Angriff und Selbstangriff verborgen liegen.

Der Glaube an den Körper führt auch zur Depression, die bei Krankheiten ebenfalls eine große Rolle spielt. Eine Depression schwächt unser Immunsystem und wurde von der Weltgesundheitsorganisation als das größte gesundheitliche Problem weltweit eingestuft. Das Ego hat in Schwäche und Begrenzung investiert, sodass der Glaube an den Körper seine natürliche Entscheidung ist. In *Ein Kurs in Wundern* (T-8.IX.1.5:7-2.1:2) heißt es dazu:

> „Wenn das Ego dich zur Krankheit verleitet, dann bitte den HEILIGEN GEIST nicht darum, dass ER den Körper heile, denn dadurch würdest du lediglich den Glauben des Egos akzeptieren, dass der Körper das geeignete Ziel für die Heilung ist. Bitte den HEILIGEN GEIST vielmehr darum, dass ER dich die richtige

> *Wahrnehmung* des Körpers lehre, denn allein die Wahrnehmung kann verzerrt sein. Nur die Wahrnehmung kann krank sein, weil nur die Wahrnehmung falsch sein kann. Eine falsche Wahrnehmung ist der Wunsch, dass die Dinge seien, wie sie nicht sind. Die Wirklichkeit aller Dinge ist völlig harmlos, weil völlige Harmlosigkeit die Bedingung ihrer Wirklichkeit ist."

Körper und Geist können also geheilt werden, weil der Schmerz und das Problem die Illusion sind. Unsere illusionäre Wahrnehmung kann geheilt werden, weil sie nicht der Wahrheit entspricht, sondern benutzt wird, um uns zu trennen. Trennung stürzt den Geist ins Chaos, und was sich im Chaos befindet, ist sinnlos. Sinnlosigkeit führt wiederum zur Depression. Das Ego greift ein und will uns mit weltlichem Tand locken, so als ob er uns einen Sinn zu geben vermöchte. Dabei sorgt er lediglich dafür, dass unsere Enttäuschung noch größer wird, was unsere Depression noch weiter verstärkt. Der Himmel gibt uns stets einen Sinn, wenn wir ihn darum bitten. Wahrheit, Ordnung und Sinn gehen naturgemäß Hand in Hand.

Betrachte also dein Problem so, wie du es wahrnimmst und empfindest, und frage dich: „Ist es das, was ich sehen will?" Betrachte dein Problem erneut und nimm wahr, ob deine Wahrnehmung oder deine Empfindungen im Hinblick darauf sich in irgendeiner Form verändert haben. Frage dich noch einmal mit Blick auf das Problem: „Ist es das, was ich sehen will?" Nimm erneut wahr, ob deine Wahrnehmung oder deine Empfindungen im Hinblick auf das Problem sich verändert haben. Deine Wahrnehmung zu verändern heißt, das Problem zu verändern. Betrachte das Problem, fühle die Emotionen, die damit einhergehen, und frage dich: „Ist es das, was ich sehen will?" Nimm dir ein wenig Zeit und wiederhole die Frage immer wieder, bis du an einen Ort tiefen Friedens gelangst, an dem dein Problem sich vollständig aufgelöst hat. „Ist es das, was ich sehen will?"

Lektion 26

Die Tyrannei der Krankheit

Krankheit ist ein Tyrann, der uns kontrollieren soll. Sie bringt uns dazu, das Knie vor ihr zu beugen. Sie zieht uns aus dem Verkehr, indem sie uns den sprichwörtlichen Schlag in die Magengrube versetzt oder dafür sorgt, dass wir mit dem Kopf gegen die Wand rennen. Sie hält uns schwach, macht uns zum Sklaven dessen, was uns zu beherrschen scheint, und fordert Aufmerksamkeit, Zeit und Geld.

Die Tyrannei der Krankheit ist die Tyrannei der Glaubenssätze, die uns mit ihrem Mangel an Wahrheit gefangen halten sollen. Alle Glaubenssätze sind letzten Endes unwahr. Es gibt den Glaubenssatz über etwas und die Erfahrung, die von diesem Glaubenssatz herrührt. Positive Glaubenssätze sind harmloser, tragen die Begrenzung der Form aber dennoch in sich, und in letzter Konsequenz sind wir formlos, zeitlos und grenzenlos, weil wir reiner Geist sind.

Wenn du dich von der Tyrannei befreien willst, die deinen Körper versklavt und ihm eine Lektion erteilen will, dann gehe den Glaubenssätzen auf den Grund, die Krankheiten antreiben, und lasse sie los.

Die folgenden Aussagen zählen zu den Glaubenssätzen, die eine Krankheit am Leben erhalten:

1. Ich bin ein Körper.
2. Ich bin von mir selbst und anderen Menschen getrennt.
3. Ich bin bedürftig.
4. Jemand hat mir Schaden zugefügt.
5. Gott bestraft mich.
6. Ich bin für das, was mir widerfahren ist, nicht verantwortlich.

7. Ich habe Angst.
8. Ich bin schuldig und muss mich selbst bestrafen.
9. Ich opfere mich für eine gute Sache auf.
10. Diese Krankheit macht mich unabhängig.
11. Diese Krankheit gibt mir die Möglichkeit, einen anderen Menschen anzugreifen.
12. Wenn ich andere Menschen angreife, kann ich selbst dem Angriff entkommen.
13. Gott muss mich nicht bestrafen. Ich erledige das selbst.
14. Diese Krankheit beweist, dass ich Recht habe.
15. Ich gewinne, auch wenn ich durch diese Krankheit verliere.
16. Es gibt etwas, das zu verlieren ich mir nicht leisten kann, und diese Krankheit wird mich davor bewahren, es zu verlieren.
17. Diese Krankheit zeigt, dass ich besser bin als jemand, mit dem ich in einem Konkurrenzkampf stehe.
18. Diese Krankheit zeigt, dass es mir schlechter geht als jemandem, mit dem ich in einem Konkurrenzkampf stehe.
19. Ich werde alt werden und sterben.
20. Krankheit ist eine Realität, und diese Realität hat mich äußerst schwer getroffen.
21. Das Leben hat mich desillusioniert.
22. Diese Krankheit beweist, dass jemand im Unrecht ist.
23. Mein Körper ist von selbst krank geworden.
24. Meine Krankheit ist rein körperlich.
25. Diese Krankheit ist eine gute Möglichkeit, mich an einem Menschen zu rächen.
26. Diese Krankheit bietet eine wunderbare Möglichkeit, mich an Gott zu rächen.
27. Diese Krankheit beweist, dass Gott ein schlechter Gott ist und dass ich Gott sein sollte.
28. Diese Krankheit wird dafür sorgen, dass ich etwas bekomme. Ich kann mit dieser Krankheit etwas erkaufen.
29. Diese Krankheit ist eine Form des Schwelgens, die es mir ermöglicht, an einer anderen Form des Schwelgens festzuhalten.
30. Ich benutze diese Krankheit, um etwas zu beweisen, an das ich selbst nicht uneingeschränkt geglaubt habe.

Dies sind nur einige der vielen Glaubenssätze, die wir loslassen müssen, um frei zu sein. Mögliche Antworten lauten:

1. Ich bin kein Körper, sondern reiner, grenzenloser Geist.
2. Ich kann die Entscheidung treffen, mich mit mir selbst und Christus zu verbinden.
3. Niemand außer mir selbst enthält mir etwas vor.
4. Ich habe versucht, einen anderen Menschen anzugreifen, indem ich mich selbst angegriffen habe.
5. Ich greife Gott an.
6. Ich bin für alles verantwortlich, was in meinem Leben geschieht.
7. Ich bin sicher, geheilt und ganz.
8. Ich bin unschuldig.
9. Aufopferung ist niemals notwendig. Ich benutze sie, um mich zu verstecken.
10. Unabhängigkeit ist eine Rolle, die nur frei aussieht, in Wirklichkeit aber dissoziiert ist.
11. Mein Glaube an Angriff und an die Notwendigkeit von Angriff macht mich krank.
12. Wenn ich andere Menschen angreife, greife ich mich selbst und alle Menschen an.
13. Gott würde mich niemals bestrafen, und es ist niemals notwendig, mich selbst zu bestrafen.
14. Diese Krankheit zeigt, dass ich mich tatsächlich im Unrecht fühle.
15. Eine Krankheit ist ein Unterfangen, bei dem alle verlieren.
16. Meine Anhaftungen verletzen mich, und ich kann sie zugunsten von etwas Besserem loslassen.
17. Krankheit ist eine äußerst zerstörerische Form von Konkurrenz, die ebenfalls zerstörerisch ist.
18. Auf der Ebene des reinen Geistes bin ich mit allen Menschen gleich. Auf der Ebene der Seele befinden wir uns alle in unterschiedlichen Stadien der Entwicklung.
19. Ich bin reiner, ewigwährender Geist.
20. Krankheit ist ein Glaubenssatz. Sie ist etwas, das ich benutze, um etwas zu bekommen, das ich nicht gebe.

21. Ich habe in Dinge investiert, die mich nicht tragen konnten. Ich habe mich selbst desillusioniert.
22. Diese Krankheit zeigt, dass ich mich wegen einer bestimmten Sache im Unrecht fühle, die in Wirklichkeit nur ein Fehler ist, der berichtigt werden muss.
23. Die Konflikte meines gespaltenen Bewusstseins wurden auf meinen Körper verlagert.
24. Meine Krankheit war eine falsche Entscheidung, ein Konflikt meines gespaltenen Bewusstseins.
25. Diese Krankheit dient der Rache. Sie ist nicht das, was ich wirklich will. Ich habe andere Menschen zu Unrecht meiner eigenen Fehler beschuldigt.
26. Gott wurde zu Unrecht beschuldigt, weil er uns stets nur das Beste zuteilwerden lässt. Wir haben ihn für das beschuldigt, was wir selbst getan haben.
27. Gott ist höchste Liebe und höchste Unschuld. So wurden auch wir in unserem Wesen erschaffen, das unveränderlich ist.
28. Selbst wenn diese Krankheit dafür sorgt, dass ich etwas bekomme, das ich haben wollte, macht es mich nicht glücklich.
29. Es gibt einen Teufelskreis aus Schwelgen und Ungerechtigkeit sowie aus Schwelgen und Aufopferung.
30. Die Wahrheit braucht keine Verteidigung. Sie ist für sich genommen Beweis genug.

Lektion 27

Die sieben Todsünden

Die sieben Todsünden sind Hochmut, Völlerei, Trägheit, Habgier, Zorn, Neid und Wollust. Eine Sünde ist ein Ort, an dem wir lieblos und deshalb arrogant gehandelt haben. Sünde isoliert uns von anderen Menschen, während Liebe uns mit anderen Menschen verbindet und uns glücklich macht. Eine Sünde ist ein Ort, an dem wir etwas bekommen wollen, und das stärkt unser Ego. Alle sieben Todsünden sind Götzen und deshalb falsche Götter. Wir versuchen, sie in Gott zu verwandeln. Wir glauben, dass sie uns retten oder uns glücklich machen, aber in Wirklichkeit können sie uns weder Glück noch Sicherheit geben. Wir verleugnen Gott, indem wir diese falschen Götter über ihn setzen. Damit verletzen wir unser Bewusstsein dafür, dass Gott jederzeit für uns zur Stelle ist, denn obwohl wir ihn vergessen haben, hat er uns niemals vergessen. Die sieben Todsünden bewirken, dass wir uns von Gott und damit vom Leben abwenden. Das kann sowohl unsere Gesundheit als auch unser allgemeines Wohlbefinden negativ beeinflussen. Die Befriedigung, die wir durch unsere Teilhabe an den sieben Todsünden zu erlangen hofften, stellt sich einfach nicht ein, weil sie zur Folge haben, dass wir von einem Ort der Trennung aus nehmen. Nehmen sorgt in Wirklichkeit dafür, dass wir uns leerer fühlen, weil Trennung uns dissoziiert und weil wir das, was wir genommen haben, weder fühlen noch genießen können. Die sieben Todsünden sind Fehler, die wir machen, aber unsere Trennung erzeugt Schuldgefühle, die wiederum die Negativität verstärken.

Frage dich, zu wie viel Prozent du jede dieser „Sünden“ in dir trägst. Willst du in dein Ego und in den Tod investieren oder in etwas, das dir ein höheres Maß an Frieden und Ganzheit bringt?

Stelle dir vor, dass dein Hochmut vor dir steht. Wie sieht er aus, und wie fühlt er sich an? Welche Form hat er? Farbe und Beschaffenheit? Wie schwer ist er? Hat er einen bestimmten Klang? Stelle dir nun vor, dass deine Völlerei neben ihm steht. Wie sieht sie aus, und wie fühlt sie sich an? Welche Form, Farbe und Beschaffenheit hat sie? Wie schwer ist sie? Hat sie einen bestimmten Klang? Stelle dir nun vor, dass du Hochmut und Völlerei miteinander verschmelzen lässt, um ein größeres Ganzes zu bilden. Wenn die Spaltungen in unserem Bewusstsein vereinigt werden, entstehen Ganzheit und Frieden.

Stelle dir dann vor, dass deine Trägheit vor dir steht. Wie sieht sie aus? Wie fühlt sie sich an? Welche Form, Farbe und Beschaffenheit hat sie? Wie schwer ist sie? Hat sie einen bestimmten Klang? Verbinde sie mit deinem Hochmut und mit deiner Völlerei.

Wie sieht das neue Gebilde aus, und wie fühlt es sich an?

Verbinde es mit deiner Habgier.

Wie sieht es aus?

Verbinde es mit deinem Zorn. Wie sieht es aus, und wie fühlt es sich an?

Verbinde es mit deinem Neid. Wie fühlt es sich an?

Verbinde es zum Schluss mit deiner Wollust. Wie fühlt es sich an, und wie sieht es aus?

Integration, die Bestandteil aller Heilung ist, kann negative Dinge in positive Ganzheit verwandeln.

Lektion 28

Von der Konkurrenz zum Konflikt

Alles, was uns in Konflikt bringt, vergrößert unsere Angst und hat negative Auswirkungen auf unsere Gesundheit. Konkurrenz ist der Versuch, die Welt in Gewinner und Verlierer einzuordnen, wobei wir vorzugsweise natürlich auf der Seite der Gewinner stehen wollen. Unser Ego kümmert es nicht wirklich, auf welcher Seite wir stehen, weil es beide Seiten benutzt, um seine Macht zu vergrößern. Konkurrenz gehört zu den Dingen, mit deren Hilfe das Ego seine Stellung festigt, und sie hat innere Konflikte und äußere Machtkämpfe mit anderen Menschen zur Folge.

Wir glauben, dass wir in Konkurrenz treten, um voranzukommen, aber das ist nicht der Plan des Egos. Das Ego tut das, was es tut, um uns zu behindern, abzulenken und aufzuhalten. Konkurrenz ist eine Verzögerungstaktik. Wir gehen nicht den Schritt, der uns erfolgreich sein ließe. Stattdessen konzentrieren wir unsere Aufmerksamkeit darauf, gegen einen anderen Menschen zu gewinnen. Das weckt in ihm natürlich den Wunsch, gegen uns zu gewinnen. Wir hätten den Schritt hin zum Erfolg einfach gehen können, aber wir schieben ihn hinaus, um bestimmte positive Seiten unserer selbst unter Beweis zu stellen. Auch wenn wir den Konkurrenzkampf diesmal gewinnen, ist derjenige, den wir besiegt haben, beim nächsten Mal darauf aus, uns zu besiegen.

Alles, was Stress erzeugt, ist schlecht für unsere Gesundheit und unseren Erfolg. Konkurrenz erzeugt Stress. Konkurrenz kündet von Polarität und Mangel, während Heilung zwei Seiten, die gespalten waren, wieder miteinander vereint. Erfolg ist die Vereinigung unterschiedlicher Elemente, die auf ein einziges Ziel ausgerichtet sind. Zusammenarbeit steht auf einer höheren Bewusstseinsstufe als Konkurrenz. Sie ist einfacher, erfordert weit weniger

Anstrengung und lässt uns in weit höherem Maße empfangen. Ebenbürtigkeit führt zu Frieden, und Frieden führt zu Glück und Gesundheit.

Sei dir bewusst, dass alle negativen Ereignisse und Probleme in unserem Leben ein Element der Konkurrenz in sich tragen. Wir versuchen, einen anderen Menschen zu besiegen, und das führt früher oder später dazu, dass wir selbst besiegt werden. Unabhängig davon, ob wir gewinnen oder verlieren, müssen wir dennoch unseren Weg zum Erfolg gehen. Warum nicht jetzt? Warum verpflichten wir uns nicht dem Erfolg, der alle Menschen erfolgreich sein lässt?

Lektion 29

Selbstaufgabe

Im Laufe der Jahre habe ich immer wieder beobachtet, dass Menschen sich selbst aufgeben. Das vergrößert ihre Probleme und schadet ihrer Gesundheit. Du kannst die Selbstanteile, die du aufgegeben hast, mühelos zurückgewinnen, denn du hast sie aufgrund einer Entscheidung aufgegeben und gewinnst sie auch durch eine Entscheidung zurück. In der Vergangenheit lag der Grund für unsere Selbstaufgabe häufig darin, dass wir glaubten, nicht die erforderlichen Mittel und Werkzeuge zu besitzen, um mit den Ereignissen in unserem Leben umzugehen. Jetzt stehen uns jedoch weit größere Ressourcen zur Verfügung. Zudem besteht natürlich niemals die Notwendigkeit zur Selbstaufgabe, wenn wir den Himmel um Hilfe bitten und er sie uns gewährt.

Nun ist es an der Zeit, die Selbstanteile, die wir aufgegeben haben, wieder zurückzugewinnen.

Frage dich intuitiv, wie viele Selbstanteile du in deinem Leben aufgegeben hast. Frage dich, welche Auswirkungen dies auf dein Leben hat. Frage dich, wie dein Leben verlaufen wäre, wenn du dich selbst nicht aufgegeben hättest. In dem Maße, in dem du dich selbst aufgegeben hast, hast du auch andere Menschen, das Leben und den Himmel aufgegeben. So kann es beispielsweise sein, dass du dich selbst und deine Mutter aufgegeben hast. Stelle dir nun im Hinblick auf die Selbstanteile, die du aufgegeben hast, folgende Fragen:

Wie oft hast du deine Mutter aufgegeben?

Wie oft hast du deinen Vater aufgegeben?

Deine Geschwister?

Den Himmel?

Deine Familie?

Frühere Partner?
Deinen jetzigen Partner?
Kinder?
Schule?
Arbeit?
Geld?
Sex?
Wahre Liebe?
Beziehungen?
Erfolg?
Gesundheit?

Mit der Aufgabe deiner selbst, dieser Menschen oder dieser Dinge hast du gleichzeitig auch Selbstanteile der Rache ins Leben gerufen. Diese Selbstanteile greifen andere Menschen und dich selbst an und sind die Ursache aller möglichen Formen von Herzensbruch und Schmerz. Der erste Schritt besteht darin, überall dort, wo du dich selbst aufgegeben hattest, eine andere Entscheidung zu treffen und dich dir selbst zu verpflichten. Heiße die aufgegebenen Selbstanteile wieder willkommen. Liebe und unterstütze sie, sodass sie heranwachsen können, bis sie dein jetziges Alter erreichen, wieder mit dir verschmelzen und dadurch zu deiner Ganzheit beitragen. Verpflichte dich auch wieder den Menschen und Dingen, die du aufgegeben hattest. Das war fast immer dort der Fall, wo sie sich bereits selbst aufgegeben hatten, und du hast versprochen, nicht nur sie, sondern auch deine Selbstanteile der Rache zu retten, die sie aufgegeben hatten.

Integriere anschließend alle Selbstanteile der Rache. Stelle dir vor, dass du sie umarmst, und während du es tust, verschmelzen sie mit dir und tragen zu deiner Ganzheit bei. Darunter liegen liebenswürdige Selbstanteile, erfolgreiche Selbstanteile oder gesunde Selbstanteile verborgen. Umarme sie alle und heiße sie wieder in deinem Leben willkommen, sodass Stärke und Kraft den Platz von Verlust, Schwäche oder Depression einnehmen.

Lektion 30

Das erstarrte Selbst

Wo eine Krankheit oder ein Problem besteht, dort findet sich häufig ein erstarrtes inneres Selbst. Dieses Selbst hat ein emotionales Trauma erlitten, die Lektion nicht gelernt und aufgehört zu wachsen. Deshalb sitzt nun ein Kind oder ein verwundetes Selbst am Steuer deines Lebensfahrzeuges, und das kann dich in große Schwierigkeiten bringen.

Frage dich, wenn du es wüsstest, wie alt du dann warst, als dieses Selbst erstarrt ist.

Frage dich, wer anwesend war, als es geschehen ist.

Frage dich, was zu diesem Ereignis geführt hat.

Wenn du noch tiefer gehen möchtest, stelle dir einfach vor, dass du gewollt hast, dass das, was geschehen ist, geschieht. Welchem Zweck hat dieses Ereignis gedient?

Was wolltest du bekommen?

Welchen Schritt wolltest du nicht gehen, weil du dich davor gefürchtet hast?

Welche Lektion hast du an diesem Scheideweg nicht gelernt?

Welche Ausrede hat das Ereignis dir geliefert?

Was hat es dir zu tun erlaubt?

Warum hast du dich selbst angegriffen?

Welche anderen Menschen hast du angegriffen?

Welche Schuld hofftest du damit zu tilgen?

Wen wolltest du kontrollieren und aus welchem Grund?

Wenn du in diesem Alter erstarrt bist, dann ist jeder, der an der Situation beteiligt war, ebenfalls in diesem Alter erstarrt.

Nun kannst du dich selbst und sie befreien und über die unwahren Rollen der Unabhängigkeit, des Opfers und der Aufopferung hinausgelangen, die als Tarnung für dieses erstarrte Selbst entstanden sind. Der Himmel hat dir eine Lektion angeboten, die es dir leicht gemacht hätte, an diesem Scheideweg die richtige Wahl zu treffen, denn die Lektionen des Himmels sind Wunder, die uns geschenkt werden, damit wir den nächsten Schritt mühelos gehen können. Wenn du die Hilfe des Himmels empfängst, hast du die Gelegenheit, allen Menschen zu helfen, sodass die Situation sich nicht so ereignet, wie es der Fall war. Wenn der Himmel seine Hilfe gewährt, gibt es keine Bösewichte. Du wirst nicht verletzt und häufst keine zusätzliche Schuld an, die unter deinem Urteil und deinem Groll über die Situation verborgen lag.

Kehre nun zu dem Zeitpunkt unmittelbar vor dem Ereignis zurück und bitte den Himmel um die Lektion, die er für dich bereithält. Nimm sie dankbar an, denn sie befreit dein erstarrtes Selbst, und wenn du sie teilst, kannst du die anderen an der Situation beteiligten Menschen befreien. Dein Selbst wächst heran und verschmilzt wieder mit dir, sodass du ein höheres Maß an Ganzheit erlangst. Du gewinnst deine Freiheit zurück und kannst auch die anderen an der Situation beteiligten Menschen befreien. Das ist der Wille des Himmels für dich. Das ist der Wille Gottes für dich.

Lektion 31

Andere retten, dich selbst retten

Das Ego geht den Weg der Kreuzigung, und dabei ist es ihm im Grunde genommen ziemlich gleichgültig, ob du dich selbst oder einen anderen Menschen kreuzigst. Jedes größere Problem, das du hast, ist in Wirklichkeit eine Form der Selbstkreuzigung.

Es gibt fast immer Menschen in deinem Leben, die du benutzt hast, um dich selbst zu kreuzigen. Dabei hast du vermutlich jedoch nicht erkannt, dass du die Menschen, die dich gekreuzigt haben, benutzt hast, um dich selbst zu kreuzigen, und dass du im Gegenzug deine eigene Kreuzigung benutzt, um sie ans Kreuz zu schlagen.

Der Weg des Himmels und deines höheren Bewusstseins ist ein Weg der Erlösung. Wenn es der Wille des Himmels und dein eigener wahrer Wille ist, einen anderen Menschen zu retten, dann muss es einen Weg geben. Wenn deine Seele sich dafür entschieden hat, in eine bestimmte Familie hineingeboren zu werden, oder einen bestimmten Partner gewählt hat, dann muss es einen Weg geben, diese Menschen zu erlösen. Du überwindest deinen alten Schmerz und deine Kreuzigung dadurch, dass du den anderen Menschen hilfst, über diese alte Situation hinwegzukommen, in der du sie als ideale Ausrede benutzt hast, um anzugreifen und dich vor deiner Lebensaufgabe zu verstecken.

Um sie zu erlösen, frage dich zunächst, zu wie viel Prozent du dich selbst liebst. Das Ausmaß deines Problems entspricht dem Maß, in dem du dich selbst angreifst, statt dich selbst zu lieben. Wenn du einen anderen Menschen erlösen willst, musst du dich selbst in höherem Maße lieben. Stelle dir vor, dass du dich zu deiner Selbstliebe bekennst und die Liebe des Himmels empfängst, die deine Selbstliebe vergrößert. Stelle dir nun den Menschen vor, der dich gekreuzigt hat und den du deinerseits insgeheim gekreuzigt hast. Du kannst das gesamte Muster in euer beider Leben ändern, indem du deine Selbstliebe mit dem betreffenden Menschen teilst und gleichzeitig die Liebe des Himmels für ihn erbittest. Durch deine eigene Befreiung befreist du ihn, und durch seine Befreiung befreist du dich selbst.

Lektion 32

Ein kritischer Blick auf die Rolle der Aufopferung

Aufopferung gehört zum Plan deines Egos. Es stärkt seine Position durch Aufopferung auf Kosten von Liebe und Selbstwert. Aufopferung hat nichts mit dem Plan des Himmels oder dem Willen Gottes für uns zu tun, denn Gott würde seinen Kindern ebenso wenig übelwollen, wie wir unseren Kindern übelwollen würden. Wir würden vor allen Dingen nicht wollen, dass sie leiden oder durch Aufopferung ihr Leben vergeuden. Aufopferung hat Probleme und Entbehrung zur Folge. Aufopferung führt zu Erschöpfung, denn sie erlaubt uns nicht, für das, was wir tun, eine Belohnung zu empfangen. Aufopferung ist eine Kompensation, die Gefühle der Schuld und des Versagens abwehren soll, am Ende aber wie alle Abwehrstrategien genau das herbeiführt, was sie abwehren wollte. Aufopferung ist eine Rolle, die vom Verlust unserer Verbundenheit herrührt. Drei Rollen, die Elemente sowohl des unabhängigen Rebellen als auch des Opfers oder Märtyrers aufweisen, entstehen an diesem Punkt: trennende, dissoziierte Unabhängigkeit, das bedürftige, abhängige Opfer und Aufopferung. Alles, was durch Aufopferung erreicht wurde, hätte auch ohne sie erreicht werden können. Wir benutzen sie, um uns zu verstecken. Aufopferung geht unseren Gaben, der Gnade des Himmels, unserer Lebensaufgabe und unserer Bestimmung aus dem Weg. Alle Rollen sind von Konkurrenzdenken geprägt, und deshalb ist wahre Aufopferung eine Form von Konkurrenz. Konkurrenz hat einen Machtkampf zur Folge, weil wir beweisen wollen, dass wir besser sind als die Menschen in unserer Umgebung. Selbst wenn es den Anschein hat, als besitze unser Konkurrent die größere Macht, wollen wir zumindest beweisen, dass wir moralisch überlegen sind. Aufopferung schottet uns wirksam von der Welt ab, und sowohl die Trennung als auch die Konkurrenz verstärken den Glauben an Mangel.

Aufopferung zeigt unser gespaltenes Bewusstsein und unseren Widerwillen dagegen, das zu haben, was wir wollen. Wir wollen es und wollen es gleichzeitig nicht. Dieser Konflikt erzeugt Angst und hält uns davon ab, den nächsten Schritt zu gehen.

Aufopferung entsteht aus unserem Gefühl heraus, *bestimmte Dinge tun zu müssen*. Die fehlende Entscheidungsfreiheit nimmt uns die Möglichkeit, zu geben und somit zu empfangen. Aufopferung tut die richtigen Dinge aus dem falschen Grund. Deshalb ist Aufopferung nicht authentisch.

Aufopferung spielt sowohl bei Krankheiten als auch bei Problemen eine elementare Rolle. Wir glauben, etwas aufgeben zu müssen, und das macht uns Angst. Die Angst hindert uns daran, den nächsten Schritt zu gehen. Im Laufe der Jahrhunderte haben wir Aufopferung und Liebe so sehr durcheinandergebracht, dass wir glauben, Aufopferung sei ein Ziel und beweise, dass wir einen anderen Menschen lieben und selbst ein guter Mensch sind. Zwischen Aufopferung und Liebe gibt es jedoch große Unterschiede. Sie sind in Wahrheit sogar Gegensätze, denn Liebe gibt und Aufopferung greift an. Teilen, das eine Form von Liebe ist, führt dazu, dass du dich gut fühlst, während Aufopferung dich erschöpft. In der Bibel (Mt. 7,16) heißt es: „An ihren Früchten werdet ihr sie erkennen." Dieser Satz macht uns den Unterschied zwischen Aufopferung und Liebe bewusst. Wenn wir den Unterschied kennen, können wir uns für die Liebe anstelle des Selbstangriffs und des verborgenen Angriffs entscheiden, der das Fundament der Aufopferung ist. Aufopferung tötet ab, während Geben belebt. Aufopferung ist eine Strategie, die darin besteht, jetzt zu verlieren in der Hoffnung, später zu gewinnen. Wenn wir uns aufopfern, bringen wir uns nicht rückhaltlos ein, sodass es keinen echten Kontakt, keinen Fluss und keine Partnerschaft gibt. Schwierigkeiten, Leiden und Probleme sind Anzeichen von Aufopferung. Durch unseren Wunsch oder unsere Entscheidung, authentisch zu geben, wird Aufopferung von einer Rolle, die das Bedürfnis anderer Menschen nicht erfüllen kann, in einen Akt der Großzügigkeit verwandelt.

Wir benutzen Aufopferung, um dem Himmel insgeheim vorzuwerfen, dass nicht gut für uns gesorgt wurde. Wir opfern uns auf, um zu zeigen, wie es richtig gewesen wäre. Aufopferung ist nicht der Wille Gottes für uns und ebenso wenig unser eigener wahrer Wille. Aufopferung ist eine Kompensation für Gefühle des Versagens, der Schuld und der Unwürdigkeit, und als Kompensation ist sie eine Abwehrstrategie gegen diese Emotionen, die verhindert, dass wir empfangen können.

Aufopferung ist wie Schuld eine raffinierte Art und Weise, den Himmel zu bekämpfen. Wir ehren den Himmel, indem wir geben, und im Gegenzug ehrt der Himmel uns. Aufopferung verbirgt unsere Angst vor Nähe und Erfolg, und sie sorgt dafür, dass wir uns vor unserer Lebensaufgabe fürchten. Sie verbirgt, dass wir uns davor fürchten, unser Licht leuchten zu lassen, indem wir unsere inneren Gaben enthüllen, die dazu gedacht sind, jedes Problem zu lösen. Wir tragen die Gaben in uns, die unsere eigene Seele für uns zusammengepackt hat und die wir brauchen, um uns mit Leichtigkeit allen Herausforderungen zu stellen, zu deren Bewältigung wir hier sind, und allen Menschen zu helfen, denen wir unsere Hilfe versprochen haben. Aufopferung ist somit überflüssig. Einzig und allein das Ego ist anderer Meinung.

Lektion 33

Deine Kerngeschichte

Deine Kerngeschichte ist ein Schlüsselmuster in deinem Leben. Sie kann mit einem traumatischen Ereignis oder mit einem kleinen Zwischenfall begonnen haben. Es kann sein, dass du sie vergessen hast. Es kann aber auch sein, dass du dich an sie erinnerst. Unabhängig davon, was sie ausgelöst hat, ist sie jedoch zu einem Schlüsselmuster geworden, das dein Leben in vielerlei Hinsicht sehr stark beeinflusst.

Es gibt mehrere Möglichkeiten, die Kerngeschichte zu finden, die deinem Leben enge, selbstschädigende Grenzen auferlegt. Sie setzt selbstschädigende Muster in Gang, obwohl sie in Wahrheit nur ein Fehler war. Das Ego hat diesen Fehler jedoch für seine Zwecke benutzt. Diese Muster werden in Gang gesetzt, weil wir uns davor fürchten, wir selbst zu sein, unsere Lebensaufgabe zu leben und den unaufhaltsamen Sog von Gottes Liebe zu spüren. Wir fürchten, dass die Liebe Gottes uns aus der Welt herausreißen könnte, der wir verhaftet sind. Der Mangel in unserem Leben und das Leiden, das wir durchmachen, sollten uns jedoch dazu veranlassen, diese Geschichten aufzugeben. Wenn wir uns von einer Kerngeschichte befreien, kommt fast immer eine andere Geschichte, um ihren Platz einzunehmen. Mit jeder Geschichte, von der wir uns befreien können, ist unser Leben jedoch in geringerem Maße von Schuld oder Enge geprägt. Deshalb wollen wir uns nun daranmachen, deine Kerngeschichte zu finden. Benutze deine Intuition. Rate einfach.

Wenn du wüsstest, wie alt du warst, als die Kerngeschichte begonnen hat, dann war es vermutlich im Alter von ....

Wenn du wüsstest, wer dabei anwesend war, dann war es vermutlich ....
Wenn du wüsstest, was damals geschehen ist, dann war es vermutlich ....
Wenn du wüsstest, was infolgedessen deine Kerngeschichte wurde, dann war es ....
Wenn du wüsstest, wie sie sich in den unterschiedlichen Bereichen deines Lebens auf dich ausgewirkt hat, dann war es in Form von ....
Wenn du wüsstest, worin die grundlegenden Glaubenssätze und Selbstkonzepte bestehen, die du infolge dieser Kerngeschichte übernommen hast, dann sind es ....

Deine Kerngeschichte ist deine Interpretation dessen, was geschehen ist, und deine Interpretationen sind immer fehlerhaft und dienen nur den Zwecken des Egos. Stelle dir vor, dass du dich wieder in dieser Situation befindest. Wir werden sie durch Liebe und Heilung transformieren. Wage dich mit Hilfe deiner Liebe in die Gefühle hinein, die die Hauptperson bei diesem Ereignis gefühlt hat. Sei mutig. Wenn du mit Liebe voranschreitest, brennt sie den größten Teil der Emotion fort. Du bist ausgewählt, die Liebe direkt in das Herz des betreffenden Menschen hineinzutragen. Das verändert alles. Wiederhole den Prozess dann mit allen an der Situation beteiligten Menschen, bis Liebe das einzige Gefühl ist, das bleibt. Verbinde durch deine Liebe nicht nur dich mit den Menschen, sondern auch die Menschen untereinander.

Bringe zum Schluss die Energie dieser geheilten Situation durch dein Leben mit zurück in die Gegenwart. Wie fühlt es sich an? Was hat sich in deinem Leben geändert?

Lektion 34

Die Wurzel deiner Kerngeschichte

Die Wurzel deiner Kerngeschichte ist weit älter als deine Kerngeschichte selbst. Deine Kerngeschichte ist die Situation, von der du glaubst, dass sie dein Leben bestimmt und geprägt hat. Wenn Emotionen wie Verletztheit, Zorn oder Schuld zurückbleiben, obwohl du dich mit deiner Kerngeschichte befasst hast, dann ist es wichtig, das Thema bis zu dem Punkt zurückzuverfolgen, an dem es in diesem Leben entstanden ist, und das ist in der Regel während deiner Zeit im Mutterleib geschehen.

Im Mutterleib sind wir sehr feinfühlig und nehmen alle Emotionen unserer Eltern als unsere eigenen Emotionen wahr. Wenn wir im Mutterleib aus unserer Mitte geraten, und sei es auch nur um ein einziges Prozent, dann setzen wir ein selbstzerstörerisches Muster in Gang. Alles, was ein Elternteil gegen den anderen Elternteil gesagt oder getan hat, hat sich für uns angefühlt, als habe er es gegen uns gesagt oder getan. Deshalb wollen wir nun zurückkehren und sowohl uns als auch unsere Eltern von diesem Grundthema befreien.

Frage dich, mit wem das Thema im betreffenden Monat im Mutterleib zu tun hatte.

> Wenn du wüsstest, was geschehen ist, dann war es ....
> Wenn du wüsstest, wie das Ereignis sich auf dich und dein Leben ausgewirkt hat, dann war es durch ....
> Wenn du wüsstest, worin die grundlegenden Glaubenssätze und Selbstkonzepte bestehen, die du übernommen hast, dann sind es vermutlich ....

> Wenn du wüsstest, wie sie sich auf dich und dein Leben ausgewirkt haben, dann war es durch ....

Lasse deine Liebe dann erneut in den Vordergrund treten und dir von ihr den Weg zu den Menschen weisen, die dieser Heilung bedurften. Wenn du dich in deiner Liebe vollkommen mit einem anderen Menschen verbindest, fallen die negativen Emotionen fort.

Sorge dafür, dass deine Liebe sich mit allen anderen Menschen verbindet und sogar die negativen Emotionen verbrennt, die zwischen ihnen bestehen, bis Liebe das einzige Gefühl ist, das bleibt. Bringe die Heilung, die stattgefunden hat, dann durch dein Leben mit zurück in die Gegenwart. Wie stellt dein Leben sich nun für dich dar, und wie fühlt es sich an?

Falls die Situation chronische oder toxische Züge aufweist, bitte die Liebe des Himmels darum, deine uralte falsche Geisteshaltung sowie alle Verträge mit dem Ego und alle Selbstkonzepte aufzulösen, die du zum damaligen Zeitpunkt erschaffen hast. Falls es Anzeichen von astraler Dunkelheit gibt, bitte die göttliche Präsenz darum, sich in der Situation einzufinden, alle Teufel aufzuspüren, die sich in deiner Aura festgesetzt hatten, und sie ins Licht zurückzusenden. Bitte sie auch darum, alle Verträge mit dem Teufel und die daraus entstandenen Selbstkonzepte aufzulösen.

Übernimm die Verantwortung dafür, dein Leben aufzuräumen und wieder Anspruch darauf zu erheben.

Lektion 35

Das Urteilen aufgeben

Urteile sind ein grundlegender Bestandteil unseres Denkens. Wir bemerken nicht einmal, dass wir sie fällen. Wir werden ärgerlich und halten es für völlig natürlich, so zu reagieren, weil jemand etwas getan hat, das dumm, gedankenlos oder verletzend war. Wir erkennen nicht, dass das, was der betreffende Mensch getan hat, in Wahrheit von etwas herrührt, das wir in der – womöglich uralten – Vergangenheit selbst getan haben. Es kann auch etwas sein, das einer unserer Vorfahren getan hat, und wir haben nur seine Schuld dafür übernommen. Unser Bewusstsein schlägt so rasch zu, und wir fühlen uns in unserem Ärger so sehr gerechtfertigt, dass wir die Prinzipien der Heilung vergessen, die Ereignisse für uns selbst und andere Menschen transformieren können.

1. Die Welt ist ein Spiegel unseres Bewusstseins, unserer Selbstkonzepte und unserer Glaubenssysteme.
2. Nichts geschieht ohne unsere Entscheidung, die wir weitgehend ins Unterbewusstsein verbannen.
3. Das Verhalten des betreffenden Menschen und auch die Situation selbst sind eine Projektion.
4. Das Verhalten des betreffenden Menschen erfüllt einen bestimmten Zweck für uns.
5. Alle Ereignisse wurden als Seelenlektion sanft von dem Einen geplant, dessen einziges Ziel unser Wohl ist.

Urteile sind tückisch. Sie verdunkeln die Welt und unsere Wahrnehmung der Welt. Sie sind die Wurzel allen Schmerzes, und aus diesem Schmerz heraus begehen wir den Fehler, noch mehr zu urteilen. Dies setzt einen Teufelskreis in Gang, der noch tiefer in die Dunkelheit und ins Elend führt. Urteile sollen uns vor Schuld bewahren, aber mit dieser Lösung dissoziiert und verleugnet das Ego die Schuld lediglich, während es sie gleichzeitig vergrößert. Wir benutzen Urteile, um uns von anderen Menschen zu trennen und uns über sie zu stellen, aber Trennung ist eine Wurzel allen Schmerzes und aller Probleme. Alle Hässlichkeit rührt von Urteilen her. Wenn wir die Menschen segnen, die wir als im Unrecht befindlich wahrnehmen, geben wir der Situation hingegen die Möglichkeit, ihre Schönheit zu entfalten. Urteile erzeugen Hoffnungslosigkeit, und wir erkennen nicht, dass es die Fehler in unserem eigenen Denken sind, die zu den Urteilen und der Hoffnungslosigkeit führen. Das Ereignis ist nicht einfach so geschehen. Wie wir ein Ereignis wahrnehmen, hängt von unserer Entscheidung darüber ab, wie wir etwas sehen wollen. Statt zu urteilen, könnten wir auch erkennen, dass ein anderer Mensch unsere Hilfe gebraucht hat, und mit einer Einstellung der Hilfsbereitschaft und der Vergebung auf ihn eingehen.

Urteile rufen ein Gefühl des Verlustes in uns hervor, aber wenn wir einen Verlust nicht loslassen und überwinden, sind Depression und Todeswunsch die Folge. Das führt wiederum dazu, dass wir uns einerseits vor dem Tod fürchten und uns andererseits von ihm angezogen fühlen. Wenn wir urteilen, erkennen wir nicht, dass es bei einem Verlust um Erneuerung und eine Neugeburt geht. Nur unser Urteil über eine Situation kann ein Gefühl des Verlustes hervorrufen. Wenn wir eine Situation ohne Angriff betrachten, wird sie durch Gnade für uns transformiert, während ein Urteil unsere Wahrnehmung ausschaltet und dafür sorgt, dass wir uns für das aufopfern, was wir verurteilt haben.

Urteile rufen die Verzweiflung hervor, die uns krank macht und den Wunsch in uns weckt, lieber aufzugeben, statt das Licht und die Hoffnung zu sehen, die das Licht bringt. Urteile sperren das Licht jedoch aus, sodass wir den Weg, der hindurchführt, nicht erkennen können.

Urteile lassen sich am besten dadurch heilen, dass wir uns ihrer Heilung verpflichten. Das hat zur Folge, dass, wenn wir uns bei einem Urteil ertappen, wir uns stattdessen dafür entscheiden, den Weg der Heilung zu gehen. Wir bemerken früher, dass wir ärgerlich sind, dass uns etwas schmerzt, dass wir krank sind oder dass negative Gefühle in uns aufkommen, und wir erkennen, dass sie einzig von einem Urteil herrühren können. Dann verbinden wir uns mit dem betreffenden Menschen, statt die Position unseres Egos durch Trennung zu stärken. Wenn wir urteilen, machen wir das Problem wirklich und sind ein Teil des Problems, statt ein Teil der Lösung zu sein.

Sobald wir erkennen, dass das, was geschieht, auf unserer Wahrnehmung beruht und dass wir uns stattdessen dafür *entscheiden können, Frieden zu sehen*, beginnt die Situation sich Schritt für Schritt zu verändern.

Eine weitere Möglichkeit besteht darin, unserem Urteil *immer wieder zu vergeben*, bis die Situation wieder im Lot ist und sich nicht nur unsere Gefühle dem betreffenden Menschen gegenüber verändert haben, sondern er tatsächlich verändert ist.

Eine weitere Möglichkeit besteht darin, *die vollkommene Verantwortung für die Situation zu übernehmen, indem wir erkennen, dass alles von uns ausgeht und dass nichts ohne unsere Entscheidung geschieht.* Allein das Ego ist anderer Meinung, denn ihm ist daran gelegen, dass wir ein Opfer sind, weil es damit eine ganze Reihe von Verhaltensweisen rechtfertigt. Sobald wir die Verantwortung für die Situation übernehmen, können wir sie in die Hände des Heiligen Geistes legen, damit er sie für uns ungeschehen macht. Lasse dich nicht zum Narren halten, wenn das Ego die Schuld, die du einem anderen Menschen zugewiesen hast, in deine eigene Schuld verwandelt. Dies ist keine Verantwortung, sondern lediglich ein Hintertürchen, das dir die Möglichkeit gibt, festzuhalten und dich nicht ändern zu müssen.

Schließlich kannst du deine Wahrnehmung und damit auch deine Erfahrung schrittweise verändern, indem du *das Problem in Gottes Hände legst* und bereit bist, jeder Eingebung nachzugehen, die du empfängst, es ansonsten jedoch dem Himmel überlässt, das Problem zu transformieren.

Alle diese Dinge sind gute Werkzeuge, wenn es darum geht, Urteile zu heilen, aber zuvor müssen wir erkennen, dass ein Urteil ein Fehler ist, der Leiden und Illusion fördert. Wir müssen erkennen, dass die Heilung unserer Urteile der Weg ist, der zur Ganzheit und damit in den Himmel führt. Nicht zuletzt müssen wir erkennen, dass wir unser Denken umso stärker verändern können, je größer unser Wunsch ist, es auf Urteile hin zu überwachen.

Unser Urteil verhindert, dass wir die Hilferufe hören und auf sie eingehen, sodass weder in der Situation noch bei den daran beteiligten Menschen eine Besserung eintreten kann. Wir könnten stattdessen *segnen und helfen* und auf diese Weise neuen Fluss erzeugen, der alle voranbringt. Ohne Urteile würden wir ein Leben führen, das von Liebe und Glück erfüllt ist.

Lektion 36

Vernachlässigung als Hauptursache von Krankheit und Erfolglosigkeit

Wir können ein erfülltes Leben führen und dennoch plötzlich krank werden oder einen großen Rückschlag erleiden. Ein Blick in das Unterbewusstsein einer Reihe von Klienten, bei denen dies der Fall war, zeigte sehr deutlich, dass sie sich vernachlässigt fühlten. Dies galt jedoch weniger für die Gegenwart als vielmehr für einen früheren Zeitpunkt in ihrem Leben. Obwohl einige dieser Klienten auch das Gefühl hatten, von ihrem Partner, ihrer Familie oder Freunden vernachlässigt zu werden, erkannten fast alle, dass sie diejenigen waren, die ihre Arbeit, ihre Kinder oder ihren Partner vernachlässigten. Nahezu all~~e erkann~~ten, dass sie sich selbst vernachlässigten, obwohl allem Anschein nach das Gegenteil der Fall war. Viele opferten sich auf und schwelgten, um ihre Aufopferung zu kompensieren. Dann versuchten sie, die aus dem Schwelgen resultierenden Schuldgefühle durch ein noch höheres Maß an Aufopferung zu tilgen und den daraus resultierenden Stress wiederum durch erneutes Schwelgen zu kompensieren. Das funktionierte natürlich nicht, sondern hatte nur zur Folge, dass Krankheit und Erfolglosigkeit weiter verstärkt wurden.

Viele Klienten, mit denen ich gearbeitet habe, hatten sich in ihrer Kindheit vernachlässigt gefühlt. Diese alten, dissoziierten Bedürfnisse waren nun endlich zutage getreten, verursachten Probleme und machten sie darauf aufmerksam, dass es an der Zeit war, das Thema zu heilen. Durch ihre jetzige Krankheit oder Erfolglosigkeit versuchten sie, ihrem inneren Kind gerecht zu werden, das sich vernachlässigt fühlte. Das funktioniert jedoch nur selten, weil auf der einen Seite das Bedürfnis, umsorgt zu werden, sehr stark ist, auf der anderen Seite aber ein ebenso großes Bedürfnis nach Unabhängigkeit besteht.

Vernachlässigung kann weitere Vernachlässigung hervorbringen, auch wenn wir manchmal überkompensieren und zu Über-Eltern, zum Über-Partner oder zum Über-Chef werden. Das verhindert jedoch nicht, dass unsere Gefühle der Vernachlässigung an Kinder, Partner oder Kollegen weitergegeben werden, weil Kompensation eine Rolle ist und kein echter Kontakt zustande kommt. T. S. Eliot beschreibt in einem seiner Gedichte perfekt, welche Wirkung eine Kompensation hat. Sie nimmt sich zwar gut aus, ist aber nicht echt. Er spricht davon, dass „die Begierde Hungers stirbt am Geben."

Als meine Klienten zu diesen Ereignissen in ihrer Kindheit zurückkehrten, berichteten sie, dass sie sich vernachlässigt gefühlt hatten, weil ihre Eltern fort waren, lange arbeiteten, sich stritten oder um Aufmerksamkeit konkurrierten. Als wir mit dem Prinzip der Eigenverantwortung an der Situation arbeiteten oder fragten, welchen Zweck es für sie erfüllte, vernachlässigt zu werden, gaben fast alle zur Antwort, dass die Art und Weise, in der sie behandelt worden waren, ihnen genau die Ausrede lieferte, die sie brauchten, um unabhängig zu sein, in ihre Kleinheit zu investieren, vor ihrer Lebensaufgabe davonzulaufen oder alles tun zu können, was sie wollten.

Das Maß, in dem das Leben eines Menschen von Aufopferung oder von dissoziierter Unabhängigkeit geprägt ist, entspricht üblicherweise dem Maß, in dem er Gefühle der Vernachlässigung in sich eingeschlossen hat. Aufopferung ist eine Rolle. Sie ist der Versuch, anderen Menschen das zu geben, was uns selbst nicht gegeben wurde. Wir können aber nichts geben, was wir selbst nicht haben. Weil Aufopferung eine Rolle ist, führt sie zu Burnout. Das liegt daran, dass sie eine Abwehrstrategie ist, die auf einem alten Urteil über unsere Eltern beruht. Aufopferung ist kein echtes Geben, und aus diesem Grund können wir auch nicht empfangen.

Als meine Klienten ihr Unterbewusstsein im Hinblick auf ihre Gefühle der Vernachlässigung erforschten, wurde schnell klar, dass sie ihre Eltern zu Unrecht beschuldigt, angeklagt und verurteilt hatten. Damit wollten sie jedoch lediglich verbergen, dass sie sich davor fürchteten, ihr eigenes Licht leuchten zu lassen. Es verbarg auch ihre Schuld dafür, dass sie ihren Eltern nicht geholfen, sondern sie dafür verurteilt hatten, dass sie ihnen nicht geholfen hatten. In den Situationen, in denen sie sich vernachlässigt gefühlt hatten, war es einfach gewesen, es so aussehen zu lassen, als trügen ihre Eltern die Schuld. Damit verbargen sie jedoch nur ihre Schuld dafür, dass sie ihre inneren Gaben nicht hervorgebracht hatten, mit deren Hilfe sie die Situation für alle daran beteiligten Menschen hätten retten können. Diese Gaben bestanden in Liebe oder in bestimmten Formen von Liebe wie Großzügigkeit oder rückhaltlosem Geben. In manchen Fällen war es auch eine besondere Gabe, die alles verändert hätte.

In jeder Situation, in der du dich vernachlässigt gefühlt hast, haben sich auch alle anderen an der Situation beteiligten Menschen im gleichen Maße innerlich vernachlässigt gefühlt. Wenn du Gefühle von Verlust, Traurigkeit oder Verletztheit empfunden hast, haben auch alle anderen an der Situation beteiligten Menschen diese Gefühle empfunden. Diese negativen Emotionen sind nur dann ansteckend, wenn du dich weigerst, vorzutreten und den anderen Menschen zu helfen. Du trägst die Gabe in dir, die das Gegenmittel darstellt, und der Himmel selbst sendet dir Gnade und Antworten für jede Situation, in der ein anderer Mensch der Hilfe bedarf. Kehre nun zu diesen Situationen zurück und frage dich, welche Gabe du mitgebracht hast, um den daran beteiligten Menschen zu helfen. Stelle dir vor, dass du die Tür in deinem Geist öffnest und diese Gabe in dich einströmen lässt. Teile sie dann energetisch mit allen Menschen, die an dieser Situation beteiligt waren. Empfange anschließend die Gabe, die der Himmel für diese Situation bereithält. Sie bringt Trost, Geborgenheit und Heilung, die gleichbedeutend damit ist, dass Schmerz gelindert wird und Bedürfnisse erfüllt werden. Bringe deine Gabe und die Gabe des Himmels in deine gegenwärtige Situation ein und teile sie mit allen Menschen, die daran beteiligt sind, sodass du die Freude wahren Gebens erfährst.

Lektion 37

In anderen Menschen dich selbst sehen

Ein kraftvolles Prinzip der Heilung besteht darin, in anderen Menschen dich selbst zu sehen. Ihre Vergangenheit ist deine Vergangenheit. Was du über sie denkst, das denkst du über dich selbst. Dieses Prinzip erschließt dir eine Ebene der Heilung, die im Unterbewusstsein oder im Unbewussten verborgen lag. Jeder Mensch wird zu deinem Spiegel. Du bist über die zwischenmenschliche Ebene des Bewusstseins hinaus zur intrapsychischen Ebene gelangt. Wenn alle Menschen dein Spiegel sind, dann ist es ratsam, nicht mit Steinen zu werfen. Das Wesen der Wahrnehmung liegt jedoch in der Projektion dessen, was wir in uns tragen, an uns selbst aber nicht mögen oder sogar fürchten.

Dadurch, dass du die Menschen in deiner Umgebung anschaust, kannst du also einen viel tieferen Blick auf dich selbst werfen. Wie kannst du die Menschen in deiner Umgebung überhaupt so sehen, wie sie tatsächlich sind, wenn deine persönliche Vergangenheit wie ein Film vor dir abläuft? Das tut sie bereits seit deiner Geburt. Was du außerhalb deiner selbst gesehen hast, ist das, was du in dir trägst. Nun kann eine Veränderung in der Welt geschehen, weil du in dir selbst den Zugang zu ihr gefunden hast! Was du an dir verurteilt hast, wurde außerhalb deiner selbst ausagiert. Um deine Wahrnehmung zu verändern, wähle jeden Tag einen anderen Menschen aus und befreie euch beide von Schuld. Schaue dir den betreffenden Menschen an und lasse die Geschichten und Situationen, die du über ihn im Gedächtnis bewahrt hast, an dir vorüberziehen. Sieh ihn dann vor deinem geistigen Auge und sprich die Worte: „Ich will vergeben, und dieses wird verschwinden." Nimm wahr, ob er sich verändert hat oder ob deine Gefühle für ihn sich verändert haben. Wiederhole anschließend noch einmal die Worte aus *Ein Kurs in Wundern*: „Ich will vergeben, und dieses wird verschwinden." Prüfe dann erneut, ob in deiner Wahrnehmung oder in deinen Gefühlen für ihn eine Veränderung eingetreten ist. Es kann sein, dass deine Wahrnehmung sich anfangs kaum verändert. Manchmal verschlimmert sie sich auch, wenn tief eingepresste Emotionen zur Oberfläche aufsteigen. Vertraue dem Heilungsprozess und fahre fort. Möglicherweise hast du unbewusste Dinge zutage gefördert, die du auf den betreffenden Menschen projiziert hattest. „Ich will vergeben, und dieses wird verschwinden." Wie nimmst du den betreffenden Menschen jetzt wahr? Setze die Übung fort, bis du sein Strahlen erkennst oder die ganze Situation sich in Licht verwandelt hat. Wenn du die Übung beendet hast, habt ihr beide ein hohes Maß an Urteil und Schuld hinter euch gelassen.

Wähle morgen einen anderen Menschen aus und wiederhole die Übung. Du kannst die Übung auch mit einem der folgenden Sätze durchführen. Wichtig ist dabei nur, dass du jeden Tag einen anderen Menschen auswählst, um ihn von deinen projizierten Selbstkonzepten zu befreien. Das verleiht ihm einen Wert, während es gleichzeitig deinen Selbstwert stärkt. Nachstehend findest du einige weitere Übungssätze, die deine Wahrnehmung verändern können. Sie stammen alle aus *Ein Kurs in Wundern*.

„Ist dies gerechtfertigt?"

„Ist dies, was ich will?"

„Ich könnte stattdessen Frieden sehen."

Heilung auf dieser Ebene kann dir, anderen Menschen und der Welt helfen. Stelle dir vor, alles sei ein gigantisches Videospiel, in dem jeder nur das ausagiert, was du über dich selbst glaubst. Der einzige Weg, dich daraus zu befreien, besteht in der Erkenntnis, dass alle Menschen unschuldig sind.

„Ich will vergeben, und …."

Lektion 38

Gesundheit ablehnen, um einen anderen Menschen zu ärgern

Wir wachsen damit auf, einen Groll gegen andere Menschen zu hegen, aber jeder Groll beruht auf einem Missverständnis und jeder Groll hält uns zurück. Bei den Menschen, denen wir grollen, handelt es sich um genau die Menschen, die unsere Hilfe gebraucht haben. Ihr Verhalten war ein Hilferuf. Statt die Lektion zu lernen, die wir lernen sollten, haben wir etwas falsch verstanden und stattdessen eine dunkle Lektion gelernt. Damit haben wir das Problem verstärkt und es uns in unserer Selbstgerechtigkeit schwergemacht, die richtige Lektion zu lernen. Wenn du in dein Unterbewusstsein hineinschauen könntest, würdest du sehen, dass du die Situation herbeigeführt, den betreffenden Menschen zu Unrecht beschuldigt und das Ereignis benutzt hast, um vor deiner Berufung und deiner Bestimmung davonzulaufen. Die schmeichelhaften Worte des Egos, auf die wir hereingefallen sind, haben uns nicht glücklich gemacht, und seine Angebote hatten langfristige Auswirkungen, zu denen beispielsweise Mangel gehört.

Betrachte nun deine Gesundheit und einen anderen Bereich deines Lebens, in dem du dir Fülle wünschst. Frage dich, wen du damit ärgerst, dass dein Leben von einem Mangel an Gesundheit geprägt ist. Wenn du weißt, um wen es sich handelt, frage dich, ob es das ist, was du willst. Willst du wirklich krank sein, um den betreffenden Menschen zu ärgern? Macht es dich glücklich? Ist es das, was du wirklich willst, auch wenn du weißt, dass du diese Dynamik an die Menschen weitergibst, die du liebst, vor allem an deine Kinder? Du könntest jetzt eine neue Entscheidung treffen. Statt den betreffenden Menschen zu benutzen, könntest du ihn befreien, indem du die Gaben gibst, die du für ihn mitgebracht hast, und auch die Gaben mit ihm teilst, die der Himmel ihm durch dich geben will. Kehre dazu in die Zeit zurück, in der deine Verbitterung dem betreffenden Menschen gegenüber besonders stark war, und befreie euch beide. Mein Vater pflegte zu uns Kindern diesbezüglich früher übrigens immer zu sagen, wir würden uns „die Nase abschneiden, um unser Gesicht zu ärgern" (Anm. d. Übersetzerin: „*to cut off one's nose to spite one's face* = sich ins eigene Fleisch schneiden). Das klingt nicht gerade nach einer glücklichen Lösung, und wir könnten stattdessen Frieden sehen.

Wiederhole diese Übung nun für einen anderen Bereich deines Lebens, in dem du dir Fülle wünschst. Wen willst du lieber ärgern, indem du Mangel leidest, statt Fülle in diesem Lebensbereich zu erlauben und zu genießen? Was willst du wirklich? Was würde dich glücklich machen? Triff wiederum eine Entscheidung, und wähle weise in dem Wissen, dass sie sich auf alle Menschen auswirkt, die du liebst.

Lektion 39

Dieser Fehler, den ich sehe, ist nicht die Wahrheit

Dies ist eine ganz wunderbare Übung, mit der wir Schritt für Schritt unsere Wahrnehmung heilen können. Sie besteht in der Erkenntnis, dass alle Heilung eine Heilung unserer Wahrnehmung ist. Wenn du Heilung erlangst, kommst du an einen Ort tiefen inneren Friedens, und dann erfährst du auf natürliche Weise die Wahrheit und gewinnst ein höheres Maß an Ganzheit zurück. Dies fördert deine Gesundheit, schenkt dir mehr Fülle, bringt größeren Erfolg und lässt mehr Liebe in deinem Leben zu. Nur die Wahrheit ist wirklich. Alles andere ist Illusion. Dieser Irrtum ist eine Folge unseres gespaltenen Bewusstseins. Die Heilung dieser Spaltungen erfüllt dein Leben mit einem höheren Maß an Integrität, Wahrheit und Glück.

Es ist äußerst hilfreich, ein Prinzip der Heilung zu finden, das du magst, weil du es so oft praktizieren wirst, dass es dir in Fleisch und Blut übergeht. Dennoch solltest du mit allen Prinzipien der Heilung vertraut sein, weil unterschiedliche Prinzipien zu unterschiedlichen Zeiten unterschiedlich gut geeignet sind. Wähle für diese spezielle Übung einen Irrtum, den du in der Gegenwart begangen hast. Das kann alles sein, was nicht vollkommen von Glück, Gesundheit, Fülle, Erfolg und Liebe erfüllt ist. Alle diese Dinge rühren von Frieden her. Unsere Heilung hat zur Folge, dass unsere Erkenntnis der Ganzheit zurückkehrt, und das bringt ein höheres Maß an Frieden.

Wähle also ein Problem und wiederhole die Worte:

„Dieser Fehler, den ich sehe, ist nicht die Wahrheit."

Nimm wahr, ob dein Problem sich verändert hat oder sich anders anfühlt. Wiederhole dann die Worte: „Dieser Fehler, den ich sehe, ist nicht die Wahrheit." Nimm wiederum wahr, ob sich in deiner Wahrnehmung oder in deinen Gefühlen etwas verändert hat. Es scheint nur anfangs so, als ob in deiner Wahrnehmung keine Veränderung eintreten würde. Sobald der Prozess in Gang gekommen ist, verändert sie sich ständig, bis du an einen Ort tiefen inneren Friedens gelangst. Du kannst die Übung sogar so lange fortsetzen, bis die gesamte Situation sich in Licht verwandelt hat. Du weißt nicht, wie viele unterbewusste oder unbewusste Schichten der Heilung bedürfen, aber dies ist ein sehr einfacher Weg, um sie zu bewirken.

Wenn du den Prozess mit einem Thema aus der Gegenwart abgeschlossen hast, gehe zurück zu einem Problem aus der Vergangenheit, denn wenn du eine Situation noch immer als negativ wahrnimmst, wirkt sie sich nach wie vor negativ auf dich und dein Leben aus. Diese Methode ist zu einfach, um die Gelegenheit ungenutzt verstreichen zu lassen, wo die Freiheit so nahe ist.

„Dieser Fehler, den ich sehe, ist nicht die Wahrheit."

Lektion 40

Gesundheit und die Verlassenen

Menschen mit einer schweren Krankheit oder einem großen Problem fühlen sich sehr oft verlassen. Die Liebe und die Unterstützung, die ihnen in dieser Zeit zuteilwerden, können das alles ändern, aber manchmal ist das Gefühl sehr tief vergraben, weil es von Erinnerungen auf der unbewussten, der Ahnen- oder der Seelenebene herrührt.

Um uns von diesem uralten Gefühl zu befreien, müssen wir zunächst unser Leben einer Prüfung unterziehen. Hat es in deinem Leben eine Zeit gegeben, in der du das Gefühl hattest, verlassen zu sein? Dies kann ein tiefgreifendes Muster entstehen lassen, das von Herzensbruch und Gefühlen des Elends geprägt ist. Diese Emotion verwechselt jedoch Ursache und Wirkung. Das Ereignis hat nicht so stattgefunden, wie du es geglaubt hast. Um die Wahrheit zu sehen, müsstest du alle Elemente deines Unterbewusstseins und deines Unbewussten sehen und als Illusion erkennen.

Um dich von diesem Muster befreien zu können, musst du dich zuerst von der Emotion befreien. Wenn du dich durch all den Schmerz und all die Negativität hindurchfühlen würdest, könntest du alle falschen Entscheidungen und alle alten Muster (alte falsche Entscheidungen) sehen und verstehen, die in die Situation eingeflossen sind. Dein Verstehen kann jedoch bereits einen großen Teil der in dir eingeschlossenen Emotion auflösen, die in hohem Maße den Stress verursacht, den du nun als posttraumatischen Stress in dir trägst. Frage dich im Hinblick auf das Ereignis, bei dem du dich verlassen gefühlt und geglaubt hast, man habe dir alles genommen: „Wofür habe ich das Ereignis benutzt?"

Was geschehen ist, das ist geschehen, weil du es so wolltest. Du glaubst, es könne doch unmöglich dein Wille gewesen sein, dass ein so negatives Ereignis geschieht, aber genau dafür sind das Unterbewusstsein und das Unbewusste da. Wir benutzen sie, um alle unsere falschen Entscheidungen, heimlichen Ziele und uralten karmischen Verwicklungen zu verstecken. Karmische Verwicklungen sind nichts anderes als nicht berichtigte negative Muster, die sich auf uns und unser Leben auswirken. Wenn wir in dem Versuch, Karma zu tilgen, unbarmherzig zu uns selbst sind, dann verstärken wir das karmische Muster, statt an seiner Heilung zu arbeiten.

Emotionen weisen uns auf unsere Fehler hin. Frieden und Einfühlsamkeit liegen in unserer Natur, aber die Emotionen, die wir in uns tragen, halten uns von unserer Mitte fern. Wo es keinen Frieden gibt, dort gibt es keine Wahrheit. Das Ego wirft seine Schleier und nutzt jede negative Situation, um seine Position zu festigen.

Schmerz verbirgt stets einen Angriff auf andere Menschen, uns selbst und Gott. Schmerz zeigt, wo wir in unser Ego investiert haben und uns vor der Liebe fürchten. Das Unterbewusstsein zeigt, dass Schmerz eine falsche Entscheidung ist, die wir getroffen haben, um eine bestimmte Belohnung zu bekommen. Dazu gehören Rache, die Möglichkeit, uns zu verstecken, vor unserer Lebensaufgabe davonzulaufen, eine Schuld zu tilgen oder Recht zu haben, Ausreden, Angst vor unseren Gaben und unserer Größe, Angst vor dem nächsten Schritt sowie der Versuch, andere Menschen zu kontrollieren oder zu besiegen.

Das Gefühl, verlassen zu sein, hat Auswirkungen auf unsere Gesundheit. Wir fühlen uns wertlos. Wir fühlen uns wie etwas, dessen man sich einfach entledigen kann. Hier verwechselt unsere Wahrnehmung jedoch Ursache und Wirkung. Dies wird nirgendwo so offenkundig wie in dem Gefühl, verlassen zu sein. Wenn du einen Blick in dein Unterbewusstsein werfen könntest, dann würdest du sehen, dass du derjenige warst, der einen anderen Menschen verlassen hat, und dass er derjenige war, auf den diese Tatsache projiziert wurde. Wir haben ihn, uns selbst und Gott verlassen. Die Ursache dafür kann allein von dem falsch verstandenen Wunsch herrühren, unabhängig zu sein und unseren eigenen Weg zu gehen, und von dem Versuch, die ursprüngliche Schuld zu tilgen, der alle Schuld entsprungen ist, nämlich die Trennung von Gott und die Aufgabe des Himmels. Dies konnte in Wirklichkeit niemals geschehen, denn was eins ist, kann nur eins bleiben, aber in unserem Traum haben wir Gott und den Himmel verlassen, und daraus ist unsere ursprüngliche Schuld entstanden. Diese Schuld ist gleichfalls nur ein Traum, der Bestrafung verlangt, während er insgeheim den Glauben an Trennung stärkt. Um unsere Schuld zu verringern, haben wir natürlich projiziert, Gott habe uns wegen unseres Ungehorsams aus dem Himmel hinausgeworfen. Was eins ist, kann sich jedoch nicht teilen, und ebenso wenig kann das, was reine Unschuld ist, Schuld wahrnehmen. Ebenso wenig kann das, was die Liebe selbst ist, anders handeln, denn dann hätten wir den Urgrund des Seins verloren und das Nichts wäre alles, was bliebe. Unsere Träume, in denen wir verlassen wurden, sind also Fehler, die wir gemacht haben, um zu verbergen, dass wir verlassen haben. Die Vorstellung, dass wir von Gott verlassen wurden, ist nur ein Märchen, das wir erzählen, um an Trennung glauben und Schuld bestehen lassen zu können. Sie gehört zu den größten Tricks, die unser Ego auf Lager hat, um die Wahrnehmung von Trennung aufrechtzuerhalten.

Aus karmischer Sicht tragen wir sowohl von unseren Vorfahren als auch von unseren Seelengeschichten her Glaubenssätze über Schuld und Verlassenheit in uns. Karma und Schuld sind Mechanismen des Egos, die uns davon abhalten sollen, die Lektionen zu lernen, die stets ein höheres Maß an Einheit zur Folge haben. Zu den Prinzipien der Heilung und des Lernens gehören unter anderem Liebe, Verstehen, Verbundenheit, Bereitschaft, Verbindung, Akzeptanz, Geben, Vergebung, Loslassen, Vertrauen, Frieden, Integration, Verpflichtung, Wahrheit, Glaube, Hilfsbereitschaft, Empfangen und das Setzen von Zielen. Der Himmel ist auf unsere Bitte hin auch bereit, uns die Wunder zu schenken, die wir brauchen, um unsere Lektionen rasch und mühelos lernen zu können. Darum wollen wir bitten.

Lektion 41

Mit Liebe handeln

Mit Liebe zu handeln heilt dich, denn es löst karmische Verwicklungen und Probleme auf. Alles, was du mit Liebe tust, wird zu einem Akt der Verehrung, zu einer Gabe an das Leben und einer Sühne für vergangene Fehler. Liebe schmückt jede unserer Handlungen mit Gnade. Das hat zur Folge, dass unser Handeln von Reibungslosigkeit und Mühelosigkeit geprägt ist.

Wir handeln mit Liebe, indem wir zuerst unsere Absicht darauf ausrichten, dass es so sei. Setze dir dieses Ziel jeden Abend, bevor du schlafen gehst, und jeden Morgen, wenn du aufwachst. Entscheide dich dafür und verpflichte dich ihm. Immer dann, wenn du im Laufe des Tages daran denkst, dass du mit Liebe handeln willst, verschreibe dich diesem Ziel wieder neu. Es scheint nur anfangs schwierig, wenn dir klar wird, wie häufig du es vergisst. Wenn du Medikamente einnehmen musst, dann nimm sie mit Liebe ein. Wenn du duschst, dann dusche mit Liebe. Mache jede Handlung zu einem Akt des Gebens. Mache jede Handlung zu einem Akt der Verbindung mit ALLEM-WAS-IST. Die Erinnerung daran, mit Liebe zu handeln, ist gleichbedeutend mit der Erinnerung an Gott, der Liebe ist. Wenn karmische Verwicklungen zutage treten, dann handle mit Liebe, damit sie ganz mühelos aufgelöst werden können und damit das, was du in der Vergangenheit entzweigerissen hast, mühelos wieder zusammengefügt werden kann. Wenn du leidest und mit Liebe handelst, dann wird dein Leiden transformiert und du fühlst Liebe.

Lektion 42

Willst du das Problem oder die Antwort?

Willst du das Problem, oder willst du die Antwort? Dies ist eine Frage von entscheidender Bedeutung, die du dir selbst stellen solltest. Deine Antwort auf diese Frage erkennst du daran, welchen Ausgang eine Situation genommen hat. Ein Problem bedeutet, dass du um die Antwort nicht gebeten und sie auch nicht gewollt hast. Vordergründig wollen wir die Antwort wissen, aber in Wirklichkeit gibt es sehr viele Dinge, die uns wichtiger sind: unser Ego, unsere vermeintlichen Bedürfnisse, die Dinge, an denen wir festhalten, unser Schwelgen, unser Wunsch, Recht zu haben, die Verteidigung unserer Ängste, Rache, unsere Schuld, die wir benutzen, um den Himmel zu bekämpfen und die Trennung aufrechtzuerhalten, der Wunsch, Dinge zu beweisen, oder der Wunsch, unseren Willen durchzusetzen, um einen anderen Menschen bei einem Machtkampf, im Zuge eines Wutanfalls oder aufgrund einer falschen Geisteshaltung zu besiegen.

Wir könnten uns stattdessen für die Antwort entscheiden. Wenn dein Wille nicht stark genug ist, musst du dich viele Male für die Antwort entscheiden und die Dynamik – einer Zwiebel gleich – Schicht um Schicht abschälen, bis nur noch die Antwort übrig bleibt.

Dies ist eine so einfache Methode. Frage dich: „Will ich das Problem oder die Antwort?"

Wenn die Frage auf diese Weise gestellt wird, fällt es dir leicht, darauf zu entgegnen, dass du die Antwort willst. Dadurch wird eine Schicht des Musters beseitigt. Wiederhole die Frage: „Will ich das Problem oder die Antwort?" Achte jedes Mal, wenn du die Frage stellst und beantwortest, darauf, ob sich deine Wahrnehmung oder deine Empfindungen im Hinblick auf das Problem verändert haben, weil mit jeder Wiederholung der Frage eine Schicht deiner karmischen Verwicklung entfernt wird. Anfangs kannst du vielleicht kaum eine Veränderung in deiner Wahrnehmung oder deinen Gefühlen erkennen, aber das ändert sich rasch, während du dir immer wieder die Frage stellst: „Will ich das Problem oder die Antwort?"

Ich habe diese äußerst hilfreiche Methode von *Ein Kurs in Wundern* gelernt und habe festgestellt, dass sie große Wirksamkeit besitzt, wenn es darum geht, Probleme zu transformieren.

Lektion 43

Liebe als Weg zur Gesundheit

Eine Krankheit oder ein Problem bedeutet, dass eine Lektion nicht gelernt wurde. Eine Trennung in deinem Bewusstsein, die in einer äußeren Beziehung zum Ausdruck kommt, verlangt nach Verbundenheit, die unter der Illusion der Trennung tatsächlich existiert. Die Liebe allein macht den Weg frei, damit diese verbundene Wirklichkeit sichtbar wird.

Krankheiten und Probleme spiegeln eine Form von Rückzug wider. Sie zeigen, dass wir dort hartherzig waren, wo Liebe gefordert war. Wenn wir hartherzig sind, wenden wir uns von den Menschen ab, die unsere Hilfe brauchen, und gleichzeitig wenden wir uns von uns selbst ab. Wir verurteilen sie wegen ihrer Bedürftigkeit und ihres negativen Verhaltens, und damit wenden wir uns von unseren inneren Gaben ab und übernehmen genau das Problem, für das wir sie verurteilt haben. Wir tragen es in uns, ganz gleich, ob wir es nun ausagieren oder kompensieren.

Stelle dir vor, du würdest dich durch jedes Problem hindurchlieben, vor dem du stehst. Du würdest dich durch deine karmischen Verwicklungen und deine Urteile hindurchlieben und Fehler der Vergangenheit durch Verbindung in der Gegenwart sühnen und heilen, die alle Trennung beendet.

Lieben bedeutet, energetisch – über den Körper hinaus – zu einem anderen Menschen hinauszureichen und mit ihm zu teilen. Je mehr du dies praktizierst, umso gesünder wirst du, weil du lernst, dass du nicht dein Körper bist. Du lernst, dass du dieses Hinausreichen bist. Diese Liebe lässt Wunder geschehen. Sie öffnet dich dafür, die Gnade des Himmels zu empfangen.

Wähle jede Stunde einen Menschen aus, der dir nahesteht, und liebe ihn so lange, wie es dir möglich ist.

Wähle dann aufs Geratewohl einen Menschen aus und liebe ihn so lange, wie es dir möglich ist. Wähle danach einen problematischen Menschen aus und liebe ihn so lange, wie es dir möglich ist. Wähle anschließend einen Gegenstand in deinem Umfeld aus und liebe auch ihn so lange, wie es dir möglich ist. All das befreit dich und offenbart dir die Wahrheit, die Liebe mit sich bringt. Frage dich, gegenüber welchem wichtigen Menschen in deinem Leben du hartherzig warst, als er deine Hilfe brauchte. Öffne ihm dein Herz in Liebe sowohl jetzt als auch in der Vergangenheit.

Wenn du an einem bestimmten Problem arbeitest, wähle einen Menschen aus, dem du nahestehst, und liebe ihn so lange, wie es dir möglich ist. Wähle dann einen Menschen aus deinem Bekanntenkreis aus, der in irgendeiner Form mit dem Problem in Verbindung steht, und liebe ihn so lange, wie es dir möglich ist. Wähle einen problematischen Menschen aus, der an der Situation beteiligt war, und liebe auch ihn so lange, wie es dir möglich ist. Liebe nun die Situation so lange, wie es dir möglich ist. Wiederhole diese Übung jede Stunde zur vollen Stunde, so gut es dir möglich ist, bis alle karmischen Verwicklungen sich aufgelöst und alle Konflikte sich in Erfolg und Frieden verwandelt haben.

Lektion 44

Ihre Einstellung zu dir

Die negative Einstellung eines anderen Menschen uns gegenüber kann uns großen Schmerz verursachen. Sie kann sich in einem negativen Verhalten uns gegenüber zeigen, aber auch in dem, was er in der Beziehung zu uns unterlassen hat.

Wir wollen nun einmal deine wichtigsten Beziehungen durchleuchten, um herauszufinden, worin die Ursache deiner Probleme liegen könnte.

Dazu wollen wir zuerst die Beziehung zu deiner Mutter, deinem Vater und deinen Geschwistern auf den Prüfstand stellen. In welcher Form haben sie sich dir gegenüber negativ verhalten? Was haben sie dir auferlegt? Was haben sie dir gegenüber versäumt?

Mutter

Handlung	Versäumnis
1.	1. ....
2.	2. ....
3.	3. ....

Vater

Handlung	Versäumnis
1.	1. ....
2.	2. ....
3.	3. ....

Wiederhole die Übung mit deinen Geschwistern, früheren Partnern, engen Freunden, Lehrern, Bekannten, Vorgesetzten, Kollegen, entfernten Mitgliedern der Familie, Autoritätspersonen und deinem jetzigen Partner.

Schreibe nicht jede Kleinigkeit, sondern nur die Schlagzeilen auf.

Handlung	Versäumnis
1.	1. ....
2.	2. ....
3.	3. ....

Nun wollen wir die Handlungen dieser Menschen einmal näher betrachten. Darunter liegen Einstellungen verborgen wie: Er wollte mich nicht, er hat mich gehasst, er hat mich zum Sündenbock gemacht, er hat mich nicht wertgeschätzt, er hat mich missbraucht, er hat mich schlecht gemacht, er hat mich verraten, er hat mich zurückgewiesen. Sie entsprechen deinen verborgenen unterbewussten Einstellungen wie: Ich wollte ihn nicht, ich habe ihn gehasst, ich habe ihn zum Sündenbock gemacht, ich habe ihn nicht wertgeschätzt, ich habe ihn missbraucht, ich habe ihn schlecht gemacht, ich habe ihn verraten, ich habe ihn zurückgewiesen. Wenn du deine Selbsttäuschung und deinen Fehler eingestehst und sie loslässt, ändert sich alles.

Stelle dir die Frage, wie deine verborgenen negativen Einstellungen sich auf dich und dein Leben ausgewirkt haben. Wärest du bereit, sie loszulassen, damit du den betreffenden Menschen mit der richtigen Einstellung gegenübertreten kannst?

Betrachte nun, was unterlassen wurde. Wie hat diese Wahrnehmung sich auf dich ausgewirkt? Beende alle Selbsttäuschung. Frage dich, wie die Tatsache, dass du den betreffenden Menschen deine Gaben nicht gegeben hast, sich auf dich und dein Leben ausgewirkt hat. Wenn du ihnen diese Gaben gegeben hättest, dann hättest du niemals das Gefühl gehabt, dass dir etwas vorenthalten wurde. Du wüsstest, dass du diese Gaben in dir trägst, und hättest dich erfüllt gefühlt. Bist du bereit, diese Gaben nun mit ihnen zu teilen? Du magst das Gefühl haben, es sei dir etwas vorenthalten worden, aber du hast die Tatsache, dass du diese Gaben in dir trägst, vor dir selbst verborgen. In deiner Angst davor, dich zu zeigen, dein Licht leuchten zu lassen und erkannt zu werden, hast du dich versteckt und versucht, von den Menschen etwas zu bekommen, das sie nicht hatten, um es dir zu geben. Auf einer Seelenebene warst du derjenige, der versprochen hat, sie damit zu erfüllen. Du könntest es jetzt tun und damit alle Muster verändern, die dir so großen Schmerz verursacht haben.

Frage dich, wie alle deine falschen Einstellungen und Versäumnisse sich auf dich und auf dein Leben ausgewirkt haben. Nun ist die Zeit gekommen, ihnen und dir selbst zu vergeben und gleichzeitig das zu geben, was du nicht gegeben hast. Darüber hinaus könntest du nun auch die Liebe zulassen, die diese Menschen für dich empfunden haben und die deine falsche Einstellung von dir ferngehalten hat.

Du kannst dein Leben jetzt ändern und dafür sorgen, dass es von größerer Wahrhaftigkeit erfüllt ist. Möge es so sein.

Lektion 45

Andere Menschen lehren, dass sie dich verletzt haben

Bei jeder Krankheit und jedem Problem ist eine verborgene Dynamik am Werk, mit der du andere Menschen lehrst, dass du verletzt wurdest. Mit deiner Krankheit verkündest du der Welt, dass ein anderer Mensch dir das angetan hat, und bei einem Problem verhält es sich nicht anders. Dein Problem ist ein Finger der Anklage, den du auf einen anderen Menschen richtest. Je schwerwiegender das Problem ist, umso schwerwiegender sind auch die Schuldgefühle, die du dem betreffenden Menschen auferlegst. Du lehrst Schuld, weil du dich schuldig fühlst. Wenn du dich schuldig fühlst, bestrafst du dich selbst. Wenn du andere Menschen lehrst, dass sie dich verletzt haben, dann befindest du dich im Kampf mit ihnen und versuchst, sie durch Schuld zu kontrollieren. Du greifst sie an, indem du zum Opfer wirst, und verbirgst den Angriff unter deinem Schmerz.

Andere Menschen zu lehren, dass sie dich verletzt haben, bedeutet, dass du glaubst, sie verletzt zu haben. In jeder Welt, in der Schuld vergrößert wird, wird auch der Schmerz vergrößert, der von Selbstbestrafung herrührt. In dem Maße, in dem deine persönliche Entwicklung voranschreitet, lernst du, dass es wichtig ist, andere Menschen zu lehren, dass sie dich nicht verletzen können. Dies tust du nicht aus einer „stoischen" dissoziierten Haltung heraus, sondern weil du so zentriert bist, dass du in deinem inneren Frieden ihren Hilferuf erkennst. Andere Menschen zu lehren, dass sie dich verletzt haben, ist ein Fehler, der berichtigt werden kann. Dies gibt dir die Möglichkeit, den nächsten Schritt zu gehen, statt andere Menschen als Ausrede zu benutzen, es nicht zu tun. Andere Menschen zu lehren, dass sie dich verletzt haben, hält dich in einem Kampf gefangen, und dort, wo es einen Konflikt gibt, entwickelst du dich nicht weiter. Gesundheit und Glück rühren daher, dass du den nächsten Schritt gehst. Gesundheit und Erfolg sind gleichbedeutend mit der Bereitschaft, den nächsten Schritt zu gehen und auf den Himmel zu vertrauen, dass er sich um alles andere kümmert. Einen anderen Menschen zu lehren, dass er dich verletzt hat, bedeutet jedoch, dass du weder ihm, noch dir selbst oder dem Himmel vertraust. Mit dieser Strategie will das Ego verhindern, dass du dich mit der Angst und der Schuld befasst, die dafür sorgen, dass du auf der Stelle trittst.

Nun ist die Zeit gekommen, deinen Problemen auf den Grund zu gehen und herauszufinden, wen du beschuldigst, dich verletzt zu haben. Es ist der Mensch, der außer dir selbst deiner Vergebung bedarf. Sein Verhalten war ein Hilferuf, gerichtet an einen Menschen, der ihm helfen konnte. Wenn du ihm hilfst, hilfst du euch beiden, sodass ihr beide frei sein könnt, und das ist viel besser als euer mehr oder weniger gut verborgener Kampf. Denke darüber nach, wo du andere Menschen in der Vergangenheit gelehrt hast oder in der Gegenwart lehrst, dass sie dich verletzt haben. Außer der Tatsache, dass du deine Sicherheit und deine Zentriertheit angreifst, hast du auch eine Gelegenheit vertan, diese Lektion zu lernen und mühelos diesen Ort zu verlassen, an dem du festgesteckt hast. Kehre zu diesen Situationen sowohl in der Vergangenheit als auch in der Gegenwart zurück und bitte von ganzem Herzen um die Wahrheit. Sie wird sich dir rasch zeigen. Anderen Menschen zu geben heißt, dir selbst zu geben.

Lektion 46

Schuld und Kernbedürfnisse

Schuld und Kernbedürfnisse entstehen zur gleichen Zeit. Sie sind Teil eines gespaltenen Bewusstseins. Sie sind Teil eines Teufelskreises, aber sie arbeiten gegeneinander. Die Spaltung, die unsere Bedürfnisse hervorgerufen hat, hat auch unsere Schuld erzeugt, aber je größer unsere Schuld ist, umso weniger glauben wir, es verdient zu haben, dass unsere Bedürfnisse erfüllt werden. Schuld bewirkt, dass wir uns unwürdig fühlen, und Mangel ist eine Form von Selbstbestrafung, die von Schuld herrührt.

Unsere Kernbedürfnisse nach Liebe, Respekt, Anerkennung und Glück werden durch Schuld ebenso sabotiert wie Erfolg, Frieden, Wahrheit und Fülle. Je größer unsere Schuld ist, umso bedürftiger werden wir und bedienen uns oberflächlicher Bedürfnisse, um unsere Kernbedürfnisse zu befriedigen. Schuld ist jedoch eine Mauer, die das Ego zwischen uns und dem Empfangen errichtet hat. Wenn wir unsere Schuld und unsere Kernbedürfnisse integrieren, entsteht neue Ganzheit. Die Integration dieser beiden Illusionen bringt Frieden und Zuversicht. Du kannst auch intuitiv um die Erkenntnis bitten, wo diese Spaltung entstanden ist, die zu deiner Schuld und deinen Kernbedürfnissen geführt hat. Vergib dir selbst, allen daran beteiligten Menschen und Gott. Achte darauf, ob deine Wahrnehmung der Situation sich verändert hat oder ob sie sich anders anfühlt. Vergib noch einmal allem und jedem, und beginne dabei mit dir selbst. Wie stellt die Situation sich nun für dich dar? Wie fühlt sie sich an? Vergib allem und jedem immer wieder, einschließlich deiner Schuld und deinen Bedürfnissen. Du kannst vergeben, bis die ganze Situation von Licht und Frieden erfüllt ist. Wenn sie sehr viele Wurzeln hat, kann dies mehr Zeit in Anspruch nehmen, aber die Heilung, die du bewirkst, kann dein Leben transformieren. Deshalb ist es gut investierte Zeit.

Lektion 47

Der Glaube an den Körper

Der Glaube an den Körper ist eine der größten Fallen für die Gesundheit. Es ist der Glaube, dass wir ein Körper sind und keinen Körper haben, der uns als Werkzeug für unser persönliches Wachstum dient, weil unsere Seele sich danach sehnt, sich als reiner Geist zu erkennen.

Der Glaube an den Körper ist ein Glaube an Schuld. Er wirkt dem Frieden entgegen, der die Konflikte auflöst, die unsere Krankheit aufrechterhalten. Wir wollen unseren Glauben an den Körper nicht aufgeben, weil wir ihn zum eigenen Vergnügen benutzen wollen. Buddha hat jedoch schon vor langer Zeit erkannt: „Vergnügen zu suchen heißt, Schmerz zu finden."

Wir glauben, Gott wolle, dass wir unser Vergnügen opfern, aber es liegt in der Wesensnatur Gottes, uns nichts vorzuenthalten. Sein einziger Wunsch ist es, uns vor Leiden und vor der Selbstbestrafung zu bewahren, die von Schuld und Trennung herrührt. Wir glauben, unser Körper könne uns etwas geben, und daher rühren die Anziehungskraft, die Schuld auf uns ausübt, ebenso wie der Glaube an den Tod und die Anziehungskraft, die ihm innewohnt.

Wenn wir glauben, der Himmel wolle uns unseres Vergnügens berauben, dann beginnen wir, Liebe mit Angst zu assoziieren. Das Ego schlägt Kapital daraus, um seine eigene Macht zu vergrößern, während es gleichzeitig die Todesstrafe einfließen lässt, die von unserem Glauben herrührt, ein Körper zu sein. Trennung erzeugt ein gespaltenes Bewusstsein und widersprüchliche Ziele, und unser Ego benutzt die Tatsache, dass wir einen Körper besitzen, um zu beweisen, dass wir getrennt sind. Trennung erzeugt Schuld und Aggression gegen andere Menschen und gegen uns selbst. Sowohl Schuld als auch Trennung leugnen den Frieden, der die Grundlage von Gesundheit und Fülle ist.

Es ist an der Zeit, uns als Kind Gottes uns selbst zu verpflichten. Gleiches erschafft Gleiches. Gott als reiner Geist hat uns als reinen Geist erschaffen. In diesem Wissen liegt unsere Sicherheit begründet, denn als reiner Geist sind wir unverwundbar. Wir streben nicht nach Vergnügen und benutzen unseren Körper nicht, um unsere Besonderheit unter Beweis zu stellen oder andere Menschen anzugreifen. In dem Maße, in dem wir über den Körper hinausgelangen, gelangen wir auch über das Leiden und über Probleme aller Art hinaus. Die Freude und die Unbegrenztheit, die mit der Erkenntnis unserer wahren geistigen Wesensnatur einhergehen, sind überwältigend und unermesslich.

Lektion 48

Dafür sorgen, dass er noch mehr leidet als du selbst

Unser Schmerz ist ein Angriff auf einen anderen Menschen. Das Ego sendet Botschaften von Angriff und Hass aus, und es will uns weismachen, dass wir uns dadurch vor Angriff und Hass schützen können. Wenn wir schon leiden müssen, dann wollen wir wenigstens dafür sorgen, dass er noch mehr leiden muss als wir selbst.

In dem Maße, in dem wir uns mit dem Ego identifiziert haben, sorgt das Ego dafür, dass wir uns mit dem Körper identifizieren. Es sorgt dafür, dass wir das Vergnügen des Körpers suchen, und will uns weismachen, dass es Vergnügen bereitet, den Körper als Werkzeug des Angriffs und der Rache zu benutzen. Dadurch wird die Neutralität des Körpers aufgehoben, und er wird als heimlicher Bote des Schmerzes und des Todes benutzt. Für das Ego in seinem blinden Wahn bedeutet dies den endgütigen Sieg, der allerdings um den Preis von Schmerz und Tod errungen wird, damit das Ego seinen Größenwahn verteidigen kann. All dies geschieht auf Kosten des Friedens, der die Freude wahren Wertes mit sich bringt.

Das Fundament des Egos besteht aus Angriff und Selbstangriff, und auch wenn es verspricht, uns durch Präventivschläge vor Angriff und Vergeltung zu schützen, so ist dies ein Versprechen, das es nicht halten kann. Wir ernten, was wir säen. Die Angst, die einem solchen Konflikt entspringt, benutzt das Ego, um seine Mauern zu errichten und seine Waffen zu schärfen. Dies erzeugt einen Teufelskreis aus Angriff und Selbstangriff und bereitet dem Ego ein Festmahl, an dem es sich laben kann.

Angriff aufzugeben heißt, Persönlichkeit und Ego aufzugeben. Keinen guten Grund dafür zu sehen, jemals einen anderen Menschen anzugreifen, heißt, rein von Schuld zu werden, und darin liegt Sicherheit. Über die Angst hinauszugehen heißt, Urteile und alle Angriffsgedanken aufzugeben. Diese Gedanken lassen eine angsterfüllte Welt entstehen. Jeder negative Gedanke lässt uns glauben, dass Angriffsgedanken nicht von uns ausgehen, sondern dass die Welt sie immer nur in unsere Richtung sendet.

Das Leiden aufzugeben heißt, uns selbst für unsere lieblosen Gedanken und Wahrnehmungen zu vergeben, bis wir den Frieden zurückerlangen, der jenseits allen Leidens liegt.

Lektion 49

Wofür benutze ich dieses Problem?

Die Erkenntnis, dass dein Leben so verläuft, wie du es entschieden hast, kann eine sehr ermächtigende Wirkung haben. Das wurde mir klar, nachdem ich viele Jahre lang das Unterbewusstsein und Unbewusste durchwandert hatte, um Menschen bei der Lösung ihrer Probleme zu helfen. Ein besonders dramatischer Höhepunkt war allerdings die Erkenntnis, dass ich selbst für meinen fast tödlich verlaufenen „Unfall“ und für die zahlreichen Zwischenfälle verantwortlich war, die mich als Jungen leicht zum Krüppel hätten machen können. Ich entdeckte, dass die Herzensbrüche, die ich als Junge und als junger Mann erlitten hatte, nur mein heimliches Verlangen nach Unabhängigkeit, Besonderheit und danach nährten, meinen eigenen Weg zu gehen. Ich hatte unzählige Male versucht, meine Familie zu retten, indem ich mich aufopferte, aber später erkannte ich mein geheimes Einverständnis mit und meine eigene Verantwortung für den Zustand, in dem sich meine Familie und meine Beziehungen befanden. Ich fürchtete mich vor meiner Lebensaufgabe und davor, genau das zu tun, wozu ich aufgerufen war, nämlich im Mittelpunkt zu stehen. Ich brauchte Ausreden, und meine Schuld, Unwürdigkeit und Selbstbestrafung lieferten mir alles, was ich brauchte. Mein heutiges Leben hat nichts mehr mit dem Opfer gemein, das ich früher war, aber es vergeht kaum ein Monat, in dem ich nicht irgendeine alte und vor der Wahrheit tief verborgene Emotion ans Licht hole. Trotzdem ist eine Angst zurückgeblieben, im Mittelpunkt zu stehen, obwohl ich dies zunehmend getan habe.

Ein Weg zum Verständnis der einem Problem zugrundeliegenden Dynamik besteht darin, dich zu fragen, wofür du dieses Problem benutzt. Jedes Problem dient einem Zweck. Wir benutzen Probleme, um uns zu verstecken, um anderen Menschen die Schuld an unseren eigenen verborgenen Gedanken und Taten zu geben, weil es so offenkundig ist, dass sie die „Bösewichte" sind, diejenigen, die gesündigt haben.

Unsere Probleme verbergen unseren Zorn auf andere Menschen und auf uns selbst. Sie sind ein Ausdruck alter, verschmutzter Gefühle, die wir in uns tragen. Sie sind eine Verzögerungstaktik und eine Form von Rebellion mit dem Ziel, die Welt der Trennung, die wir erschaffen haben, aufrechtzuerhalten.

Stelle dir im Hinblick auf ein bestimmtes Problem oder einen bestimmten Schmerz also die Frage: „Wofür benutze ich dieses Problem? Wofür benutze ich diesen Schmerz?"

Die Antworten, die du erhältst, können dich überraschen, müssen jedoch nicht unbedingt eine Überraschung sein. Sie können mit Urteilen behaftet sein, sodass du kompensierst. Wenn du beispielsweise ein Problem benutzt hast, um Aufmerksamkeit zu bekommen, dich aber dafür verurteilt hast, dass du jemals etwas getan hast, um Aufmerksamkeit zu bekommen, dann ist es möglich, dass du das Problem insgeheim selbst herbeiführst. Anschließend versuchst du, jede Aufmerksamkeit, die sich auf dich richtet, zu verheimlichen, damit du dich nicht mit der Schuld befassen musst, die von dem Versuch herrührt, Aufmerksamkeit zu bekommen.

Nutze die Frage, um dich selbst zu verstehen. Übernimm die Verantwortung und lege sie dann sofort in die Hände des Himmels, damit er das Problem für dich transformiert.

Falls sich nicht unmittelbar Antworten auf deine Frage einstellen, denke mit Blick auf die Situation einfach eine Weile darüber nach. Es gibt eine Antwort, und diese Antwort wird dir helfen, die Verantwortung zu übernehmen. Sobald du die Verantwortung übernommen hast, lege sie in die Hände des Himmels, damit er das Problem für dich transformiert.

Lektion 50

Es gibt keine Bösewichte

Jedes Problem und jede Form von Leiden bedeutet, dass du einen anderen Menschen verurteilt hast. Das erscheint dir nur recht und billig, denn du bist der Beste und hast nichts gemein mit demjenigen, den du verurteilt hast. In Wahrheit hast du deine Schuld jedoch verdrängt und sie einem anderen Menschen in die Schuhe geschoben. Du bist aufgefordert, genau diesen Menschen zu retten, statt ihn zu beschuldigen, denn dadurch, dass du seine Unschuld erkennst, kannst du euer beider Unschuld erkennen. Dadurch, dass du ihn verurteilst, ihm grollst oder dich zu seinem Opfer machst, beweist du jedoch der ganzen Welt, dass er böse ist, während du gut und außergewöhnlich bist. Du bist besser als er, weil du das, was er getan hat, niemals tun würdest.

Jede Verletzung, jedes Trauma war eine falsche Entscheidung, ein Versagen, bei dem ihr beide hättet erhoben und befreit werden können. Genau diese alten Verletzungen und Versäumnisse sind die Wurzeln deiner Probleme.

Ein Kurs in Wundern enthält eine ganze Reihe prägnanter, wortgewandter Textpassagen, die genau diese Dynamik beschreiben, wie das folgende Beispiel zeigt (T-24.IV.5.2:4):

> „Wenn der Frieden nicht ganz bei dir ist und wenn du irgendeine Art von Schmerz verspürst, dann hast du irgendeine Sünde in deinem Bruder erblickt und über das frohlockt, wovon du dachtest, dass es dort sei. Deine Besonderheit schien aufgrund dessen sicher. So hast du das gerettet, was du zu deinem Erlöser ernanntest, und den gekreuzigt, den dir GOTT stattdessen gab."

Es ist jedoch noch nicht zu spät. Du kannst jedes Problem benutzen, um zu erkennen, dass etwas in dir der Heilung bedarf. Du hast einen anderen Menschen beschuldigt und diese Tatsache benutzt, um dich über ihn zu stellen. Nun kannst du dich fragen: „Wer ist der Mensch an der Wurzel meines Problems? Wer ist es, den zu retten ich aufgerufen bin?"

Du trägst die wahre Vergebung in dir, die euch beide befreit und Frieden bringt. Du besitzt Seelengaben, die Gaben des Himmels, deine Lebensaufgabe und deine Bestimmung. Sie würden den betreffenden Menschen und dich selbst befreien. Du könntest eine neue Entscheidung treffen. Du könntest ihn segnen und gleichfalls gesegnet sein. Du könntest vergeben, und dir könnte vergeben werden. Die Gnade und die Fülle des Himmels erwarten dich. Entscheide dich für die Wahrheit, dass alle Menschen unschuldig sind.

Lektion 51

Unsere Unschuld beweisen

Wir unternehmen große Anstrengungen, um unsere Unschuld und unsere Herzensgüte zu beweisen. Wir vollbringen gute Taten. Wir opfern uns im Namen der Liebe auf. Wir gestatten uns nicht, erfolgreich zu sein, und halten uns sogar im Mangel fest. Wir passen uns an, statt vorzutreten oder uns Gipfelerfahrungen zu erlauben. Wir verharren in der Normalität und verstecken uns in der Masse, weil wir uns fürchten und noch nicht einmal um der Wahrheit willen bereit sind, anders zu sein. Alle diese Dinge müssen geklärt werden, ehe wir Liebe und Fülle willkommen heißen können. Es gibt jedoch einen noch heimtückischeren Weg, den wir gehen, um uns von anderen Menschen zu trennen.

Jedes Mal, wenn wir eine Ungerechtigkeit erfahren haben oder zum Opfer gemacht wurden, haben wir das Ereignis benutzt, um einem anderen Menschen unsere Schuld aufzubürden. Wir glaubten, er habe uns benutzt oder uns schlecht behandelt, während wir in Wirklichkeit ihn benutzt haben. Wir haben ihn zum Sündenbock gemacht, mit dessen Hilfe wir unsere eigene Schuld projizieren und beweisen konnten, dass wir unschuldig sind. Projektion funktioniert jedoch nicht, weil sie dich nicht von der Schuld befreit, sondern sie lediglich versteckt. Daher suchen wir also nicht nur nach Menschen, die wir beschuldigen können, sondern auch nach Wegen, um unsere Unschuld zu beweisen. *Niemand außer uns selbst kann uns ungerecht behandeln, ebenso wie niemand außer uns selbst uns etwas vorenthalten kann.* Wir verstecken unser Verhalten vor uns selbst und kämen nie auf den Gedanken, dass wir unsere Opferrolle benutzt haben, um unseren Angriff und unsere Rache zu verbergen.

Die Tatsache, dass wir verletzt wurden, muss bedeuten, dass jemand anderer der Bösewicht ist, während wir selbst unschuldig sind.

Es gibt jedoch noch eine andere Ebene, auf der es um den heimlichen Lohn der Unabhängigkeit geht, die wir immer dann erlangen, wenn wir Ungerechtigkeit sehen. Wir verleugnen das wirkliche, herrliche Wesen anderer Menschen und sehen in ihnen lediglich unsere eigenen Urteile über uns selbst. Das gleiche Bild haben wir von Gott. Gott muss ein schlechter Gott sein, wenn er zugelassen hat, dass diese negativen Dinge geschehen konnten, auch wenn der Täter, der diese Ungerechtigkeiten begangen hat, ein Unbekannter ist und es aus einem für uns nicht erkennbaren Grund getan hat.

Es war nicht Gott. Es war nicht dein bevorzugter „Bösewicht". Es war die ganze Zeit niemand anderer als du selbst.

Ist es das, was du willst? Wenn es tatsächlich das ist, was du willst, wird es weiter dafür sorgen, dass du dich für deine heimliche Schuld kreuzigst, während du gleichzeitig versuchst, andere Menschen zu kreuzigen.

Ist es das, was du willst? Es hält dich in Unabhängigkeit und Trennung fest, erkennt nur deine eigene Autorität an, und du lebst eine Lüge im Hinblick auf das, was wirklich geschehen ist.

Ist es das, was du willst? Du kannst deinen möglichen Erlöser nicht sehen, wenn du ihm deine Schuld zugewiesen hast, während du selbst noch immer ihre Bürde trägst. Heiße daher heute die wahre Schau und die richtige Wahrnehmung willkommen. Heiße die Menschen willkommen, die du beschuldigt hast. Erkenne ihre Schönheit und Herrlichkeit. Heiße vor allem dich selbst aus dem Irrglauben der Schuld willkommen, die du benutzt hast, weil du große Angst davor hast, dich mit anderen Menschen zu verbinden. Benutze sie nicht länger, um gegen Gott und die Liebe zu kämpfen. Heiße deine wahre Unschuld willkommen. So wurdest du erschaffen, und keines der zahllosen Selbstkonzepte, die das Ego benutzt, um seine Macht zu vergrößern, vermag daran etwas zu ändern.

Lektion 52

Die Illusion, die dir lieb und teuer ist

Alle Dinge, in die du investierst, hältst du für wirklich. Von den Mystikern bis hin zu den Quantenphysikern haben wir jedoch gehört, dass die Welt *maya* – eine Illusion – ist. Sie ist der Stoff, aus dem Träume sind, aber wie unsere Träume, die angenehm sind, solange sie andauern, erscheint auch sie uns äußerst real. Träume können dich nicht verletzen. Sie bestehen aus Wünschen, manchmal aus Glaubenssätzen, und aus Botschaften unseres höheren Bewusstseins. Auch unsere eigene Welt ist ein Gebilde aus Träumen, Entscheidungen und Glaubenssätzen. Diese Erkenntnis können wir nutzen, um sie Illusion um Illusion, Entscheidung um Entscheidung zu verändern. Alle unsere Glaubenssätze sind Glaubenssätze über uns selbst. Diese Selbstkonzepte sind entstanden, als wir unsere Verbundenheit zerstört und eine besondere Identität für uns erschaffen haben. Die Zerstörung der Verbundenheit lässt jedoch immer Illusion, Anhaftung, Angst, Bedürftigkeit, Schuld, Widerstand und Unzulänglichkeit entstehen. Um zu verhindern, dass wir von diesen Emotionen überwältigt werden, verdrängen wir sie. Unser Ego, das verspricht, uns von ihnen zu befreien, projiziert sie anschließend nach außen und erschafft unsere eigene Welt. Dies trägt zu der kollektiven Erfahrung bei, aus der die Welt besteht, die vom kollektiven Bewusstsein der Menschheit nach außen projiziert wurde. Alles in dieser Welt, von dem du glaubst, es sei gut, wertvoll und erstrebenswert, kann dich verletzen und wird es tun. Es wird es nicht tun, weil es die Macht hat, dich zu verletzen, sondern nur, weil du geleugnet hast, dass es nur eine Illusion ist, und ihm Wirklichkeit verliehen hast, und damit ist es für dich wirklich. Es ist nicht nichts. Durch seine wahrgenommene Wirklichkeit ist die ganze Welt der kranken Illusionen zu dir gekommen mit ihrem ganzen Glauben an Sünde, an die Macht des Angriffs, an Verletzung und an Schaden, an Aufopferung und Tod. Denn niemand kann eine einzige Illusion wirklich machen und dennoch allen übrigen entrinnen, indem er sie für das Licht ansieht, das die Existenz ist. Wir haben unsere Selbstidentität so aufgebaut, wie wir es für notwendig hielten, um in dieser Welt überleben zu können. Der Verlust unserer Verbundenheit in dieser Welt hat unser Ego aufgebaut und die Mauern der Trennung nicht nur zwischen uns und anderen Menschen, sondern auch zwischen uns und der Welt errichtet.

Die Welt ist eine einzige große Projektion unserer Schuld, die von Trennung herrührt. Alles, wonach wir in der Welt streben, war einmal ein bewusster Anteil unserer selbst und ist es auf einer unbewussten Ebene noch. Der alte Verlust ist jedoch von Schuld, Angst, Widerstand und Unzulänglichkeit geprägt, die nun die Spaltung aufrechterhalten. Sind wir dazu bereit, den Anteil unseres Bewusstseins loszulassen, der infolge unseres Verlangens nach Besonderheit und Trennung unser Ego geformt hat?

Sind wir, um unsere innere Zerrissenheit zu heilen, bereit, die Seite unseres Bewusstseins, die ihre eigene Identität verlangt, mit der Seite, die Ganzheit und Erfolg will, zu einem neuen Maß an Zusammengehörigkeit zu integrieren? Unser Bewusstsein will Erfolg haben und will es zugleich nicht, weil wir dann Kontrolle und Unabhängigkeit verlieren würden. Sind wir bereit, den Anteil unserer selbst, der Gesundheit und Ganzheit will, mit dem Anteil zu integrieren, der Beachtung und Besonderheit will, damit die Illusion fortfallen und neue Ganzheit entstehen kann? Wir erkennen nicht, dass die weltliche Illusion, die uns lieb und teuer ist, die ganze Welt der Illusionen für uns wirklich macht. Was wir beim Aufbau des Egos verloren haben, kann wieder verloren gehen, und dieser Verlust wird dazu führen, dass wir leiden. Das verstärkt den Schmerz. Irgendwann gelangen wir an einen Wendepunkt, an dem wir klar erkennen, dass die Welt eine vollkommene Illusion ist. An diesem Punkt fallen unser Streben und unsere Bedürftigkeit fort. Wir mögen noch nicht alles ins Licht des Einsseins hineinintegriert haben, aber unsere Bedürftigkeit und unser innerer Drang sind befriedigt.

Der Schmerz, den wir erleiden, ist der alte und uralte Schmerz der Trennung. Die Gefühle der Verletztheit, die wir empfinden, rühren von unseren Verlusten her. Anhaftung bedeutet, eine Illusion zu hegen und zu glauben, dass eine äußere Sache uns glücklich machen kann. Eine einzige äußere Sache zu wollen bedeutet jedoch, sich einer ganzen Welt voller Illusionen zu öffnen.

Ein Kurs in Wundern (T-26.VI.1.1:7) hat dieses Thema wieder einmal sehr prägnant in Worte gefasst.

> „Alles in dieser Welt, von dem du glaubst, es sei gut, wertvoll und erstrebenswert, kann dich verletzen und wird es tun. Nicht, weil es die Macht, dich zu verletzen, hat, sondern nur, weil du geleugnet hast, dass es nur eine Illusion ist, und ihm Wirklichkeit verliehen hast. … Durch seine wahrgenommene Wirklichkeit ist die ganze Welt der kranken Illusionen eingetreten. Der ganze Glaube an die Sünde, an die Macht des Angriffs, an Verletzung und an Schaden, an Opfer und an Tod, ist zu dir gekommen. Denn niemand kann eine einzige Illusion wirklich machen und dennoch allen übrigen entrinnen."

Denke mit Blick auf deine Anhaftung über dein Problem nach. Selbst wenn es sich dabei um eine „gute Sache" handelt, so ist sie doch zu einer Form des Schwelgens geworden, die du dir nicht leisten kannst. Der Grund liegt in dem, was sie einlässt und für dich wirklich macht, nämlich eine ganze Welt der Illusion und der Negativität. Gott ist nicht außerhalb deiner selbst. Gott – und damit die Freude – sind in deinem Herzen.

Finde heraus, worin diese scheinbar gute Anhaftung an eine äußere Sache besteht. Lasse sie los. Je mehr du daran anhaftest, umso größer ist die Gefahr, in der sie sich befindet. Wenn du sie dagegen loslässt und erkennst, dass alles nur ein Traum ist, dann spielt es keine große Rolle, ob du sie hast oder nicht. Die „guten Dinge", nach denen du strebst, sind nichts anderes als Kompensationen für deine Bedürfnisse, deine Schuld und deine Gefühle des Versagens. Unterziehe dein Leben einer Prüfung. Zu wie viel Prozent haftest du an den „guten" Dingen in deinem Leben an, weil sie in entsprechendem Maße schmerzhafte Illusionen hereinlassen? Es ist ***alles*** ein Traum. Lasse ihn los. Sei frei. Lasse nicht zu, dass eine kranke Welt in dein Leben eintritt. Vollkommenes Loslassen gibt dir die Möglichkeit, dich von Illusionen und vom großen Krieg von Gut und Böse zu befreien. Wenn du alles losgelassen hast, kannst du klar die Stimme Gottes vernehmen, die dir die wahre Richtung weist. Dann betest du mit den Worten: „Ich will, was du für mich willst, lieber Gott." Der Unterschied liegt darin, dass unsere Bedürftigkeit und unser innerer Drang fort sind. Wir befinden uns nach wie vor in einem Traum, aber unser Führer weist uns den Weg voran, damit wir die Möglichkeit haben, aus dem Traum zu erwachen. Der Himmel gibt uns Sinn in einer sinnlosen Welt, und wenn wir loslassen und den Weg der Heilung gehen, können wir auch andere Menschen befreien.

Finde heute die Illusionen, die dir lieb und teuer sind. Dazu zählen auch die Anhaftungen an deine engsten Beziehungen, an deinen liebsten Zeitvertreib und an die Dinge, nach denen du strebst und für die du dich selbst antreibst. Lasse alle diese Dinge los. Dabei solltest du allerdings nicht das Kind mit dem Bade ausschütten. Lasse deine Anhaftung los. Erkenne, dass du dich in einem Traum befindest, und höre auf die Stimme der Führung, die dir Erfüllung und Glück in einer unglücklichen Welt bringt. Du wärest niemals auf den Gedanken gekommen, dass deine Anhaftung an eine „gute Sache" so viele Probleme und ein so hohes Maß an Schmerz einlassen könnte. Nun weißt du es. Bleibe nicht in der Illusion gefangen. Lasse alles los, denn auf dich wartet das Paradies.

Lektion 53

Die Trennung, die von besonderem Hass herrührt

Es gibt keine Krankheiten oder Probleme, die nicht von Trennung herrühren. Sobald die Trennung geheilt ist, fällt das Problem fort. Ob dies durch Heilung, die Erkenntnis des Einsseins oder das Verleugnen der Trennung erfolgt, spielt keine Rolle. Die Wirkung ist gleich, und sie besteht darin, dass Frieden, Ganzheit und Gesundheit wiederhergestellt werden.

Krankheit und Probleme rühren von einem Glauben an Sünde her – von der Überzeugung, dass etwas unverzeihlich ist. Die Überzeugung, dass wir gesündigt haben, wird meist verdrängt oder unterdrückt, weil das Gefühl der Schuld, das damit einhergeht, übermächtig erscheint. Wir vergraben sie unter Groll, Urteilen und einer Opferrolle. Wir machen einen anderen Menschen zum Sünder, damit wir uns mit unserer eigenen Schuld nicht befassen müssen. Wir verwandeln sie in eine Schuldzuweisung. Oftmals unterdrücken wir sogar die Schuldzuweisung, aber ihre schädlichen Auswirkungen treffen uns trotzdem.

Wir verwandeln unsere Beziehung zu einem bestimmten Menschen in eine Beziehung, die von besonderem Hass geprägt ist. Wir halten ihn für die Ursache unserer Krankheit oder unseres Problems, verbannen dies in der Regel jedoch ins Unterbewusstsein, sodass es uns nach wie vor beeinflusst, wir aber nicht merken, in welch hohem Maße es ursächlich für unsere Krankheit ist. Alle Krankheiten und alle Probleme rühren von Trennung her. Wenn die Trennung geleugnet wird, dann verschwindet das Symptom. Es verschwindet, sobald die Vorstellung, die es erzeugt hat, geheilt und durch geistige Gesundheit ersetzt wurde. Krankheit und Sünde werden als Auswirkung betrachtet und lassen deshalb Elemente in einer Beziehung entstehen, die der bewussten Wahrnehmung entzogen bleiben. Da wir die Schuld und die Negativität nicht ertragen können, vergraben wir sie ebenso wie den Zusammenhang mit unserer Krankheit. Das gibt uns die Möglichkeit, sie sorgfältig vor dem Licht der Vernunft zu verstecken. Unsere Schuldzuweisungen trennen uns von dem Menschen, den wir beschuldigen, von uns selbst und vom Himmel. Die Trennung und der Glaube an Sünde lassen uns auf der Stelle treten, sodass unser persönliches Wachstum und der Fluss, der uns voranbringt, zum Stillstand kommen. Besonderer Hass, der entsteht, wenn ein anderer Mensch unsere Bedürfnisse nicht erfüllt oder nicht nach unserem Willen gehandelt hat, sowie das gesamte damit verbundene Opfermuster ziehen Konsequenzen und Probleme nach sich. Krankheiten oder Verletzungen sind die Folge. Hass rührt von Selbsthass her, und wenn wir Sünde in einem anderen Menschen sehen, dann liegt es daran, dass wir durch die Brille des Glaubens an unsere eigene Sünde schauen.

Wenn du krank bist oder ein Problem hast, stelle dir die Frage, welche deiner Beziehungen von besonderem Hass geprägt ist. Sei nicht überrascht, wenn es sich um jemanden handelt, den du liebst. Wir teilen unser Bewusstsein in diese Kategorien ein und tragen widersprüchliche Glaubenssysteme in uns, die Seite an Seite existieren. Wenn sie zusammengebracht würden, geschähe Heilung. Deshalb sorgt das Ego dafür, dass die Spaltung bestehen bleibt und wir in Unkenntnis verharren.

Der Wunsch, dass ihr beide sowohl vom Glauben an Sünde als auch von den Folgen des Glaubens an Sünde befreit werdet, lässt den Heilungsprozess beginnen. Wenn es das ist, was du willst, dann vergib dem Menschen, den du bisher verurteilt hast. So wird derjenige, den du für den Schurken gehalten hast, nun zu deinem Retter, so wie du zu seinem Retter wirst.

Lektion 54

Was ein Problem ist

Ein Problem ist eine Form von Angriff und Selbstangriff. Es ist ein Aspekt unseres gespaltenen Bewusstseins, das sich in einem Konflikt befindet. Eine Seite will die Besonderheit, die Unabhängigkeit und die Möglichkeit, andere Menschen anzugreifen, die ein Problem uns bietet. Die andere Seite will unser Ziel erreichen, das beispielsweise in Liebe, Erfolg oder Gesundheit besteht. Auch dies ist eine Kerndynamik, die allen Problemen zugrunde liegt und von *Ein Kurs in Wundern* (T-26.II.2.2) wieder einmal äußerst treffend in Worte gefasst wird. Dort wird ein Problem beschrieben als „eine Forderung, dass jemand Verlust erleiden solle, damit du gewinnen mögest."

Dein Problem bedeutet bereits einen Verlust an Zeit, Geld oder Frieden. Du leidest also und opferst dich auf, aber du hast das Problem deshalb, weil du der Überzeugung bist, noch etwas anderes gewinnen zu können. Dein eigener Verlust fordert von einem anderen Menschen einen noch größeren Verlust. Dies ist ein Rückschritt zu einer Bewusstseinsstufe, auf der beide Seiten verlieren. Je größer das Problem ist, umso größer ist auch der Verlust. Natürlich verbergen wir diese Dynamik vor uns selbst, denn wenn wir uns ihrer bewusst wären und sie im Licht der Vernunft betrachten würden, könnte sie die Prüfung der Wahrheit niemals bestehen.

Bei dem, was wir von einem anderen Menschen bekommen wollen, handelt es sich um etwas, dessen wir uns zu einem früheren Zeitpunkt heimlich entledigt haben. Aus irgendeinem falsch verstandenen Grund haben wir es von unserem Bewusstsein abgespalten. Weil wir glauben, es sei fort und nicht nur verleugnet, suchen wir es außerhalb unserer selbst bei einem anderen Menschen, fordern Aufmerksamkeit und die Erfüllung unserer Bedürfnisse. Dieses Problem ist ein Schachzug, in dem wir uns aufopfern und jetzt verlieren, um später in höherem Maße gewinnen zu können.

Stelle dir nun die folgenden Fragen:

Wie viele Menschen sollen deinem Wunsch zufolge dadurch verlieren, dass du selbst verlierst und dich aufopferst?

Was hoffst du von ihnen zu gewinnen?

Ist dieses Verhalten die Wahrheit?

Ist dieses Verhalten gerechtfertigt?

Ist es das, was du wirklich willst?

Oder würdest du alles zugunsten der Dinge loslassen, die der Himmel dir jetzt und in jedem Augenblick anbietet?

Lektion 55

Der Wunsch zu verletzen

Der Wunsch zu verletzen öffnet uns dafür, verletzt zu werden. Er öffnet die Tür weit für Krankheiten und Verletzungen. Der Wunsch zu verletzen ist eine Form der Fehlschöpfung, die uns dazu bringt, Schmerz in der Welt wahrzunehmen. Was wir anderen Menschen wünschen, das wünschen wir uns selbst, denn andere Menschen sind ein Spiegel unseres eigenen Bewusstseins.

Ein Kurs in Wundern (T-26.VII.16.6:7) drückt es so aus:

> „In jedem Wunsch, zu verletzen, wählt er den Tod statt dessen, was sein VATER für ihn will. Doch jeder Augenblick bietet ihm das Leben an, weil sein VATER will, er solle leben."

Wenn Angriff das ist, was wir anderen Menschen anbieten, dann geraten wir auf einen Weg, der vom Leben wegführt und gegen das Leben gerichtet ist. Andere Menschen trifft keine Schuld an dem, was uns widerfährt, denn auch das rührt von unseren eigenen Wünschen her. Wir aber halten an dem Glauben fest, dass unsere Wünsche und das, was unser Bewusstsein birgt, nichts mit dem zu tun haben, was uns in unserer Welt begegnet.

Heilung geschieht, wenn wir die Verantwortung für das übernehmen, was mit uns und unserer Welt geschieht. Dies gibt uns die Möglichkeit, uns unserer Angriffsgedanken bewusst zu werden, die bewirken, dass wir uns selbst angreifen und angegriffen werden. Mit der Hilfe des Himmels können wir uns dieses Giftes entledigen, das in unserem Bewusstsein entsteht und in unserem Leben zu uns zurückkehrt. Bereits ein altes Sprichwort sagt: „Wie man in den Wald hineinruft, so schallt es heraus."

Triff eine neue Entscheidung. Erstelle eine Liste mit zwanzig Personen, die du angreifst, wie die Schwierigkeiten in ihrem oder in deinem Leben beweisen. Wenn du ihnen vergibst, befreist du dich selbst.

> „In jedem Wunsch, zu verletzen, wählt er den Tod statt dessen, was sein VATER für ihn will. Doch jeder Augenblick bietet ihm das Leben an, weil sein VATER will, er solle leben."

Lektion 56

Zum Geist werden

Wir werden zum Geist, wenn etwas uns so schwer getroffen hat, dass wir nur noch ein Schatten unseres früheren Selbst sind. Wir sind zutiefst ernüchtert. Ein Traum ist geplatzt. Das Leben hat uns verletzt, und davon haben wir uns nicht erholt. Das ist sehr bedauerlich, denn als Schatten unseres früheren Selbst wird es uns kaum gelingen, unsere Lebensaufgabe zu erfüllen, und wir werden ganz sicher nicht imstande sein, unsere Bestimmung anzunehmen.

Wir werden zu einem Geist, weil ein Götze uns einen Traum vom Glück hat träumen lassen, der geplatzt ist. Das hatte zur Folge, dass wir entsetzlich gelitten und uns zurückgezogen haben. Unser Rückzug ist das Kennzeichen unseres Grolls, weil Rückzug eine der Hauptformen von Angriff ist. Ein Dasein als Geist geht mit Herzensbruch, Rache, Hass und Selbsthass einher. Alle diese Dinge müssen nicht nur als Grundthemen losgelassen werden, die uns aufhalten, sondern auch als Geschichten des Herzensbruchs, die zu einem grundlegenden Muster in unserem Leben werden. Wir füllen Kapitel um Kapitel dieser Geschichten mit Rache, Hass und Selbsthass.

Wenn wir zum Geist werden, dann glauben wir, andere Menschen und das Leben hätten uns Unrecht getan. Nun sind wir aufgefordert zu erkennen, dass unser eigener Fehler uns dazu gebracht hat, zum Geist zu werden. Er hat damit begonnen, dass wir in unser Ego investiert und die Entscheidung getroffen haben, uns zu verstecken. Es ist an der Zeit, zuerst die Verantwortung für alle diese Dinge zu übernehmen, sie dann in die Hände des Himmels zu legen und darum zu bitten, uns selbst zurückgegeben zu werden. Dies ist ein Akt der Liebe und der Vergebung, und zugleich bekennen wir uns damit auf einer ganz neuen Ebene zu unserer Lebensaufgabe und unserer Bestimmung.

Lektion 57

Negativität heilen

Es gibt oberflächliche Negativität, und es gibt unbewusste Negativität. Fast alle Menschen tragen eine unbewusste Negativität in sich, die jede oberflächliche Positivität zu einer bloßen Abwehrstrategie oder Kompensation macht. Ein Blick ins Unterbewusstsein ist gleichbedeutend mit der Erkenntnis, dass Leiden und der Verlust der Verbundenheit auf einer Entscheidung beruhen, die wir getroffen haben, und das erzeugt Negativität. Es kann sein, dass wir diese Negativität fühlen und ausagieren, aber es ist ebenso möglich, dass eine Situation, in der wir uns befinden, von Negativität erfüllt ist. Es kann auch eine Form von Negativität sein, die einen direkten Angriff auf uns darstellt und damit den Selbstangriff zeigt, den wir in uns tragen. Negativität auf allen Ebenen aufzugeben heißt, Urteile, Groll und jede Form von Angriff und Selbstangriff aufzugeben.

Dies klärt zunächst unsere eigenen Emotionen, die verborgene Anzeichen unserer Negativität sind. Anschließend klärt es Probleme in unserer Umgebung und insbesondere bei den Menschen, die uns nahestehen. Zu guter Letzt lässt es Heilung und Transformation in immer größerem Maße auch in unserem Umfeld beginnen. Finde zuerst deinen inneren Frieden, indem du mit Vergebung, froher Veränderung und Verbundenheit an deinen Emotionen und an deiner Situation arbeitest. Schließe dann deinen Partner und deine Familie ein, indem du ihnen vergibst und alle Urteile loslässt. Gib nicht nur dein oberflächliches Drehbuch auf, das ihretwegen verstimmt ist, sondern auch dein heimliches Drehbuch, das einen Gewinn aus ihrem Verhalten zieht. Auf einer unbewussten Ebene stehen sie für deine eigenen Selbstkonzepte, die du an dir selbst verurteilt, abgespalten und nach außen projiziert hast. Alle diese Dinge zeigen deine versteckten Urteile und deine heimliche Negativität. Sie sorgen dafür, dass du ein Teil des Problems bist, anstatt ein Teil der Lösung zu sein. Beginne die Welt, die du siehst, als Teil deines eigenen Bewusstseins zu begreifen und zu erkennen, dass du hier bist, um dein Bewusstsein von seinen Konflikten und verborgenen Kammern der Schuld zu reinigen. Entscheide dich dafür und bitte den Himmel darum, alle deine positiven Kompensationen und Rollen mit der darunterliegenden heimlichen Negativität zu integrieren, damit Frieden und Ganzheit auf einer neuen Ebene entstehen können.

Das Ziel deiner langen Reise hin zu innerem Frieden liegt darin, den Frieden Gottes zu finden. Er löst Illusionen auf und heilt Probleme in deinem Umfeld. Er gewährt uns Zugang zum Himmel, obwohl wir noch auf der Erde weilen, und er zeigt uns, dass unser wahrer Wille der Wille Gottes für uns ist und nicht in den unzähligen Plänen und Belohnungen des Egos besteht, die Leiden verursacht, die Trennung verstärkt und die Macht des Egos gefestigt haben. Wünsche dir aus tiefstem Herzen den Frieden Gottes. Dann gibst du nicht nur jede Konkurrenz auf, sondern auch das Bedürfnis deines Egos nach Überlegenheit und danach, der Held zu sein. Es prallt auf das Bedürfnis anderer Menschen nach Überlegenheit und danach, der Held zu sein, und wird so zur Ablenkung, weil es dem Gerangel um die überlegene Position den Vorrang vor echter Verbindung gibt. Dies führt weder zu Frieden noch zu neuer Ganzheit, und es verhindert, dass ihr in Glück, Gesundheit und Fülle zueinanderfinden könnt.

Befasse dich mit jeder Form von Negativität, jeder Krankheit, jedem Problem und jedem Angriff in deiner Umgebung. Gehe darauf ein, als ob es deine eigene Negativität wäre. Der Zorn und der Angriff, den du in dir trägst, weil du nicht das bekommst, was du willst, verwandeln sich irgendwann in Widerborstigkeit und ganz allgemein in eine falsche Geisteshaltung. Jedes Anzeichen von Angriff oder Negativität in deiner Umgebung spiegelt deine eigene Negativität und deinen eigenen Angriff wider. Du bist aufgerufen, sie in dir selbst zu entdecken und eine andere Entscheidung zu treffen. Das Ego ist auf Negativität aufgebaut und fordert seinen eigenen Raum. Die Auflösung des Egos mitsamt seinem Kampf darum, Gott zu sein, ist der letzte Schritt auf dem Weg, an dessen Ende wir den Himmel auf Erden entdecken und zulassen, dass Gott uns alles Glück und alle Liebe gibt, die er für uns bereithält. Vergib heute deiner Negativität, die du im Spiegel der äußeren Welt siehst.

Lektion 58

Schutz

Die meisten unserer Schutzmaßnahmen funktionieren nicht. Wir versuchen die richtigen Leute kennenzulernen, horten Geld auf dem Bankkonto, schließen Versicherungen ab und haben unsere Verteidigungsstellungen aufgebaut. Fast alle Dinge, die wir tun, um uns selbst zu schützen, vergrößern jedoch nur unsere Angst. Urteil und Angriff vergrößern unsere Angst. Wahrnehmung ist nicht passiv. Sie ist eine Entscheidung. Sie ist das, was uns das Unterbewusstsein und das Unbewusste zeigen. Die Existenz des Unterbewusstseins und des Unbewussten selbst zeugt von Angst. Warum sollten wir sonst Dinge vor uns selbst verbergen? Diese Spaltungen in unserem Bewusstsein erzeugen Konflikte. Konflikte erzeugen Angst. Angriffsgedanken, ganz gleich, ob sie gegen uns selbst oder gegen andere Menschen gerichtet sind, erzeugen Angst. Eines meiner bevorzugten Prinzipien aus *Ein Kurs in Wundern* (Lektion 134) spricht über die Angst, die bestimmte Situationen in uns hervorrufen, und fordert uns dann auf, entschlossen folgende Worte zu sprechen: „Würde ich mich dafür verurteilen?" Wenn du dir diese Frage im Hinblick auf die Person oder Situation stellst, die du angreifst, dann verändert sie nicht nur deine Wahrnehmung, sondern heilt zugleich auch die Angst, die dich lähmt. Je häufiger du sie wiederholst, umso mehr erkennst du, dass du eine Wahl hast, ob du in den Selbstangriff investieren willst, der zu Angst führt, oder deinen Geist in eine positive Richtung lenken willst.

Wir selbst sind unsere vorderste Verteidigungslinie. Entscheiden wir uns für Liebe und Vergebung, die Angst heilen, oder für Urteile und Angriff, die dafür sorgen, dass die Angst rasch größer wird? Entscheidest du dich in einer Situation für Vertrauen, das paradoxerweise dazu führt, dass Angst in Erfolg verwandelt wird, oder willst du in das investieren, wovor du dich fürchtest? Je mehr du dich für die Liebe anstelle der Angst und für Segenswünsche anstelle von Urteilen entscheidest, umso rascher schreitet dein Entwicklungsprozess voran. Du wirst spiritueller. Du kommst dem Glück des reinen Geistes näher. Trennung hat deine unzähligen Selbstkonzepte und alle anderen Glaubenssätze entstehen lassen, die ebenfalls Selbstkonzepte sind. Dies erzeugt automatisch Angst. Liebe verbindet und vereint. Sie hilft dir, dich weiterzuentwickeln und zu einem höheren Maß an Ganzheit und Frieden zu gelangen. Rasch lernst du, dich nicht mehr nur auf dich selbst zu verlassen. Du lernst, dich auf den Himmel zu verlassen, und dadurch wird Angst geheilt. Wenn du weißt, dass du absolut darauf vertrauen kannst, dass der Himmel für dich da ist, dann kannst du dich entspannen, weil du weißt, dass du „Rückendeckung" hast. Du gehst über die Schwere der Sorge und die Unbekümmertheit der Sorglosigkeit hinaus und lernst stattdessen, frei von Sorge zu sein. In *Ein Kurs in Wundern* (T-5.VII.1.4:6) heißt es dazu:

> „Du brauchst weder sorgsam zu sein noch sorglos: Du brauchst nur deine Sorgen auf IHN zu werfen, weil ER für dich sorgt. Du bist SEINE Sorge, weil ER dich liebt. SEINE STIMME erinnert dich immer daran, dass alle Hoffnung dein ist, weil ER für dich Sorge trägt."

Zu meinen liebsten Erinnerungen an die frühe Schulzeit gehört ein Bild, in dem sich in der Ferne ein Sturm zusammenbraut, während ein kleiner Junge und ein kleines Mädchen eine klapprige Brücke überqueren. Hinter ihnen wacht ein von strahlendem Licht umgebener Engel über sie und ihren Weg. Je weiter unsere spirituelle Entwicklung voranschreitet, umso mehr werden wir wieder wie die Kinder. Wir verlassen uns ganz und gar darauf, dass der Himmel für uns sorgt und uns behütet.

Lektion 59

Die Stadien unserer Entwicklung

Es gibt vier große Entwicklungsstadien, die wir im Leben durchlaufen. Diese Stadien halten so viele Lektionen für uns bereit, dass die wenigsten Menschen es schaffen, das vierte und zugleich wichtigste Stadium zu erreichen. Du kannst jetzt entscheiden, wie weit du es schaffen willst.

Unsere Reise beginnt im Stadium der Abhängigkeit (Stadium 1). Hier lernen wir, uns selbst einzubringen, unser Verhalten zu kontrollieren und uns unseren Aufgaben mit Fleiß zu widmen. Damit legen wir das Fundament für unseren Erfolg. Unsere Verletzungen rühren zum einen von unserer Bedürftigkeit und unserem Versuch her, von anderen Menschen zu bekommen oder zu nehmen, und zum anderen von unserem heimlichen Wunsch, uns zu trennen, unser Ego zu stärken und unabhängig zu sein. Unsere Trennung und unsere Verletzungen werden zu Schuld. Der erste große Schritt im Stadium der Abhängigkeit besteht darin, dass wir lernen, andere Menschen zu verstehen und uns mit ihnen zu verbinden, statt durch Trennung in Missverständnissen und Bedürftigkeit gefangen zu bleiben. Im zweiten Schritt lernen wir zu geben, statt zu nehmen, nicht zu manipulieren und nicht zu geben, um zu nehmen. Wenn wir sie im zweiten Schritt lernen, können diese Lektionen uns von Schmerz und Herzensbruch befreien. Wahres und sogar heldenhaftes Geben ist hier die Antwort. Die Fallen sind Faschismus, kriminelles Verhalten, eine Einstellung, bei der einer gewinnt und der andere verliert, sowie der Wunsch, uns zu verstecken. Im nächsten Schritt geht es um die Heilung von Rückzug und Schuld, die uns den Mut gibt, vorzutreten. Urteile, Groll, Versagen und Schuld sind die Fallen. Harte Arbeit, der Versuch, ein guter Mensch zu sein, Idealismus und Totalitarismus sind Kompensationen für Gefühle der Schuld, des Versagens und der Unwürdigkeit. Hier führen Vergebung, wahre Herzensgüte und echte Nächstenliebe uns jedoch über den Rückzug dieses Schrittes hinaus. Hier gehen wir über harte Arbeit und über unsere Familie, unsere Religion, unsere Firma, unsere Kultur, unser Wohnviertel oder unser Land hinaus und fangen an, stattdessen auf das zu schauen, was wahr für uns ist. Dies kann sich mit unserer Familie, Religion oder Kultur decken, kann sich jedoch auch grundlegend davon unterscheiden.

Nun gelangen wir zum Stadium der Unabhängigkeit (Stadium 2). Dissoziierte Unabhängigkeit und Kompensation sind die Probleme in diesem Stadium, die wir benutzen, um die Bedürfnisse, den Herzensbruch und die Schuld zu verbergen, die im Stadium der Abhängigkeit entstanden sind. Der positive Aspekt in diesem Stadium ist Einfallsreichtum. Im ersten Schritt des Stadiums der Unabhängigkeit halten wir heimlich, aber deshalb nicht minder stark an früheren Beziehungen, Schmerz und Gefühlen des Versagens fest, die wir loslassen müssen, damit wir in unserer persönlichen Entwicklung voranschreiten können. Wir lernen, Ziele zu setzen und Erwartungen, Phantasievorstellungen und Anhaftungen loszulassen. Wir geben den Perfektionismus auf, der dafür sorgt, dass wir weder mit uns selbst noch mit anderen Menschen jemals zufrieden sind. Wir lernen, die kompensierte Bedürftigkeit, die Angst, den Widerstand und die Gefühle der Unzulänglichkeit loszulassen, die unter Geschäftigkeit und harter Anstrengung verborgen liegen. Im Stadium der Unabhängigkeit erwarten uns Lektionen, in denen es darum geht, eine echte Beziehung zu unseren Emotionen zu finden, statt einfach nur unser Verhalten zu ändern, wie wir es im Stadium der Abhängigkeit getan haben. In diesem Stadium heilen wir die Bedürfnisse, den Schmerz und die Schuld, die wir vergraben und dann in unser Unterbewusstsein verbannt haben. In dem Maße, in dem wir Bedürfnisse und Emotionen zutage fördern, um sie zu verstehen und zu befreien, gewinnen wir auch unsere verlorene Verbundenheit wieder zurück. Wir lernen, die Verantwortung für unser Leben zu übernehmen. Wir lernen, das Weibliche zu heilen und wieder wertzuschätzen. Das hat zur Folge, dass wir das übertriebene Männliche mit seiner Geschäftigkeit, seiner nicht belohnten harten Arbeit und seiner Habgier hinter uns lassen können. Im ersten Schritt lernen wir loszulassen, die Kompensationen von Perfektionismus, Geschäftigkeit und harter Anstrengung aufzugeben und Ziele zu setzen, statt Erwartungen zu haben oder Forderungen zu stellen. Wir lernen, unseren Weg zur Wahrheit zu finden, statt zu rebellieren und unseren eigenen Willen durchzusetzen.

Im zweiten Schritt lernen wir, die Kontrolle und unsere unterbewusste Angst ebenso aufzugeben wie die alten Herzensbrüche, die sie antreiben. Wir lernen zu vertrauen, Brücken zu schlagen, zu kommunizieren und zu integrieren, um neue Ganzheit, neue Zuversicht und neuen Frieden zu erlangen. Wir lernen, uns unseren Bedürfnissen und Emotionen zu stellen, und schlagen den Weg zur Partnerschaft ein.

Im letzten Schritt der Unabhängigkeit lernen wir, über Rollen, Regeln und Pflichten hinauszugehen und zu der Mühelosigkeit und Wahrheit zu gelangen, die mit Verpflichtung und rückhaltloser Selbsthingabe einhergehen. Wir lernen, die verborgene Schuld und die heimlichen Gefühle des Versagens zu heilen, die wir in Bezug auf unsere Familie und unsere Beziehungen in uns tragen. Wir lernen, sowohl die Familienverschwörung als auch die ödipale Verschwörung zugunsten unserer Verbundenheit und unserer Lebensaufgabe aufzugeben. Wir lernen, das Weibliche in höherem Maße wertzuschätzen, und heilen so unsere Dissoziation. Wir entscheiden uns für Wahrheit, Authentizität und Mühelosigkeit anstelle von Schwierigkeiten und Problemen. Wir erneuern unsere Verbundenheit auf eine wahre Weise und lassen ihre vorgetäuschten Formen los, zu denen Aufopferung, Verschmelzung und Co-Abhängigkeit gehören. So gelangen wir zur Ebenbürtigkeit und Gegenseitigkeit der Partnerschaft. Wir steigen von Konkurrenz und Angst vor dem nächsten Schritt auf zu wechselseitiger Abhängigkeit und zu einem Leben, das in höherem Maße im Gleichgewicht ist.

Im Stadium der wechselseitigen Abhängigkeit (Stadium 3) gelangen wir auf zunehmend höhere Stufen der Partnerschaft, indem wir uns mit unserem Partner verbinden, statt dafür zu sorgen, dass alles sich um uns und unsere Besonderheit dreht. Wir erreichen die hohen Stadien der Partnerschaft, der Freundschaft, der Führungskraft, der Kreativität, der Vision, der Erfüllung unserer Lebensaufgabe und der Meisterschaft. Im letzten Schritt der wechselseitigen Abhängigkeit, dem Stadium der Meisterschaft, gehen wir immer weiter über die Dualität hinaus und leben ein Leben, das von Gnade erfüllt ist. In der wechselseitigen Abhängigkeit gelangen wir zu immer größerer Partnerschaft, indem wir die Mauern des Egos und seiner Trennung loslassen. Das gibt uns die Möglichkeit, in immer höherem Maße sowohl vom Himmel als auch vom Leben zu empfangen. Wir lernen, unser Leben in immer höherem Maße ins Gleichgewicht zu bringen und unsere Gaben mit anderen Menschen zu teilen. Wir lernen, nicht nur die Herzensbrüche aus diesem Leben aufzugeben, sondern auch die Herzensbrüche und die Schuld, die wir aus unseren Seelenmustern in dieses Leben mitgebracht haben. Im ersten Schritt genießen wir Partnerschaft und bekennen uns zu unserer Führungskraft, die gleichbedeutend ist mit unserem Wunsch, anderen Menschen zu helfen. Im zweiten Schritt erfüllen wir unsere Lebensaufgabe und bekennen uns zu Vision und Kreativität. Im letzten Schritt, dem Stadium der Meisterschaft, bekennen wir uns zu unserer Bestimmung. Wir lernen, uns zu zentrieren und so unser *wahres Wesen* zu erkennen. In dem Maße, in dem wir uns partnerschaftlich mit anderen Menschen verbinden, gehen wir auch mit dem Himmel eine Partnerschaft ein. Wir werden zur Brücke zwischen Himmel und Erde.

Vom Stadium der wechselseitigen Abhängigkeit steigen wir schließlich zur radikalen Hingabe und zum Stadium der spirituellen Abhängigkeit auf (Stadium 4). Hier lernen wir, unser Leben dem Himmel und seiner Führung zu überlassen. Wir geben die Ego-Identität auf, die wir selbst erschaffen haben, und tauschen sie ein gegen die Liebe und den reinen Geist, in dem Gott uns als Kind Gottes erschaffen hat. Hier geben wir alle Bedürfnisse, alle Götzen, allen Schmerz, allen Groll und alle Urteile auf, die wir benutzt haben, um unsere eigene Vorstellung von uns selbst aufzubauen. Hier erkennen wir, dass alle Dinge in unserem Leben, die nicht von Glück geprägt sind, von unserer falschen Geisteshaltung herrühren, die uns dazu gebracht hat, dem Himmel den Rücken zu kehren, um eine Welt der Trennung aufzubauen. Hier sprengen wir alle Verträge mit unserem Ego und auch alle Geschäfte mit dem Teufel, die wir eingegangen sind, als wir uns vom Licht abgewandt haben. Wir lernen, uns wieder zu dem Licht und zu der Liebe hinzuwenden, die Gott ist. Wir werden wieder wie ein Kind, das nur in der Liebe sein will, die Gott ist, und lassen alle Verlockungen der Welt ebenso los wie ihre illusionäre Wirklichkeit, um den Himmel auf Erden und schließlich den Himmel selbst zu erlangen. In dem Maße, in dem unser persönlicher Entwicklungsprozess voranschreitet, wachsen wir in unsere Gaben, unsere Lebensaufgabe und unsere Bestimmung hinein. Jeder Schritt, den wir gehen, ist ein Schritt in Gerechtigkeit, Integrität, Wahrheit, Mitgefühl und Liebe. Wir gewinnen Liebe, Freude, Glück und Hilfsbereitschaft. Wir gewinnen uralte Mitten zurück, die wir vor unendlich langer Zeit verloren haben. Wir kehren zum Himmel und zu unserem höchsten Selbst heim.

Ganz gleich, in welchem Stadium oder welchem Schritt deiner Entwicklung du dich befindest, ist es wichtig zu erkennen, dass deine Probleme lediglich eine Verzögerungstaktik sind. Du benutzt sie, um deine Angst davor zu bergen, dass du nicht gut genug bist, um den nächsten Schritt oder das nächste Stadium zu bewältigen. Verpflichte dich dem nächsten Stadium von ganzem Herzen. Denke daran, dass Unzulänglichkeit die Grundvoraussetzung für ein spirituelles Leben ist. Wenn du schon alles erreicht hättest, wozu wäre dann der Himmel da? Alle Hilfe, die du brauchst, wird dir gegeben. Du brauchst nur darum zu bitten. Also bitte darum. Der Himmel braucht deine Hilfe ebenso sehr, wie du die Hilfe des Himmels brauchst. Wenn du den nächsten Schritt gehst, hilfst du den Menschen in deiner Umgebung, ihn ebenfalls zu gehen.

Lektion 60

Der Brunnen des Selbstmitleids

Jedes Problem und jede negative Emotion birgt immer auch Gefühle von Selbstmitleid. Wenn wir überlegen, wie viele Probleme wir haben und wie viele Gefühle wir im Laufe eines Tages durchleben, die alles andere als glücklich sind, dann können wir erkennen, wie sehr wir uns selbst bedauern. Wir bedauern uns selbst, weil die Dinge so ungerecht sind und wir uns in so hohem Maße aufopfern. Wir bedauern uns selbst, weil wir so hohe Schulden haben und weil uns ein so hohes Maß an Ungerechtigkeit entgegenschlägt. Diese Emotionen werden fast immer dissoziiert, aber wenn jemand in einem großen oder chronischen Problem gefangen ist, steigen sie zur Oberfläche empor.

Selbstmitleid ist an die Kerndynamik von Bedürfnis und Schwäche geknüpft. Ein Bedürfnis ist stets ein Bedürfnis nach Aufmerksamkeit, verbunden mit einem Gefühl des Selbstmitleids dafür, dass wir nicht die Aufmerksamkeit bekommen haben, die wir zu brauchen glaubten. Ein Anteil unseres Bewusstseins, den wir sehr tief verborgen haben, wollte die Tatsache, dass uns keine Aufmerksamkeit zuteilwurde, als Ausrede benutzen, um unabhängig zu sein. Selbstmitleid ist ein Aspekt des Schmollens und bildet gemeinsam mit der Häme einen Teufelskreis, der für gewöhnlich verdrängt und kompensiert wird. Dies ist Teil des Stadiums der Einheit im Unbewussten, in dem das Ego sich unserem Entwicklungsprozess besonders stark widersetzt, um sich selbst zu schützen. Dieser Teufelskreis liegt unter unseren chronischen Problemen, unseren Wutanfällen, unseren „Maschen" und unserer falschen Geisteshaltung verborgen. Die Negativität in diesem Bereich unseres Bewusstseins verbirgt außerdem eine Angst vor Veränderung, die wir benutzen, um uns gegen das Bewusstsein der Einheit zu sperren. Das Bewusstsein der Einheit ist die Erkenntnis, dass wir ein Teil aller Menschen und sie ein Teil von uns sind. Unter unserer Angst vor Veränderung verbergen sich die Götzen des Egos gemeinsam mit dem Schmerz, dem Groll und den Enttäuschungen, die dazu dienen, Gott zu bekämpfen und uns in dieser Welt festzuhalten, der wir verhaftet sind. Unser Kampf mit Gott liegt besonders tief verborgen. Unser Ego verheimlicht uns den Versuch, sich selbst die Gotteskrone aufzusetzen, während wir unser Glück weiterhin in den Götzen dieser Welt suchen. Unmittelbar auf das Stadium der Einheit folgt das Astrale, das unsere Anhaftung an diese Welt weiter verstärken will. Das astrale Feld ist von Dämonen, Teufeln und dunklen Herren bevölkert und gehört zu den tiefsten Bereichen des Unbewussten. Es versucht, unsere innere Dunkelheit zu verstärken, indem es uns dazu bringt, Verträge mit dem Ego und Geschäfte mit dem Teufel abzuschließen, die unsere chronischen Probleme vergrößern. Wir verdrängen alle diese Dinge und verbergen sie vor uns selbst. Nichtsdestotrotz können sie dazu führen, dass unsere Probleme toxische Züge aufweisen.

Unsere Urteile sind ein Bestandteil der Klagen, die unsere Wutanfälle und unsere „Maschen" antreiben. Alle diese Fallen verstärken den grundlegenden Fehler, den wir im Leben und in Beziehungen machen und der in dem Glauben besteht, dass äußere Dinge uns glücklich machen können und andere Menschen einzig dazu auf der Welt sind, sich um uns zu kümmern und für unser Glück zu sorgen. Probleme und Emotionen sind Klagen. Sie sind Finger der Anklage, die wir auf andere Menschen richten, weil sie uns im Stich gelassen haben. Sie sind Teil unserer Bedürfnisse und füllen den Brunnen unseres Selbstmitleids. Unter unseren Klagen, unseren Urteilen und unserem Selbstmitleid liegen jedoch die Seelengaben verborgen, die uns und andere Menschen glücklich machen, wenn wir sie mit ihnen teilen. So erkennt beispielsweise ein Mensch, der sich als Kind ungeliebt oder als Erwachsener nur unzureichend geliebt fühlte, erst dann, dass er geliebt wird und zugleich die Gabe der Liebe in sich trägt, wenn er beginnt, seine eigene Seelengabe der Liebe mit anderen Menschen zu teilen. Unabhängig davon, wofür du andere Menschen verurteilt oder was du gebraucht und nicht bekommen hast, will das Leben dir zeigen, dass du es in dir trägst und dass deine eigene Gabe das Bedürfnis heilen, die Klage und das Urteil auflösen und deine Eltern, deinen Partner oder die Menschen retten würde, für die diese Gabe bestimmt war.

Du benutzt Klagen, um dich selbst anzugreifen und dich zu verstecken. Du benutzt Urteile, um dich von einem anderen Menschen zu trennen und in deiner Vorstellung über ihm zu stehen. Du benutzt Bedürfnisse, um Nähe zu verhindern, weil sie dich nicht empfangen lassen. Es mag sein, dass du Schmerz, Schuld und Angst auf unterbewussten und unbewussten Ebenen in dir trägst, aber unter all diesen Dingen liegt eine wunderbare Gabe verborgen, die, wenn sie verwirklicht und geteilt würde, die Rettung bringen könnte. Es ist an der Zeit, den Teufelskreis aus Schmollen und Häme sowie das Selbstmitleid, das er zutage fördert, ebenso loszulassen wie die anderen Teufelskreise, die untrennbar damit verbunden sind. Dazu gehören die Teufelskreise aus Gewinnen und Verlieren, Überlegenheit und Unterlegenheit oder Selbstüberhöhung und Selbstentwertung. Sie sind so lange im Unbewussten präsent, bis sie geheilt werden. Sie sorgen dafür, dass du in Selbstverherrlichung und Selbstmitleid steckenbleibst. Dabei macht es viel mehr Freude, den Erfolg und die Nähe zu erleben, die von Ebenbürtigkeit herrühren, statt den schäbigen Tand des Egos zu besitzen. Wenn du über diese Teufelskreise hinausgelangst, werden nicht nur dein Selbstmitleid, deine Depression und deine Verzweiflung, sondern auch alle anderen Emotionen geheilt. Jedes Problem soll dich ablenken und dich aufhalten. Wenn du dich weiterentwickelst und über das Hindernis hinausgehst, fällt es von ganz allein fort, weil es nicht mehr dem Zweck des Egos dient. Sobald du über die Falle hinausgelangt bist, werden sowohl dein Bedürfnis als auch dein Selbstmitleid geheilt.

Lektion 61

Unbewusste negative Selbstkonzepte

Ein unbewusstes negatives Selbstkonzept kann sich in Form eines unguten Gefühls zeigen, das anscheinend keine Ursache hat. Es kann sich in Form eines Menschen in deiner Welt zeigen, der boshaft, bösartig oder ein Schurke ist. Es kann sich auch in Form von Selbsthass und Selbstkreuzigung zeigen, ohne dass du den genauen Grund dafür kennst. Wenn es sich in Form einer realen Person zeigt, dann kannst du es wie eine Schattenfigur behandeln. Stelle dir die Frage, wie viele Schattenfiguren und wie viele Selbstkonzepte du in dir trägst, die dem betreffenden Menschen in deiner Welt gleichen. Lasse sie alle zu einer einzigen großen Schattenfigur verschmelzen. Gehe auf diese Schattenfigur zu, und tritt in sie hinein. Sie ist nicht massiv, sondern ein Hologramm. Darin befindet sich eine Pforte. Gehe hindurch, bis du auf der anderen Seite ankommst. In sehr seltenen Fällen kann es geschehen, dass du an einen dunklen Ort gelangst. Bitte dann darum, dass Licht und Liebe diesen Ort erhellen mögen. Wenn ein ungutes Gefühl aufkommt, bitte die Liebe, die göttliche Liebe und die göttliche Präsenz darum, an deiner Seite zu sein. Manchmal reicht das schon aus, um das dunkle Gefühl zu heilen. Sollte dies nicht der Fall sein, gehe ins Zentrum des unguten Gefühls hinein. Wie fühlt es sich an? Gehe noch tiefer ins Zentrum dieses Gefühls hinein. Wie fühlt es sich an? Gehe noch tiefer ins Zentrum dieser Emotion hinein. Wie fühlt sie sich an? Fahre fort, bis du an den Punkt gelangst, an dem sich tiefer Frieden und das Gefühl eines Neubeginns einstellen.

Du kannst dich auch fragen, wie viele Geschichten der Bösartigkeit oder der Schattenfiguren du in dir trägst, und sie loslassen. Eine weitere Möglichkeit, über das schlechte Gefühl eines unbewussten Selbstkonzepts hinauszugelangen, besteht darin, dich zu fragen, wer deine Hilfe braucht. Wer ist es? Bist du bereit, durch das schlechte Gefühl hindurchzutreten, um dem betreffenden Menschen zu helfen? In seltenen Fällen kann es geschehen, dass weitere Schichten zutage treten, die der Heilung bedürfen. Dann kannst du dich wiederum fragen, wer deine Hilfe braucht, und durch den Ring emotionalen Feuers hindurchtreten, um dem oder den betreffenden Menschen zu helfen.

Lektion 62

Chronische Gedankenformen und die dunkle Seite

Das nächste Thema ist ein Problem aus dem Bereich des Unbewussten, das nur sehr selten auftritt, dann aber unlösbar erscheinen kann. Der Workshop fand in Taiwan statt. Der Mann, um den es ging, befand sich seit vielen Jahren auf einem spirituellen Weg. Er wurde von unsichtbaren Angriffen gequält, die sich nach zwei Jahren nun auch gegen seine Freundin richteten. Wenn während einer Autofahrt beispielsweise eine bestimmte Energie über sie kam, dann wussten sie, dass sie sehr aufmerksam sein mussten, damit sie nicht einschliefen und einen Unfall verursachten. Manchmal bestanden die Angriffe nur aus leichten Stößen gegen die Brust oder das dritte Auge. Meist kamen sie nachts, sodass beide mit Schlafstörungen zu kämpfen hatten. Sie hatten einen mächtigen, sehr bekannten Schamanen aufgesucht, der ihnen aber nicht helfen konnte.

Als ich mich in sie einfühlte, wurde rasch klar, worin das Problem bestand. Der Mann war vor Urzeiten ein Zauberer gewesen, der viele Gedankenformen erschaffen hatte, um niedere Arbeiten für ihn zu erledigen. Darüber hinaus hatte er auch einige Gedankenformen erschaffen, die mächtig genug waren, um seine Feinde anzugreifen. Diese Gedankenformen fielen nun auf ihn zurück. Sie wollten zu ihrem „Schöpfer" zurückkehren und sich wieder mit ihm vereinigen. Solche Dinge kann ein Schamane normalerweise ganz leicht heilen. Hier hatte das nicht funktioniert, weil eine astrale Energie daran geknüpft war. Das Vorhandensein sowohl dämonischer als auch diabolischer Energien hatte ein chronisches Thema daraus gemacht. Die meisten Fallen, die das Ego im

Unbewussten aufstellt, sind darauf angewiesen, dass sie verborgen bleiben und du dir ihrer nicht bewusst wirst. Sobald du das Problem erkennst, kannst du es ganz mühelos durch Gnade transformieren. Ich hielt Andrew (sein englischer Name) im Arm und ließ ihn die Dämonen und Teufel sehen, die sich gleichsam als „blinde Passagiere" in seinen Gedankenformen festgesetzt hatten. Obwohl sie Andrew und seine Freundin mit ihrem Verhalten quälten, hofften sie insgeheim, dass er in eine Situation geraten würde, in der sie durch Heilung erlöst und befreit werden konnten. Ich forderte ihn auf, die göttliche Liebe und die göttliche Präsenz anzurufen und darum zu bitten, die siebzehn Dämonen und vierundfünfzig Teufel ins Licht zurückzuführen. Danach konnte er seine Gedankenformen ganz problemlos wieder willkommen heißen und mit ihnen verschmelzen, woraufhin sich ein Gefühl tiefen Friedens einstellte.

Lektion 63

Das eigene Licht wieder leuchten lassen

Fast alle Menschen haben schon einmal eine Erfahrung gemacht, in der sie zu einem Schatten ihres früheren Selbst geworden sind. Der strahlende Stern, der sie einmal waren, musste einem grundlegenderen Selbst weichen. Dies ist geschehen, weil wir uns auf einer bestimmten Ebene davor gefürchtet haben, den nächsten Schritt in Beziehungen, im Leben und im Erfolg zu gehen. Auf einer bestimmten Ebene war der Vorfall eine Ausrede, um den nächsten Schritt nicht gehen zu müssen. Wir hatten Angst davor, unser Licht in noch höherem Maße leuchten zu lassen, weil wir nicht wussten, wie wir damit umgehen sollten, und deshalb haben wir uns stattdessen für Kontrolle und Rückschritt entschieden. Für diese Angst bezahlen wir einen sehr hohen Preis. Die Entscheidung, unser Licht nicht länger leuchten zu lassen, hat uns sowohl Gaben als auch Schmerz gekostet. Unsere Angst rührte von unserem Glauben her, alles aus eigener Kraft schaffen zu müssen, denn wir hatten die Präsenz und die Gnade des Himmels vollkommen vergessen.

Nun ist es an der Zeit, dir selbst, deinen Gaben und deinem Licht die Tür zu öffnen. Es ist an der Zeit, dort in Kontakt zu kommen, wo du dich zurückgezogen hattest. Es ist an der Zeit, den Prozentsatz deiner selbst wieder willkommen zu heißen, den du aufgegeben hattest. Dein Glück, deine Lebensaufgabe und deine Bestimmung hängen davon ab. Du hast deinen Humor und deine Verspieltheit verloren. Du bist zu einer vertrockneten Rosine geworden, statt die saftige Traube zu sein, die du hättest sein sollen. Es war nicht der Wille des Himmels, dass du in irgendeiner Form leidest oder dieses Gepäck, diesen Stress und diesen Rückzug mit dir herumträgst.

Es ist an der Zeit, dein Licht wieder leuchten zu lassen. Der erste Schritt besteht darin, dich selbst rückhaltlos einzubringen. Klagen zeigen dir die Orte, an denen du dich nicht rückhaltlos einbringst. Du kannst dich dazu verpflichten, dein Licht leuchten zu lassen. Deine Liebe strahlt auf andere Menschen aus. Du kannst darum bitten in dem Wissen, dass sie deiner wahren Wesensnatur sehr nahe kommt, die reiner Geist ist, als der du geschaffen wurdest. Du kannst das wieder willkommen heißen, was du aufgegeben hattest. Du kannst den von alten Ereignissen herrührenden Groll loslassen, den du nach wie vor in dir trägst. Er ist eine geheime Absprache, damit du die Möglichkeit hattest, dich zu verstecken, und eine Verschwörung gegen dich selbst. Nun kannst du dir selbst und anderen Menschen vergeben, die Vergangenheit loslassen und hier und jetzt zum Glück zurückfinden. Du kannst dich daran erinnern, dass Gott an deiner Seite geht, und dich fragen, welches Problem es mit ihm an deiner Seite geben kann. Er ist stets da und wird immer an deiner Seite sein und dir die Gnade zuteilwerden lassen, das zu verwirklichen, was wahr für dich ist. Entscheide dich immer wieder dafür, dein Licht leuchten zu lassen. Gib das gespaltene Bewusstsein ebenso auf wie sein Verlangen nach Unabhängigkeit und danach, seinen Willen durchzusetzen. Dein inneres Licht ist genau das Gegenteil von Konflikten und einem gespaltenen Bewusstsein. Es bringt Einheit und hebt die Illusion der Trennung auf. Jedes Mal, wenn du dich verpflichtest, dein Licht leuchten zu lassen, wird ein alter Konflikt geheilt und das Leben wird leichter. Dann steigt eine andere bisher verborgene, alte oder uralte Spaltung aus deinem Bewusstsein zur Oberfläche und versucht, dich aufzuhalten. Damit erhältst du eine weitere Gelegenheit, dein Licht leuchten zu lassen, um dich selbst und die Welt zu segnen.

Lektion 64

Dich mit einem Bruder verbinden

„Und solltest du dich mit einem Bruder verbinden, während du in Schweigen mit ihm dasitzt und GOTTES NAMEN mit ihm in deinem stillen Geiste wiederholst, dann hast du dort einen Altar begründet, der bis zu GOTT SELBST und zu SEINEM SOHN reicht."

Ein Kurs in Wundern, Lektion 183, 5.4

Und dieser Altar, der bis zu Gott selbst und seinem Sohn reicht, würde dir Heilung, Gesundheit und Ganzheit bringen. Du würdest Liebe, Gnade und die göttliche Präsenz erfahren. Wunder könnten geschehen. Sitze in Schweigen und verbinde dich mit dem Licht in deinem Bruder. Es ist deine Pforte zum Himmel, und es rührt von deinem Altar her, der das ist, was du dem Leben, der Liebe und Gott darbringst.

Lektion 65

Selbstversunkenheit im Leiden

Leiden birgt eine elementare Belohnung in sich, die darin besteht, dass dir Aufmerksamkeit, traurige Berühmtheit und Mitleid zuteilwerden. Du bist derart begierig darauf, Aufmerksamkeit und Liebe zu bekommen, dass du dafür nahezu alles erleiden würdest. Eine weitere, diesbezüglich sehr häufig zu beobachtende Dynamik besteht darin, dass du in deinem Leiden versinkst. Das ist aber genau der falsche Weg, wenn du über dein Leiden hinausgelangen möchtest. Leiden ist gleichbedeutend mit Kontraktion. Kontraktion macht dich einsam und hat zur Folge, dass du versuchst, sie auszugleichen, indem du Aufmerksamkeit erlangst. Das befreit dich jedoch nicht von der Kontraktion, sondern verhätschelt sie nur mit einer Belohnung, die dein Ego glücklich macht. Der Weg, der dich aus dem Schmerz herausführt, besteht in Expansion und nicht in Kontraktion, die sich an den Schmerz anpasst, indem sie versucht, Aufmerksamkeit zu bekommen. Wenn du in deinem Leiden versinkst, dann sorgst du dafür, dass alles im Leben sich um dich dreht. Selbstversunkenheit kann dich leicht blind für das machen, was mit dir und anderen Menschen geschieht. Du bist vollkommen in dir selbst und in deinem Leiden gefangen, und du erkennst überhaupt nicht, dass du das Leiden nur benutzt, um die Macht deines Egos zu vergrößern. Dein Ego hat sich deines Lebens bemächtigt und dich zur Geisel seiner Launen und seines Bedürfnisses nach Leiden gemacht.

Frage dich, zu wie viel Prozent du in deinen Problemen und deinem Schmerz versunken bist. Deine Selbstversunkenheit führt dazu, dass du dich elend fühlst. Dein elendes Gefühl ist in Wirklichkeit ein Wutanfall und ein Teil deines Kampfes mit Gott. Du benutzt es, um zu beweisen, dass Gott seine Arbeit schlecht macht. Rein zufällig hat dein Ego gerade eine Bewerbung geschrieben, denn es ist davon überzeugt, dass es selbst der am besten geeignete Kandidat für diese Position ist. Selbstversunkenheit ist gleichbedeutend damit, dass du das Scheinwerferlicht auf dich selbst gerichtet hast, und damit übergehst du dein höheres Selbst. Du hältst die Kamera und machst ein „Selfie", das dich von deiner besten Seite zeigt, während du leidest.

Irgendwann musst du entscheiden, ob es das ist, was du wirklich willst, oder ob es nicht einen besseren Weg gibt, dein Leben zu verbringen. Was willst du wirklich? Du kannst eine neue Entscheidung treffen und dann in diese Richtung gehen.

Lektion 66

Fortlaufen

Im Laufe meiner über vierzigjährigen Erforschung des Unterbewusstseins und des Unbewussten bin ich zu der Erkenntnis gelangt, dass die Tatsache, dass du diese tieferen und verborgenen Bewusstseinsbereiche in dir trägst, dich ganz automatisch in einen Konflikt mit dem bringt, was von der Warte des bewussten Denkens aus deiner Meinung nach in deinem Leben geschehen ist. Du täuschst dich selbst mit der Geschichte, die du dir über das erzählt hast, was bei einem traumatischen oder schmerzhaften Erlebnis oder bei einem Rückschlag in deinem Leben geschehen ist, weil die Ebene des bewussten Denkens der kleinste Bereich des Bewusstseins ist. Du hast dich selbst getäuscht und eine Lüge gelebt. Die Wahrheit erkennst du daran, dass sie weder mit Schmerz und Angst noch mit Schuldzuweisungen oder Schuld verbunden ist. Sie ist einzig von Verantwortung, Ermächtigung und Unschuld geprägt, die nicht nur für dich selbst, sondern für alle an der Situation beteiligten Menschen gelten. Gib dich nicht mit weniger als der Wahrheit zufrieden, denn die der Geschichte innewohnende Dunkelheit und deine Schuldzuweisungen verstecken deine am tiefsten verborgene Schuld, die ebenfalls nicht die Wahrheit ist. Das Unterbewusstsein zeigt, dass du Ereignisse benutzt hast, um alle möglichen Belohnungen zu bekommen. Zu den wichtigsten und am tiefsten verborgenen Belohnungen gehören Trennung, die Möglichkeit, dich zu verstecken, die Kontrolle zu erlangen oder Recht zu haben, sowie eine Ausrede dafür, unabhängig zu sein, deinen Willen durchzusetzen und vor deiner Lebensaufgabe davonzulaufen. Die Opfersituation, in der du dich befunden hast, hat deinen heimlichen Schritt hin zur Unabhängigkeit vollkommen verschleiert, und das schmerzhafte Ereignis war genau die Ausrede, die du brauchtest, um deine

Lebensaufgabe nicht erfüllen zu müssen. Das schmerzhafte Ereignis hat deine Entscheidung für und dein geheimes Einverständnis mit den Belohnungen des Egos verborgen, die du vielleicht bekommen hast, die dich jedoch niemals glücklich gemacht haben. Im Unbewussten werden alle diese Dinge zu Mitteln und Wegen, an der Welt festzuhalten, gegen Gott zu kämpfen und ihm ebenso wie anderen Menschen die Schuld an allen dunklen Ereignissen zu geben, die dir widerfahren sind.

Es ist nicht Gottes Wille, dass du in irgendeiner Form leidest. Wenn Gott wollte, dass du leidest, dann wäre er weder allbarmherzig noch die höchste Liebe selbst. Du hast für diese Wirklichkeit gekämpft und versucht, dein Glück in weltlichen Dingen zu finden, statt deine Zeit mit und in der höchsten Liebe zu verbringen und diese Welt schließlich zugunsten des Himmels auf Erden und des Himmels selbst zu überschreiten. Alle dunklen Ereignisse, die dir widerfahren sind, sollten dir die Möglichkeit geben, dem Licht den Rücken zu kehren, noch tiefer in die Trennung hineinzugehen und dich von Gott abzuwenden. Genau hier hält Gott seine Hilfe und Weisung für dich bereit, damit du als verlorenes Kind den Weg zurück zu deinem Schöpfer finden kannst, während du gleichzeitig ein höheres Maß an Liebe, Ganzheit und Macht erlangst.

Lektion 67

Wenn du nicht im Frieden bist

Wenn du krank bist oder ein größeres Problem hast, dann bist du nicht im Frieden. Wenn du nicht im Frieden bist, dann gibt es einen Götzen, an dem du festhältst. Ein Götze ist etwas, das du in einen Gott verwandelt hast, weil du glaubst, es könne dich retten oder glücklich machen. Da das nicht funktioniert, schlägt das Ego dir einen anderen, angeblich besser für dich geeigneten Götzen vor. Dieses Wechselspiel aus Götzen und Enttäuschungen setzt sich so lange fort, bis du dein Streben nach dem Glück schließlich verzweifelt aufgibst. Dann erklärt das Ego dir, es sei an der Zeit zu sterben, weil nichts dich jemals glücklich machen kann. Es stimmt, dass äußere Dinge dich vorübergehend glücklich machen, aber dauerhaftes Glück findest du nur in dem Glück und der Liebe, die du mit anderen Menschen teilst. Alles andere ist nicht von Dauer.

Es gibt offensichtliche Götzen wie Essen, Drogen, Unabhängigkeit, Alkohol, Sex, Verliebtheit, Ruhm, Konsum, den Körper und Geld. Darüber hinaus gibt es aber noch andere, schädlichere Götzen wie harte Arbeit, Grausamkeit, Leiden, Krankheit, Aufopferung und Kreuzigung. Sie gelten als Quelle des Glücks, aber das ist ein trügerischer Gedankengang, der nach Götzen strebt.

Götzen sind tief im Unbewussten vergraben. Sie stehen nicht nur deinem Frieden im Weg, der Gesundheit, Glück, Liebe und Fülle bringt, sondern können auch deine Gebete, deine Fähigkeit zu manifestieren, und deinen Wunsch, Ziele zu erreichen, durchkreuzen. Deine Götzen sind so gut versteckt, dass es ein hohes Maß an Bewusstheit braucht, um sie zu entdecken. Du kannst sie allerdings ganz mühelos finden, wenn du erkennst, wo du nicht im Frieden bist, und mit Hilfe deiner Intuition oder durch Schlussfolgerung herausfindest, welcher Götze dich zurückhält. Wenn du nicht von Frieden erfüllt bist, stelle dir einfach die Frage: „Wenn ich wüsste, welcher Götze meinen Frieden stört, dann ist es vermutlich ...."

Anschließend kannst du mit Hilfe deines Verstandes der Frage nachgehen, was dich beeinträchtigt und was du in dir selbst gesucht, aber nicht bekommen hast. Welches Bedürfnis wurde nicht erfüllt? Diese Fragen bringen dich zu der Erkenntnis, worin dein Götze besteht. Die nächste Frage, die du stellen solltest, lautet, wie viele Götzen einer bestimmten Art du in dir trägst. Es hilft nichts, dich von einem Götzen der Gier zu befreien, wenn du – nur einmal angenommen – einhundert Götzen der Gier in dir trägst.

Götzen entstehen, wenn Trennung geschieht. Die verlorene Verbundenheit fördert Verlust und Bedürfnisse zutage, und früher oder später versuchst du, die Leere und den Schmerz durch einen Götzen zu stillen. Dann kann es sehr rasch passieren, dass ein Götze dich glauben lässt, deine Träume seien wahr geworden, aber Götzen bringen keine Erfüllung. Infolgedessen versuchst du, mehr von einer Sache oder etwas anderes zu bekommen.

Götzen zählen zu den größten Fallen, die es gibt. Mit ihrer Hilfe versuchen wir zu bekommen oder zu nehmen, weil wir hoffen, Glück in äußeren Dingen zu finden. Enttäuschungen oder sogar ein Herzensbruch sind die unvermeidlichen Folgen. Nicht das, was du bekommst, macht dich glücklich, sondern das, was du gibst. Der Wunsch zu bekommen, statt zu geben oder zu empfangen, hat seinen Ursprung im Verlust deiner Verbundenheit. Du wolltest unabhängig und getrennt sein und hast es auf Kosten der Verbundenheit erreicht, die von Liebe und Erfolg, Mühelosigkeit und Fluss geprägt war. Um deine Verbundenheit zerstören zu können, musstest du zum Opfer werden und den damit verbundenen Schmerz erleiden. Nach einer solchen Erfahrung wünschst du dir Erfolg und Liebe, aber dem unabhängig gewordenen Teil deines Bewusstseins ist seine Unabhängigkeit wichtiger als Nähe und Erfolg. Das bedeutet, dass du Liebe willst, sie gleichzeitig aber auch nicht willst. Du willst erfolgreich sein und willst es gleichzeitig nicht, weil du glaubst, deine Unabhängigkeit mache dich glücklich.

Diese Spaltungen im Bewusstsein sind die Orte, an denen Götzen geboren werden. Nutze deine emotionalen Verstimmungen, um deine Götzen zu finden und dich von ihnen zu befreien, weil sie in Wahrheit gegen dein Glück kämpfen. Frieden ist das, was dir Freude bringt. Du kannst alle Götzen zum

Handelsposten des Himmels bringen und sie gegen etwas eintauschen, das dein Leben wirklich bereichert. Götzen verbergen eine Reihe äußerst mächtiger Gaben. Ohne sie ist der Weg frei für deine Gaben und für deine Begabtheit. Du machst ein gutes Geschäft.

Lektion 68

Die Entscheidung für Probleme

Es klingt verrückt. Wir entscheiden uns für Probleme. Andererseits war ich in den letzten zweiundvierzig Jahren von so vielen Dingen überrascht, die wir im Unterbewusstsein und im Unbewussten vor uns selbst verborgen haben. Ich habe entdeckt, dass wir selbst uns für alle Themen und Probleme entschieden haben, vor denen wir stehen, auch wenn dies natürlich falsche Entscheidungen waren. Unsere Probleme mögen uns oft den Nutzen gebracht haben, den wir mit ihrer Hilfe erzielen wollten, haben uns aber nie glücklich gemacht. Zu den häufigsten Vorteilen, die wir im Unterbewusstsein verborgen haben, zählen Unabhängigkeit, Aufmerksamkeit, Ausreden, Besonderheit, die Möglichkeit, uns zu verstecken, Recht zu bekommen, einem anderen Menschen eine Niederlage zuzufügen, vor unserer Lebensaufgabe davonzulaufen, unseren Willen durchzusetzen, Schuld zu tilgen, Rache zu üben, etwas zu beweisen, uns selbst und andere Menschen zu kontrollieren, an etwas festzuhalten oder eine bestimmte Form des Schwelgens zu rechtfertigen.

Wir sehen nicht, dass damit eine Entscheidung verbunden ist. Sogar unsere Wahrnehmung und die Erfahrung, die aus ihr hervorgeht, sind Entscheidungen, die wir treffen. Was wir sehen, ist unsere Entscheidung. Es ist das, was wir sehen wollen. Wir glauben, dass ein bestimmter Vorteil damit verbunden ist, wenn wir die Dinge auf diese Weise sehen und erfahren.

„… Grundgesetz der Wahrnehmung: Du siehst das, wovon du glaubst, es sei da, und du glaubst, es sei da, weil du es da haben willst. Die Wahrnehmung hat kein anderes Gesetz als dieses."

Ein Kurs in Wundern, T-25.III.1.3

Überprüfe sowohl dein jetziges Problem als auch deine Probleme aus der Vergangenheit. Tue so, als hättest du dich für sie entschieden.

In welcher Weise würde es dir dienen, dieses Problem zu haben?

Welchen Nutzen hätte es für dich?

Was brauchst du deshalb nicht zu tun?

Welchen Zweck erfüllt es?

Was würdest du bekommen, indem du die Dinge so siehst? Was würde es beweisen?

Was kannst du tun, weil du die Dinge auf diese Weise siehst?

Es erscheint wahnsinnig, uns Probleme und Schmerz zu wünschen. Genau aus diesem Grund existiert das Unterbewusstsein, in dem wir alle unsere falschen Entscheidungen vor uns selbst verstecken können. Wenn du sie zutage förderst, hast du jedoch die Möglichkeit, eine andere, bessere Entscheidung zu treffen. Was willst du wirklich?

Wenn du dunkle oder negative Dinge siehst, dann liegt es daran, dass du diesen Glauben über dich selbst hast, und du verstärkst ihn durch das, was du siehst, solange du keine andere Entscheidung triffst. Wiederhole immer wieder, dass du Frieden anstelle der Dinge willst, die du siehst. Wie bei einer Zwiebel wird dadurch Schicht um Schicht des Problems abgeschält.

Finde heraus, wofür du dich heimlich entschieden hast, indem du so tust, als hättest du das Problem die ganze Zeit gewollt, und frage dich dann intuitiv, warum du gewollt haben könntest, dass die Dinge sich so entwickeln, wie sie es getan haben. Wenn du die Antwort erhalten hast, übernimm die Verantwortung dafür. Entscheide dich stattdessen für den Frieden, denn Frieden bringt Erfolg, Liebe, Fülle und Freude.

Entscheide dich bei jedem Anzeichen von Negativität für den Frieden, damit du dich allmählich befreien kannst, statt die dunklen inneren Selbstkonzepte zu verstärken, die du benutzt, um Gott und die unaufhaltsame Anziehungskraft der höchsten Liebe abzuwehren, die dich zum Einssein zurückführen will.

Lektion 69

Gemeinsame Träume

Die Welt ist ein Traum. Ob Buddhismus, Hinduismus, Quantenphysik, die Kabbala oder die christliche Perspektive von *Ein Kurs in Wundern* – für sie alle ist die Welt *maya*, eine Illusion. Sie ist ein Aspekt der Wahrnehmung und damit des Egos.

Es gibt drei Zustände der Schau in aufsteigender Ordnung. Der erste Zustand ist die menschliche Schau. Hier machen wir eine Gipfelerfahrung, die uns kreativ sein, über uns selbst hinausgelangen und von unserem Verstand befreit handeln lässt. Wir lassen zu, dass der Tanz des Lebens uns tanzt. Wir sind ein leuchtender Stern.

Der zweite Zustand ist die schamanische Schau. Hier überschreiten wir die normale Wirklichkeit und gelangen in einen ursprünglicheren Zustand, in dem wir nach einer höheren Wahrheit, nach tieferer Heilung oder nach besserer Weisung streben.

Der dritte Zustand ist die spirituelle Schau, die es uns ermöglicht, den Traum vollständig zu durchdringen und bis zum Licht zu gelangen. Durch den Blick über den Traum hinaus berichtigt die Wahrnehmung sich selbst und wird zur richtigen Wahrnehmung in einer Welt der Träume. Dies heilt und überschreitet die Welt der Träume, sodass wir niemals wieder voll und ganz an sie glauben. Wir haben die ursprüngliche und einzig wirkliche Wirklichkeit erreicht. Wir kehren natürlich in die Welt der Träume zurück, nicht nur als Leuchtfeuer, sondern als Pforte. Wir sind „in der Welt, aber nicht von ihr." Wir sind in geringerem Maße ein Träumer. Statt die kollektiven Träume der Welt zu mehren, sind wir jetzt erwachter oder sogar vollständig aufgewacht. Wir hören auf, die dunklen Träume zu verbreiten, die in der Welt allgegenwärtig sind. Wenn diese dunklen Träume nicht verstärkt werden, sondern sich der Wahrheit und dem Licht stellen müssen, dann fallen sie fort.

Obwohl nur wenige von uns die Bewusstheit der spirituellen Schau erreicht haben, gibt es natürlich dennoch viel, was wir für uns selbst und die Menschen tun können, die noch in ihren dunklen Träumen gefangen sind. Alle Träume sind eine Wiederholung von Glaubenssystemen. Wenn ein Mensch leidet, dann rührt sein Leiden von seinen Glaubenssätzen her, und alle Glaubenssätze sind letztlich Selbstkonzepte. Wenn wir diese leidvollen Träume sehen, spiegeln sie allerdings unsere eigenen Glaubenssätze wider, die unsere Glaubenssätze über uns selbst sind. Wir müssen ihnen keinen Glauben schenken. Wir können uns entscheiden, über sie hinauszuschauen. Glaubenssätze sind alte Entscheidungen, die im Laufe der Zeit statisch geworden sind. Es sind starre innere Programme, die uns die Träume liefern, aus denen unser Alltag besteht. Wenn die Wahrnehmung eine Entscheidung ist, dann können wir uns dafür entscheiden, über die Träume des Leidens hinaus auf die Wahrheit zu schauen, und dadurch sie und uns selbst heilen.

Was ist ein Gefühl der Krankheit anderes als ein Gefühl der Begrenzung? Ein Gefühl der Abspaltung und der Trennung? Die Verbreitung unheilvoller, von Hass und Niedertracht, Bitterkeit und Tod, Sünde und Leiden, Schmerz und Verlust erfüllter Träume lässt sie wirklich werden. Geschieht dies nicht, werden sie als bedeutungslos wahrgenommen. Sie bergen keine Angst mehr in sich, weil du sie nicht gefördert hast. Du verbreitest keine bösen Träume, wenn du den Träumen vergibst und erkennst, dass ein anderer Mensch nicht der Traum ist, den er geschaffen hat.

Da unsere Wach- und Schlafträume aus unseren eigenen Selbstkonzepten bestehen, glauben wir, sie seien die Wirklichkeit und wir seien der, der zu sein wir geträumt haben. Wir können diesen Träumen jedoch vergeben. Wir müssen leidvollen Träumen keinen Glauben schenken, ganz gleich, ob es unsere eigenen Träume oder die Träume eines anderen Menschen sind. Wenn er leidet, dann träumen wir gemeinsam leidvolle Träume, bis wir ihm für seinen Traum und uns für unseren Traum vergeben, der zu einer solchen Wahrnehmung geführt hat. Wenn wir diese Träume nicht unterstützen, dann verblassen sie als die Illusion, die sie sind, und die Trennung, die den Traum erzeugt hat, verblasst ebenfalls. Unsere Welt ist von einer der zahllosen Illusionen befreit, aus denen sie besteht. Mit jedem Akt der Vergebung wächst jedoch das

Licht in unserem Leben ebenso wie das innere Licht der Menschen in unserer Umgebung. Ein Problem ist eine Illusion. Eine Illusion ist – außer für das Ego – bedeutungslos. Was bedeutungslos ist, das kann keine Bedeutung verleihen. Was kein Fundament hat, das kann nicht gestützt werden. Vergib also den dunklen Träumen, die du hast, und vergib auch dir selbst immer wieder. Vergib den dunklen Träumen anderer Menschen. Vergib auch den Menschen selbst. Damit erweist du sowohl ihnen eine große Hilfe als auch dir selbst.

Lektion 70

Sünde und Krankheit

Sünde und Krankheit gehen Hand in Hand. Es gibt keine Krankheit ohne den Glauben an Sünde. Alle Krankheiten, Verletzungen und größeren Probleme stecken in dieser Dynamik fest. Du glaubst, jemand habe eine schwere Sünde gegen dich begangen und das, was dir widerfahren ist, sei das Ergebnis dessen, was er dir angetan hat. Er hat gesündigt und deshalb Bestrafung verdient. Dein Problem verkündet der Welt, dass er Unrecht getan hat, und deine Notlage legt Zeugnis davon ab. Alle diese Dinge spielen sich natürlich im Unterbewusstsein ab, sodass sie häufig von niemandem erkannt werden, noch nicht einmal von dir selbst.

Es gehört allerdings noch mehr zu dieser Dynamik. Die Tatsache, dass du dir von einem anderen Menschen ein Unrecht zufügen lässt, ist eine ausgeklügelte Strategie, um das zu verbergen, was du für deine eigene Sünde hältst. Sein Angriff auf dich ist in Wirklichkeit ein Selbstangriff, die passende Strafe, die du verdient zu haben glaubst und mit der du der notwendigen Bestrafung durch den Himmel zuvorkommen willst – als ob der Himmel dich jemals bestrafen würde. Dadurch schreibst du Gott jedoch das fehlerhafte psychische Denkmuster deines eigenen Egos zu. Wie kann die höchste Liebe angreifen? Wie könnte Gott in seiner Liebe seine Kinder angreifen? Dies ist ein äußerst raffinierter Trick des Egos, dessen Fundament aus Angriff und Selbstangriff besteht. Das Ego labt sich an Sünde, Schuld und Angriff. Was selbst vollkommen ist, kann jedoch nur Vollkommenheit sehen.

Das Ego hält uns alle auf diese Weise zum Narren. Nun ist es jedoch an der Zeit, aufzuwachen und mit den Worten aus *Ein Kurs in Wundern* (Vorwort) zu erkennen: „Es muss einen anderen Weg geben."

Wir müssen nicht weiterhin bewusst oder unterbewusst an Sünde glauben. Beide Vorstellungen hindern uns daran, die Lektion zu lernen und uns zu ändern. Alle unsere Schwierigkeiten, die von Schuldzuweisungen und Selbstverurteilung herrühren, sind nicht Gottes Wille für uns, weil das Ego sie letztlich benutzt, um uns von anderen Menschen und von Gott zu trennen. Nun ist es an der Zeit zu erkennen, dass alles nur ein Fehler und keine Sünde war. Vergib dem Menschen, den du ***benutzt*** hast, um dir selbst ein Unrecht zuzufügen, damit du deine Schuld verbergen konntest, und vergib anschließend auch dir selbst. Die gute Nachricht lautet, dass Gott niemandem etwas zur Last legt. Er hofft lediglich darauf, dass seine verlorenen Söhne und Töchter seine Segnungen empfangen und bald nach Hause zurückkehren.

Lektion 71

Dein Glaube an Sünde, Teil 2

Dein Glaube an Sünde bringt dich um, denn niemand steuert auf den Tod zu, ohne zu glauben, dass ein anderer Mensch eine schwere Sünde begangen hat, und diese Tat hat dich zutiefst verletzt. Unter diesem Glauben verbirgst du jedoch den Glauben, dass du selbst schwer gesündigt hast. Sünde ist die Hauptursache von Problemen und Krankheit. Auch wenn du auf der bewussten Ebene nicht an Sünde glaubst, so hast du sie unterbewusst oder unbewusst doch in dir getragen, denn ohne Sünde kann niemand verletzt werden oder ein chronisches Problem haben.

> „Die Sünde ist der starre Glaube, dass die Wahrnehmung sich nicht ändern kann. Das, was verdammt wurde, ist verdammt und für immer verdammt, da es auf ewig unverzeihlich ist. Wenn es also vergeben ist, muss die Wahrnehmung der Sünde verkehrt gewesen sein. Und so wird Veränderung möglich gemacht."
>
> *Ein Kurs in Wundern*, T-25.III.8.4:7

Die Sünde errichtet ihr dunkles Fundament an jedem Ort in deinem Leben, an dem du auf der Stelle trittst. Frage dich, wie viele Glaubenssysteme über die Sünde du in dir trägst. Wofür hast du sie benutzt? Welchen Nutzen sollten sie dir deiner Meinung nach bringen? Was haben sie tatsächlich gebracht? Willst du sie immer noch, oder bist du bereit, sie nun gehen zu lassen?

Was glaubst du, wer in Zusammenhang mit deinem größten Problem gegen dich gesündigt hat und wodurch? Worin besteht der Glaube an deine eigene

Sünde, den du unter den Dingen verborgen hast, die der betreffende Mensch dir deiner Auffassung nach angetan hat? Wenn du dir selbst vergibst, seid ihr beide frei. Vergib anschließend auch Gott, da du deinen Groll und deine Sünden auch ihm zur Last gelegt hast. Dadurch, dass du dich selbst befreist, befreist du den Menschen, von dem du glaubst, er habe gegen dich gesündigt, und dadurch, dass du Gott vergibst, hilfst du, wie es in *Ein Kurs in Wundern* (Lektion 241) heißt, unzähligen Millionen.

Lektion 72

Das Verlangen nach Kontrolle

Das Verlangen des Egos nach Kontrolle ist allgegenwärtig. Das Ego besteht aus Kontrolle und aus dem Wunsch, dass alles nach seinem Willen laufen soll. Es stellt Regeln für alle auf. Es stellt Regeln für die Dinge auf, die es seiner Meinung nach retten und glücklich machen, und wenn diese Illusionen es nicht schaffen, seine Regeln zu befolgen und sein Glück zu gewährleisten, dann sind emotionale Verstimmung, Schmerz und Angst die Folge. Wenn wir emotional verstimmt sind oder leiden, dann liegt der Grund immer darin, dass jemand eine unserer Regeln gebrochen hat. Wir wollen unseren Willen durchsetzen, denn wir glauben, das würde uns glücklich machen. Kontrolle ist jedoch eine Abwehrstrategie, die das gespaltene Bewusstsein verankert und verstärkt. Sie ist eine Kompensation für alte Herzensbrüche und für Rache. Sie geht aus Trennung, Autoritätskonflikt und gespaltenem Bewusstsein hervor, und sie führt zu weiteren Machtkämpfen und Angst. Wir glauben, dass die Regeln, die wir zur Kontrolle unserer Umgebung aufgestellt haben, uns schützen. Diese Drehbücher sollen uns in Wahrheit jedoch täuschen und von der Erkenntnis fernhalten, dass das, was andere Menschen tun, um uns zu verletzen, genau das ist, was wir einem noch tiefer verborgenen Drehbuch zufolge wollten, weil es uns eine Ausrede dafür geliefert hat, noch unabhängiger zu werden und ein noch höheres Maß an Kontrolle zu erlangen. Unser großes Verlangen nach Kontrolle bedeutet jedoch, dass wir in die falsche Richtung gehen.

Kontrolle beruht auf einem gespaltenen Bewusstsein, und sie spaltet unser Bewusstsein weiter. Sie ist die Spielwiese des Egos und eine der Hauptursachen dafür, dass wir leiden. Kontrolle, Rache, Herzensbruch, Angst, Machtkampf und Gefühle der Leblosigkeit sind eng miteinander verknüpft. Sie verursachen Chaos, führen zu tiefer Enttäuschung und sorgen schließlich dafür, dass wir die Hoffnung verlieren. Die Welt ist nicht als Film gedacht, bei dem wir Regie führen und der durch unsere müßigen Wünsche bestimmt wird. Unser Verlangen nach falschen Göttern, die uns retten und uns glücklich machen sollen, führt dazu, dass wir uns verstecken, und hat geplatzte Träume, Groll und Unglücklichsein zur Folge. Dies wiederum zieht Krankheit und große Probleme nach sich. Ohne Kontrolle kann es keine emotionale Verstimmung geben. Wenn wir den Kontrolleuren in unserer Umgebung – die lediglich eine Projektion unseres heimlichen Bedürfnisses nach Kontrolle sind – vergeben, stellen sich Frieden und Glück ein. Wenn wir unserem eigenen Verlangen nach Kontrolle vergeben, unseren geplatzten Träumen und den Götzen vergeben, die zu unseren geplatzten Träumen geführt haben, und auch den Menschen vergeben, die wir zu Unrecht beschuldigt haben, weil wir einen Vorwand brauchten, um noch stärker auf unseren Willen pochen zu können, dann stellen sich Frieden und Glück ein.

Kontrolle entwickelt sich zu einem eigenen Teufelskreis, der zu größerem Schmerz und einem noch höheren Maß an Kontrolle über uns selbst und andere Menschen führt. Vergeben und Loslassen ist das, was uns befreit. Es integriert unser gespaltenes Bewusstsein und befreit uns von Regeln, Rollen und davon, Dinge aus den falschen Gründen zu tun. Es erneuert unsere Verbundenheit und bringt uns Freiheit.

Lektion 73

Unsere verborgene falsche Geisteshaltung

Tief im Unbewussten liegt eine Ebene verborgen, aus der guten Menschen böse Dinge widerfahren. Das können Katastrophen oder traumatische Ereignisse sein. Es kann sich um chronische Probleme oder um Entfremdung handeln. Ein chronisches Problem heißt, dass deine Wahrnehmung erstarrt ist. Wenn deine Wahrnehmung in der Gegenwart erstarrt ist, dann bedeutet das, dass sie in der Vergangenheit erstarrt ist. Dies bedeutet wiederum, dass du glaubst, jemand habe gegen dich gesündigt. An diesem Punkt ist deine Wahrnehmung erstarrt. Es ist deine Geschichte, und du hältst an ihr fest. Obwohl es dir möglicherweise nicht einmal bewusst ist, ist es dennoch der Kern des Problems. Tiefere Ebenen des Unterbewusstseins zeigen jedoch, dass du selbst das Ereignis herbeigeführt und benutzt hast, um dich zu verstecken, vor deiner Lebensaufgabe und deiner Bestimmung davonzulaufen, unabhängig zu werden und ein noch höheres Maß an Besonderheit zu erlangen, zu kontrollieren, Recht zu haben und deinen Willen durchsetzen zu können. Stattdessen hättest du derjenige sein können, der die Lage rettet, wenn du nur die Tür in deinem Geist zu der neuen Gabe geöffnet hättest, die gemeinsam mit der Gabe des Himmels die Situation befreit und alle daran beteiligten Menschen erlöst hätte. Du warst derjenige, der sie missbraucht hat, auch wenn deine Wahrnehmung bequemerweise einen bestimmten Teil dessen, was geschehen ist, ausgelassen hat. Das ist genau der Grund, aus dem das Ego das Unterbewusstsein erschafft und benutzt. Es gibt ihm die Möglichkeit, seine eigene Geschichte zu schreiben, ohne Rücksicht auf die Wahrheit nehmen zu müssen. Damit verfolgt es den Zweck, seine eigene Macht zu vergrößern, wie es dies mit allen Formen von Festgefahrenheit tut. Festgefahrenheit ist die Folge von Sünde und Schuld. Unter den schmerzhaften Ereignissen der Vergangenheit liegt die Schuld dafür verborgen, dass wir die Situation missbraucht haben, um uns zu trennen. Dies bringt stets Schuld anstelle von Heilung mit sich. Die Schuld rührt zudem von einem abgespaltenen Selbstkonzept her, das in hohem Maße dem Menschen gleicht, der vermeintlich für unser Problem verantwortlich ist. Auch dies birgt Schuld. Wir hätten dem betreffenden Menschen vergeben, ihm in gemeinsamer Absicht die Hand reichen oder unsere Projektion auf ihn heilen können. Das hätte uns eine Gabe zurückgebracht und unser Leben in einen neuen Fluss gelangen lassen.

Unsere chronischen Probleme und traumatischen Erlebnisse kaschieren eine falsche Geisteshaltung, die wir fast immer vor uns selbst verborgen haben. An diesem Ort sind wir für Veränderung nicht zugänglich. An diesem Ort sind wir aufsässig und starrsinnig, obwohl wir nach außen hin möglicherweise ein sehr positiver und fügsamer Mensch sind. Es ist so, als würde eine Rudermannschaft in eine gemeinsame Richtung rudern, während ein Mitglied dieser Mannschaft in genau die entgegengesetzte Richtung rudert. Das Ergebnis ist erwartungsgemäß schlecht. Die Tatsache, dass wir auf der Stelle treten, ist ein Zeichen für unsere Unverbesserlichkeit. Sie muss transformiert werden, wenn unser Problem gelöst werden soll. Alle Menschen in deiner Umgebung, die in deiner Wahrnehmung auf der Stelle treten, zeigen deine heimliche Verstocktheit.

Frage dich nun, wie viele Selbstkonzepte und Schattenfiguren der folgenden Selbstanteile du in dir trägst:

- Starrsinnig
- Böswilligkeit
- Verstockt
- Unfügsam
- Widerstand
- Unzugänglich
- Unwillig
- Pervers
- Unbelehrbar
- Widerborstig
- Störrisch
- Passiv aggressiv
- Falsche Geisteshaltung
- Rebell
- Unverbesserlich
- Autoritätskonflikt

Widme jedem dieser Selbstkonzepte ein wenig Zeit. Nimm sie an. Vergib ihnen. Lasse jede Anhaftung für und wider diese Selbstkonzepte los. Verschmelze sie wieder mit deinem höheren Bewusstsein. Verpflichte dich dir selbst wieder neu, um deine inneren Spaltungen zu heilen. Das befreit dich und führt dich auf den Weg zurück, der dich voranbringt.

Lektion 74

Das Bedürfnis nach Kontrolle

Das Bedürfnis nach Kontrolle ist ein Bedürfnis des Egos und nicht unseres höheren Bewusstseins, das stets aus einer Haltung der Zuversicht heraus handelt. Abhängig davon, auf welchen Anteil unseres Bewusstseins wir hören, sind wir entweder zuversichtlich oder wollen kontrollieren.

Kontrolle rührt von Angst her. Angst rührt von unseren Urteilen und alten Herzensbrüchen her, die nicht geklärt wurden. Wir benutzen Probleme, um uns und andere Menschen zu kontrollieren. Je mehr wir andere Menschen und uns selbst kontrollieren, umso mehr erzwingen wir einen Weg, der auf unserer Seite durch Herablassung und auf ihrer Seite durch Verbitterung geprägt ist. Kontrolle ist eine Abwehrstrategie gegen Angst, die früher oder später jedoch genau das herbeiführt, was sie in Wirklichkeit abwehren wollte. Kontrolle hält uns in einer dunklen und irreführenden Situation gefangen. Kontrolle ist also ein Schuss, der nach hinten losgeht, oder führt zu einer sterilen Sicherheit, die uns von unserem eigenen Herzen und von anderen Menschen dissoziiert. Angst ist eine weitere Auswirkung von Trennung. Sie führt zu Krankheit, zu Problemen und in die Hölle. Sie hält uns in dissoziierter Unabhängigkeit und Besonderheit fest und sorgt so dafür, dass die Schale unseres Egos gut geschützt ist und intakt bleibt.

„Und was du siehst, das ist die Hölle, denn Angst *ist* die Hölle."

Ein Kurs in Wundern, T-31.VII.7.6

Angst versucht, jeden und alles in ihrer Umgebung zu verändern. Es ist an der Zeit, uns für Liebe anstelle von Angst, für Vertrauen anstelle von Misstrauen, für Zuversicht anstelle von Kontrolle und für unser höheres Bewusstsein anstelle des Egos und seines Diktats zu entscheiden.

Wir können uns bewusstmachen, dass wir kontrollieren, indem wir unser Verhalten beobachten und darauf achten, wie wir unsere Emotionen einsetzen. Wenn wir unsere Emotionen nicht zur Heilung benutzen, dann benutzt das Ego sie, um uns und andere Menschen zu kontrollieren. Es benutzt sie, um emotional zu erpressen, einzuschüchtern und anzugreifen. Daraus entstehen Selbstkontrolle und Selbstangriff. Krankheiten und Probleme sind gleichbedeutend mit Angriff und Selbstangriff. Kontrolle sorgt dafür, dass wir auf der Stelle treten. Wir gehen nicht weiter. Wir sind in einem gespaltenen Bewusstsein gefangen. Ein Teil will Veränderung und Erleichterung, während der andere Teil sich davor fürchtet, den nächsten Schritt zu gehen und sich zu ändern, obwohl genau dies das heilende Element ist, das Frieden und Integration bringt.

Du kannst deiner Kontrolle vergeben. Du kannst deiner Angst vergeben. Du kannst sowohl den unterbewussten als auch den unbewussten Selbstkonzepten vergeben, indem du erkennst, wer in deiner Umgebung jetzt ein Kontrolleur ist und wer es in der Vergangenheit war. Vergib ihnen immer wieder, bis sich deine Wahrnehmung ändert und du sie in einem ganz neuen Licht erblickst, weil deine Vergebung dich in ein ganz neues Licht gerückt hat.

Menschen, die kontrollieren, sind in Angst gefangen, und Angst zeigt einen Anteil, der emotional erstarrt ist. Wenn du feststellst, dass du dich fürchtest und dich selbst und andere Menschen kontrollierst, dann kannst du nach innen gehen und herausfinden, in welchem Alter du emotional erstarrt bist. Bitte die Liebe des Himmels, sich an diesem Ort einzufinden, und liebe dich selbst, bis du zu deinem jetzigen Alter herangewachsen und wieder mit dir selbst verschmolzen bist. Du kannst auch in die Kontrolleure aus deiner Gegenwart und deiner Vergangenheit hineinblicken und erkennen, in welchem Alter sie emotional erstarrt sind. Bitte den Himmel um Hilfe und liebe sie, bis sie ihr gegenwärtiges Alter oder, wenn sie bereits verstorben sind, diesen Zeitpunkt erreicht haben. Auf diese Weise werden Drähte in ihrem Herzen und in ihrem Geist wieder neu verbunden, und ihnen wird ein höheres Maß an Frieden und Zuversicht geschenkt.

Lektion 75

Die Angst, die zu Krankheit führt

Wir haben bereits darüber gesprochen, dass Angst gemeinsam mit Schuld, Trennung und dem Autoritätskonflikt zu den Eckpfeilern aller Krankheiten und Probleme gehört. Es gibt jedoch eine ganz bestimmte Form von Angst, die wir noch nicht angesprochen haben. Jede Angst lähmt uns, wenn es darum geht, in die richtige Richtung zu gehen. Wir gehen entweder nicht weiter, oder wir laufen davon. Wenn wir davonlaufen, wenden wir uns vom Leben ab und dem Tod zu. Unsere Abwendung vom Leben hat unheilvolle Auswirkungen und setzt dunkle Muster und Probleme in Gang.

Angst ist stets gleichbedeutend damit, dass wir auf unser Ego und nicht auf unser höheres Bewusstsein gehört haben. Wenn wir erkennen würden, dass alle negativen Auswirkungen in unserem Leben daher rühren, dass wir auf unser Ego gehört haben, dann würden wir unser Ego in seiner Funktion als unseren Berater sehr rasch entlassen und uns auf den Weg begeben, den der Himmel und unser höheres Bewusstsein für uns bereitet haben. Es wäre ein Weg der Heilung, der Freude und der Erlösung nicht nur für uns, sondern auch für die Menschen, die wir zu Unrecht beschuldigt haben, weil wir uns zu sehr davor gefürchtet haben, hervorzutreten und unser Licht leuchten zu lassen. Wir würden unser heiliges Versprechen halten und sie retten, wie es unsere Absicht war, und dadurch, dass wir uns mit ihnen verbinden, würden wir sie von ihrer Schuld und uns selbst von unserer verborgenen Schuld befreien.

Ein Kurs in Wundern bringt sehr treffend zum Ausdruck, worin die Angst besteht, die Krankheit verursacht: Du fürchtest dich davor, den Willen Gottes zu erfahren, weil du glaubst, dass er nicht dein Wille ist. Dieser Glaube ist deine ganze Krankheit und deine ganze Angst. Hier liegt der Ursprung aller

Symptome, die mit Krankheit und Angst zu tun haben, denn dieser Glaube bringt dich dazu, den Willen Gottes nicht erfahren zu *wollen*. Er sorgt dafür, dass du dich in der Dunkelheit versteckst und das Licht in dir leugnest. Heilung ist die beginnende Erkenntnis, dass dein Wille sein Wille ist.

Damit wendest du dich von deinem Ego ab, das nur daran interessiert ist, seine Macht auf deine Kosten zu vergrößern. Es nutzt jede Gelegenheit, um dir Trennung und Unabhängigkeit vorzuschlagen, und es verspricht dir, jeden damit verbundenen Schmerz zu dissoziieren. Das befreit dich jedoch nicht von Schmerz und Schuld, sondern vergräbt sie nur in dir, und dort warten sie auf das nächste Ereignis, das sie wieder zum Leben erweckt. Wenn das geschieht, rät das Ego dir, vor dem Willen Gottes davonzulaufen, weil er nicht dein eigener Wille ist. Damit verstärkt es den Schmerz und das Problem und vergrößert die Angst. Selbst dann versucht dein höheres Bewusstsein jedoch, dich zu der Erkenntnis zu bringen, dass dein wahrer Wille dem Willen Gottes entspricht.

Es gibt Worte der Kraft, die verändern können, was du siehst und erfährst. Deine Gedanken sind Gedanken aus der Vergangenheit, und sie erschaffen die Bilder, die du siehst. Wir sehen buchstäblich nur die Vergangenheit, und wie die Psychiaterin Gwendolyn Brooks einmal sagte: „Alles ist Übertragung." Das heißt, dass alles, was wir sehen, die Vergangenheit ist. Worte der Kraft können das, was wir sehen und fühlen, durch etwas ersetzen, das in höherem Maße der Wahrheit entspricht. Schicht um Schicht wird die Zwiebelhaut abgeschält. Wenn du es mit verdrängten Emotionen zu tun hast, kann es zunächst zu einer Verschlimmerung kommen, aber ganz allmählich verändert sich deine Wahrnehmung dann in eine positive Richtung. Du kannst deine Worte der Kraft sogar einsetzen, bis du zum ursprünglichen Licht und zur ursprünglichen Liebe zurückkehrst und alle Bilder loslässt, die deine Gedanken erschaffen haben, um dein Ego zu stärken. Dies ist ein Ort tiefen Friedens und tiefer Freude.

Um Heilung zu erlangen, betrachte einfach die Situation, die du verändern möchtest, und sprich die Worte: „Ich will das, was Gott für mich will." Da Gott ein liebender Vater ist, bringt dies dir auch deinen wahren Willen zurück. Sprich diese Worte aus tiefstem Herzen. Nimm dann wahr, wie die Situation sich jetzt für dich darstellt und wie sie sich anfühlt. Während du die Worte wiederholst, tritt allmählich eine Besserung ein. Erbitte die Hilfe deines höheren Bewusstseins und des Himmels, damit du Angst, Schuld, Trennung und den Autoritätskonflikt loslassen kannst, die an diese problematische Situation geknüpft sind. Du kannst alternativ auch die folgenden Worte der Kraft benutzen: „Dies kann nicht Gottes Wille für mich sein, und deshalb kann es auch nicht die Wahrheit sein. Ich will die Wahrheit."

Lektion 76

Schuld und Knauserigkeit

Wenn du dich schuldig fühlst, ziehst du dich entweder zurück und greifst dich selbst an, oder du greifst einen anderen Menschen an, indem du deine Schuld nach außen projizierst und ihn als bestrafungswürdig ansiehst. In beiden Fällen greifst du jedoch sowohl einen anderen Menschen als auch dich selbst an, weil du sowohl ihn als auch dich für bestrafungswürdig hältst. Ebenso wirst du in beiden Fällen dort knauserig, wo du großzügig hättest sein sollen. Schuld macht dich anderen Menschen gegenüber misstrauisch. Je knauseriger du wirst, umso mehr Mangel herrscht in deinem Leben, weil du empfängst, was du gibst. Wenn du sehr wenig gibst, empfängst du sehr wenig. Knauserigkeit erzeugt Mangel, und beide rühren von Angst her. Angst und Schuld arbeiten gemeinsam für das Ego, um dich daran zu hindern, den nächsten Schritt zu gehen.

Wenn du knauserig bist, dann erstreckt sich deine Knauserigkeit auch auf dich selbst. Infolgedessen erwartest du von anderen Menschen, dass sie dir das geben, was du ihnen oder dir selbst nicht gibst oder bei dem du nicht zulässt, dass es dir gegeben wird. Dies kann niemals funktionieren, denn nur das, was du anderen Menschen gibst, gibst du auch dir selbst. Deine Schuld und deine Knauserigkeit verhindern, dass du empfängst, und das führt dazu, dass du dich vernachlässigt fühlst. Dein Gefühl, vernachlässigt zu werden, rührt in Wahrheit jedoch daher, dass du andere Menschen und dich selbst vernachlässigt hast. Das Muster der Vernachlässigung setzt bedauerliche Erfahrungen in Gang, die dich nicht glücklich machen. Es führt zu vielen selbstschädigenden Mustern, die etwa darin bestehen können, dass du dich selbst antreibst oder unbarmherzig zu dir selbst bist oder dass du mit anderen Menschen verschmilzt und versuchst, dich um jeden zu kümmern.

Es gibt immer eine Wahl. Schuld sorgt dafür, dass deine Fehler und deine schlechten Gefühle dir wichtiger sind, als dich deinem Partner, deiner Familie und deiner Arbeit hinzugeben. Schuld führt zu einem Gefühl der Aufopferung. Knauserigkeit sorgt dafür, dass deine Angst und dein Wunsch nach Sicherheit dir wichtiger sind, als mit den Menschen in deiner Umgebung zu teilen. Während Schuld mit Selbstbestrafung einen eigenen Teufelskreis bildet, bildet Geiz einen Teufelskreis mit Mangel und Angst. Beide verhindern, dass wir empfangen, und verschlimmern das Gefühl der Vernachlässigung, weil sie unsere Angst vor Nähe und Erfolg verstärken.

Heute ist ein Tag, um zu geben. Sei entschlossen zu geben. Es bringt dir deine Unschuld zurück. Sei entschlossen, in jeder Situation, in der es dir möglich ist, freizügig zu geben. Damit durchbrichst du die Schuld, den Mangel und die Situationen, in denen du knauserig gewesen bist. Deine Großzügigkeit dient dir, und sie heilt Knauserigkeit und Mangel, die an der Wurzel so vieler Probleme liegen.

Lektion 77

Ein Problem ist ein Zeichen der Rache

Eine Lektion in *Ein Kurs in Wundern* (Lektion 23) lautet: „Ich kann der Welt, die ich sehe, entrinnen, indem ich Angriffsgedanken aufgebe." Damit setzt sie sich an dem Ort mit einem Problem auseinander, an dem es entstanden ist. Seine Ursache liegt in deinem Bewusstsein, das die Quelle deiner Wahrnehmung ist. Deine Wahrnehmung und deine Erfahrungen rühren von deinen Gedanken her. Wenn du deine Gedanken veränderst, veränderst du zuerst die Art und Weise, in der du ein Ereignis erfährst, und dann das Ereignis selbst.

Auf einer unterbewussten Ebene stellt ein Problem eine Erfahrung dar, die mit Vergeltung zu tun hat. Unabhängig davon, ob du das Opfer bist oder ob es so scheint, als wäre ein anderer Mensch von dir zum Opfer gemacht worden, rührt das Problem von deinen Angriffsgedanken her. Zu Beginn deines Lebens hast du keine Vorstellung, wie machtvoll deine Gedanken sind. Sie haben buchstäblich die Welt erschaffen, die du siehst. Ein Problem besteht demzufolge aus deinen Angriffsgedanken, die sowohl gegen andere Menschen als auch gegen dich selbst gerichtet sind. Wenn du erkennen würdest, welche Auswirkung deine Gedanken auf deine Welt und dein Leben haben, wärest du sehr viel vorsichtiger im Hinblick darauf, wofür du deine Geisteskraft einsetzt. Jedes Urteil ist ein Angriffsgedanke. Dein Blick auf einen anderen Menschen ist nicht von umfassender Liebe geprägt. Das gilt auch für Schuldzuweisungen und Groll. Dein Blick auf andere Menschen ist von Angriff geprägt, aber unter dem Angriff deines Grolls, deines Urteils und deiner Schuldzuweisung lauert deine Schuld, mit der du dich selbst angreifst. Ein Problem ist somit ein

Angriff auf andere Menschen und auch ein Angriff auf dich selbst. „Ich kann der Welt, die ich sehe, entrinnen, indem ich Angriffsgedanken aufgebe."

Da ich andere Menschen nun seit vierzig Jahren in ihrem Heilungsprozess unterstütze, kann ich bestätigen, dass die Ursache deiner Probleme in deinem Bewusstsein und in seinen Angriffsgedanken liegt. Deine Angriffsgedanken rufen in dir selbst Angst hervor, und ein Problem dient unter anderem auch dazu, dich an deiner persönlichen Weiterentwicklung zu hindern, weil sie das Ego auflösen würde. Probleme sind ein Zeichen dafür, dass du dich auf dein Ego ausgerichtet hast, dessen Fundament aus Angriff und Selbstangriff besteht. Immer wenn du erkennst, dass es deine Gedanken sind, die dir deine Erfahrung vermitteln, und dass du etwas daran ändern kannst, indem du deine Angriffsgedanken loslässt, erlangst du deine Macht zurück. Du kannst die Welt verändern, indem du deine Gedanken über die Welt veränderst und deine Angriffsgedanken gegen andere Menschen, dich selbst, die Welt und Gott aufgibst.

Untersuche das Problem, von dem du dich befreien möchtest, heute auf Angriffsgedanken, die gegen andere Menschen gerichtet sind. „Ich kann dieses Problem ändern, indem ich meine Angriffsgedanken gegen .... aufgebe." Nimm dir fünfmal pro Tag ein wenig Zeit, um jedes Thema zu untersuchen, das du überschreiten willst. Deine Angriffsgedanken loszulassen ist der erste Schritt dahin, dein Problem zu entschärfen. Bitte bei diesem Unterfangen um die Hilfe des Himmels. Der Himmel ist auf deiner Seite und will dir helfen, damit du dich selbst und andere Menschen nicht länger verletzt.

Lektion 78

Der Kampf mit Gott

Das Thema dieses Kapitels mag sowohl für spirituell Suchende als auch für Atheisten und religiöse Menschen befremdlich klingen. Aufgrund der Dinge, die ich im Unbewussten aufgespürt habe, scheint es jedoch eine Tatsache unserer Existenz zu sein. Den ersten Aspekt dieses Prinzips habe ich entdeckt, als meine Frau mir klarmachte, dass jeder Angriff ein Angriff auf Gott ist. Damals war ich sehr wütend auf einen anderen Menschen, und mit ihrer Hilfe fand ich heraus, dass ich die Dinge, derentwegen ich auf ihn wütend war, auch Gott zum Vorwurf machte. Ich war überrascht und bestürzt. Meine Frau wies mich mühelos und wortgewandt darauf hin, dass Gott keines der Dinge tun konnte, die er und der Mann, auf den ich wütend war, meiner Meinung nach taten. Gott konnte keines dieser Dinge tun und dennoch Gott bleiben. Wenn also Gott die Dinge, derer ich ihn beschuldigt hatte, nicht tat, wer war es dann? Ertappt! Nur ich selbst blieb in dieser Gleichung noch übrig. Ich fügte diese Heilmethode rasch meinem eigenen Repertoire hinzu, und sie hat mir seit dieser Zeit geholfen, zahlreiche Menschen zu befreien.

Dies war jedoch nicht alles, was ich entdeckte. Im Laufe meiner Arbeit fand ich heraus, dass wir jedes Trauma, das wir erleiden, und jedes Problem, vor dem wir stehen, herbeiführen, weil es uns einen Vorwand liefert, uns zu trennen und unseren Willen durchzusetzen. Eltern, Partnern und Autoritätspersonen ringen wir Kontrolle ab. Die höchste Autoritätsperson ist natürlich Gott, und mit unserem Fall aus dem Zustand des Einsseins und allen anderen Verlusten, die wir erlitten haben, sind wir in Wirklichkeit vor Gott davongelaufen. Diese Erkenntnis wurde vor Jahren erhärtet, als ich entdeckte, dass der Rebell die am tiefsten vergrabene Schattenfigur ist. Auf der tiefsten unbewussten

Ebene ist sie nicht nur gegen die Menschen, die in unserem Leben eine wichtige Rolle spielen, sondern letztendlich gegen Gott gerichtet. Ich habe entdeckt, dass diese verborgene Schattenfigur mit ihrer obligatorischen falschen Geisteshaltung die Wurzel schwerer Krankheiten, traumatischer Erlebnisse und niederschmetternder Probleme ist. Die Welt, die aus unseren Gedanken hervorgeht, rührt ebenfalls von Trennung her. Trennung zerstört Verbundenheit. Sie ist ein Traum, der von Schmerz und Spaltung handelt. Sie baut unser Ego aus den Selbstkonzepten auf, die wir erschaffen haben. Der Grund ist dafür unser Wunsch, selbst das Sagen zu haben. Trennung bringt Angst, Angriffsgedanken, Verlust, Schmerz, Schuld, Bedürfnis, Widerstand und Rückzug hervor. Nichts davon ist Gottes Wille für uns. Unser Angriff auf Gott besteht nicht allein darin, dass wir Gnade und alle guten Dinge zurückweisen, sondern auch darin, dass wir so tun, als sei unsere Wesensnatur nicht der reine Geist, als der wir geschaffen wurden. Wir greifen an, indem wir vorgeben, ein Körper zu sein, und um diese spezielle Form von Rache unwiderlegbar zu untermauern, sterben wir als Beweis dafür, dass wir nicht kontrolliert werden können und dass wir kein geistiges, sondern ein körperliches Wesen sind. Auf unserem Weg zum Tod leiden wir, werden alt, krank und von unzähligen Erfahrungen besiegt. Alle diese Dinge dienen dem Zweck, Gott anzugreifen und zu beweisen, dass wir Recht haben und dass wir uns selbst erschaffen haben und kein Produkt seiner Schöpfung sind. Sie haben natürlich noch weniger Einfluss auf Gott, der die Liebe selbst ist, als ein zweijähriges Kind, das auf Vater oder Mutter wütend ist. Es gelingt uns nicht, Gott abzuschneiden. Es gelingt uns lediglich, unser Bewusstsein für Gott und für unser göttliches Selbst abzuschneiden. Wir werfen unsere Macht fort und streben nach Rache, indem wir uns selbst und andere Menschen angreifen und sie dazu bringen, uns zum Opfer zu machen. Wir kreuzigen sie und uns selbst unaufhörlich durch unsere Gedanken und Taten.

Gemeinsam mit der Trennung sind auch Bewusstsein und Vorstellungskraft entstanden. Sie haben eine ganze Welt aus Bildern entstehen lassen und dafür gesorgt, dass wir unser Bewusstsein für die Wirklichkeit als reiner Geist mit Erfolg abgeschnitten haben. Diese Abtrennung ist sowohl Angriff als auch Selbstangriff. Unsere Gedanken sind die Gedanken des Egos. Bedürfnisse, Illusion, Widerstand und das Streben nach dem, wovon wir uns abgeschnitten haben, sind Teil dieses Angriffs. Wir versuchen, in der Außenwelt zu bekommen, was wir in uns selbst abgeschnitten haben. Wir streben nach Befriedigung durch die Dinge, für die wir uns selbst verurteilt haben. Statt uns der höchsten Quelle zuzuwenden, wenden wir uns dem zu, was wir selbst erschaffen haben, was uns jedoch auf lange Sicht natürlich keine Befriedigung bringen kann. Jedes Problem, das wir haben, rührt von unseren Angriffsgedanken gegen uns selbst, andere Menschen und Gott her. Sie müssen wir loslassen, damit wir diese illusionäre Welt überschreiten und zu unserem ursprünglichen Zustand zurückkehren können. Selbst wenn es uns nicht auf Anhieb gelingt, so wird die Welt dennoch freundlicher und glücklicher, weil wir den Angriff loslassen, der dafür sorgt, dass unsere Welt von Problemen und destruktiven Mustern erfüllt ist.

Nimm fünf Übungseinheiten von jeweils ungefähr fünf Minuten, um dein Bewusstsein nach Angriffsgedanken in Zusammenhang mit deinem Problem zu durchforschen. Gib deinen Angriff auf andere Menschen, dich selbst und Gott auf. Lasse deine Urteile über die gegenwärtige Situation los. Lasse deine Urteile über Menschen und Situationen aus der Vergangenheit los, die möglicherweise zu deinem gegenwärtigen Problem geführt haben. Vergib Gott für die Situation und erinnere dich daran, dass du alles, was du anderen Menschen anlastest, auch dir selbst zur Last legst.

Lektion 79

Gott für sie annehmen

Wenn du siehst, dass ein anderer Mensch in Schwierigkeiten ist, dann siehst du eine Gelegenheit, zu helfen, und damit hilfst du auch dir selbst an den Orten, an denen du verletzt wurdest und abgeschnitten bist. Dies geschieht auf einer zwischenmenschlichen Ebene. Auf einer tieferen, unbewussten Ebene ist jeder Mensch jedoch ein Spiegel deiner selbst. Jemand, der Hilfe braucht, spiegelt nur deinen eigenen Glauben und deine eigenen Selbstkonzepte wider. Ihm zu helfen heißt, dir selbst zu helfen.

Du hilfst einem anderen Menschen am besten, indem du ihm das bringst, worin sein größtes Bedürfnis besteht: Gott, der die Antwort auf jedes Bedürfnis ist. Du kannst es ganz einfach dadurch erreichen, dass du Gott für ihn annimmst. Dies würde seine Selbstliebe vergrößern und seine Angst und Schuld auflösen. Nimm Gott an. Heiße Gott willkommen, und teile ihn dann mit dem Menschen, der deine Hilfe braucht. Dies vereinigt ihn wieder mit dir, mit Gott und mit sich selbst. Es stellt seine Verbundenheit wieder her und bringt Gnade. Gott ist das einzige Bedürfnis, und du kannst es erfüllen, indem du sowohl deine eigenen als auch seine Glaubenssysteme auflöst, denn sie binden dich an eine Welt, die dich abschottet und zum Gefangenen macht. Diese Methode ist sehr kostengünstig: zwei Heilungen zum Preis von einer. Bitte Gott darum, sich einzufinden, und teile ihn dann mit dem Menschen, der Hilfe braucht. Der einzige Preis, den du zahlen musst, um ihm helfen zu können, besteht darin, dass du Gott zuerst empfangen musst. Rufe dir drei Menschen ins Gedächtnis, die Hilfe brauchen. Nimm dir dann ein wenig Zeit, um Gott zu empfangen und ihn mit den betreffenden Menschen zu teilen.

Lektion 80

Die Intentionalität von Krankheit

Intentionalität ist das, was du dir wünschst. Wenn sie negativ ist, bist du dir ihrer wahrscheinlich gar nicht bewusst. Es ist irrsinnig, dir unheilvolle Ereignisse zu wünschen, aber das Unterbewusstsein ist voll von solchen Wünschen, und das ist der Grund, warum du es vor dir selbst verbirgst. Du spaltest dein Bewusstsein, weil dein bewusstes Selbst eine andere, positive Entscheidung treffen würde. Das verringert jedoch nicht die Auswirkungen, die deine verborgene Intentionalität auf dein Leben hat. Weil du sie verleugnest, scheint sie sogar noch größere Macht über dich zu haben als dein bewusstes Selbst.

> „Nichts ist, getrennt von deinen Wünschen, schädlich oder wohltätig. Es ist dein Wunsch, der es zu dem macht, was es in seiner Wirkung auf dich ist.“
>
> *Ein Kurs in Wundern,* T-25.IV.2.3:4

Wenn du diese heimlichen Wünsche ans Tageslicht bringst, dann stellst du fest, dass du eine neue Entscheidung treffen und dabei Einsicht und die Weisung deines höheren Bewusstseins nutzen kannst, das nur das für dich wünscht, was dir Freude bringt. Wenn etwas – beispielsweise eine Krankheit – sich gegen dich richtet, dann hast du dich in dem geirrt, wovon du glaubtest, dass es dir Freude bringen würde. Deine Wahrnehmung ist an deine Entscheidungen geknüpft, und dabei spielt es keine Rolle, ob du sie verborgen hast oder nicht, ob sie wie ein Glaubenssystem alt und statisch sind oder ob du sie im Bruchteil einer Sekunde getroffen hast.

> „Das Grundgesetz der Wahrnehmung könnte daher folgendermaßen in Worte gefasst werden: „Du wirst dich freuen über das, was du siehst, weil du es siehst, um dich zu freuen." Und solange du glaubst, Leiden und Sünde würden dir Freude bringen, so lange werden sie für dich zu sehen sein."
>
> *Ein Kurs in Wundern,* T-25.IV.2.1:2

Jede Form von Leiden zeigt einen Glauben an Sünde und Tod. Der Glaube an die Sünde ist ein Glaube an den Tod. „Der Sold der Sünde ist der Tod." Leiden weist auf die Überzeugung hin, dass ein anderer Mensch gegen dich gesündigt hat, und dein Problem stellt die Anklage dar. Unter seiner Sünde hast du jedoch eine noch unheilvollere – nämlich deine eigene – Sünde verborgen. Selbst wenn dein erwachsenes Ich nicht an Sünde glaubt, so zeigt dein Problem dennoch, dass dein kindliches Ich, ein Ahnenaspekt deines Bewusstseins oder ein Anteil, den du auf einer Seelenebene mitgebracht hast, möglicherweise an Sünde glaubt. Dein Problem ist der Beweis dafür, welches Glaubenssystem im Augenblick stärker ist. Entscheide dich dafür, alle Glaubenssysteme mit deinem höheren Bewusstsein zu verschmelzen, das sich wünscht, du mögest nur solche Entscheidungen treffen, die dir wirklich Freude bringen. Die Entscheidung, dem Menschen zu vergeben, von dem du glaubst, er habe diese schwere Sünde gegen dich begangen, befreit deine heimliche Sünde. Deine Selbstvergebung befreit ihn. Sünde ist der Glaube, etwas sei unverzeihlich. Wenn das der Wahrheit entspräche, würdest du jedoch nicht mehr lernen und dich weiterentwickeln, sondern dich stattdessen dem Tod zuwenden. Alles kann und soll sich jedoch in eine positive Richtung verändern. Du sollst alle deine Glaubenssysteme überschreiten, angefangen bei dem, was in deinem Leben dunkel und begrenzend ist. Wenn du alle deine Glaubenssysteme überschreitest, fällt auch das Denken fort, und du siehst Gott in allem, weil auch deine Wahrnehmung – das, was in deinem Bewusstsein zwischen dir selbst und Gott steht – fortgefallen ist.

Nimm dir ein wenig Zeit und erkenne, dass du nur das Beste für dich selbst willst. Stelle dir dann vor, dass ein verborgener Anteil deiner selbst jedoch glaubt, andere Dinge, die auch Schwierigkeiten einschließen, würden dir Freude bringen. Was glaubt dieser Anteil bekommen zu können, indem er dein

Problem hat? Wie könnte dies dir Freude bringen? Finde dieses Selbst. Lerne es kennen. Was will es? Welchen Zweck verfolgt es damit? Wenn die Antwort, die du erhältst, keinen Sinn ergibt, frage dich, welchen Zweck es damit verfolgt. Wiederhole diese Frage, bis du an einen Punkt gelangst, an dem du klar erkennen kannst, welche Wünsche dieses Selbst hat. Du kannst zu dem verborgenen Selbst werden und dich fragen: „Im Hinblick auf das Problem und die damit verbundene Situation will ich, dass .... geschieht." Denke stets daran, dass es sich um deinen verborgenen, negativen Anteil handelt. In seltenen Fällen kann es sogar geschehen, dass du ein Wesen in dir trägst, das nicht einmal du bist. Bitte den Himmel und dein höheres Bewusstsein darum, dich von ihm zu befreien. Alternativ kannst du dieses Selbst auch darum bitten, sich zu integrieren, sodass du größere Ganzheit erlangst und dein Bewusstsein, dein höheres Bewusstsein und dein Unterbewusstsein sich auf die wahre Freude ausrichten.

Lektion 81

Spirituelle Verdrängung und der Angriff auf Gott

„GOTT ist in allem, was ich sehe." Dies ist ein Zitat aus *Ein Kurs in Wundern* (Lektion 29). Spirituelle Verdrängung ist gleichbedeutend damit, dass du deinen Blick auf Gott verdrängst, infolgedessen nicht offen für das bist, was ist, und es auch nicht wertzuschätzen weißt. Dies steht sowohl dem Staunen als auch dem Fluss im Weg, und darüber hinaus ist es ein Angriff auf Gott, der den Strom der Gnade abschnürt.

Wir alle haben schon einmal von der spirituellen Verdrängung gehört, die daher rührt, dass Religionen sich der Konzepte von Sünde und Hölle bedienen, um deine Schuld am Leben und dich unter Kontrolle zu halten. Wenn ein Mensch das unabhängige Stadium in seinem Leben erreicht, dann neigt er dazu, aus dem auszubrechen, was ihn kontrolliert oder unterdrückt hat, und dabei schüttet er manchmal das Kind mit dem Bade aus. Gott, Spiritualität und Religion werden gleichermaßen verworfen. Wenn er zur wechselseitigen Abhängigkeit gelangt ist, entdeckt er meist einen Weg der Spiritualität. Manchmal kehrt er dabei auf den religiösen Weg zurück, auf dem er begonnen hat, erfüllt ihn jedoch mit neuem Leben, weil er nach der spirituellen Essenz und nicht nach der Form strebt. Das Maß, in dem du dich mit einem anderen Menschen partnerschaftlich verbindest, entspricht dem Maß, in dem du mit dem Himmel partnerschaftlich verbunden bist. Wenn du einen Menschen bittest, sich mit dir zu verbinden, dann bitte auch die Gnade darum, ein Teil deines Lebens zu sein.

Die spirituelle Verdrängung, von der ich hier spreche, ist deine Flucht vor dem Himmel und vor Gott. Du hast von Trennung und Besonderheit geträumt, dein Bewusstsein für das Einssein und damit auch deine Identität als Kind Gottes und als eine Ausdehnung göttlicher Liebe und göttlichen Lichts verloren. Du hast deine Macht über Bord geworfen, um eine Identität zu erschaffen und dich vom Nichts des Alles zu trennen. Je mehr du dich getrennt hast, umso stärker hast du den Schmerz gefühlt. Je mehr du dein Bewusstsein gespalten hast, umso stärker wurde die Spaltung deiner Welt. Wenn du nun deinen Schmerz und deine Fehler der Vergangenheit heilst, erlangt dein Bewusstsein ein höheres Maß an Ganzheit. Du heißt Gott wieder in deinem Leben willkommen. Deine Bewusstheit wächst ebenso wie deine Fähigkeit, zu empfangen und dich führen zu lassen. Bei jedem Akt der Trennung hast du geglaubt, zum Opfer gemacht zu werden, während du in Wirklichkeit das erfahren hast, ***was du selbst getan hast***. Du hast so getan, als seiest du aus dem Himmel hinausgeworfen worden, während in Wirklichkeit du derjenige warst, der in Streik getreten ist. Jede Opfersituation in deinem Leben war die Wiederholung einer uralten Seelenverletzung, einer uralten Spaltung an einem Ort, an dem du dich getrennt hast, um unabhängig zu sein, und gefallen bist. Den Rückweg zu finden heißt, dich einem Weg der Heilung zu verpflichten, der deine Fehler ungeschehen macht. Dadurch wird dein Leben geheilt. Wenn du dich von hinreichend vielen Selbstkonzepten befreist, kannst du allmählich das Licht wieder wahrnehmen, das den Dingen innewohnt und sie umgibt. Erkenne, dass du nichts zu tun brauchst. Wenn du keine Weisung erhältst, etwas zu tun, brauchst du nichts zu tun. Bitte die Gnade darum, alles für dich zu vollbringen. Selbst die Dinge, die du zu tun hast, sind dazu vorgesehen, mit Hilfe von Gnade vollbracht zu werden. Auf diese Weise werden Gnade und Wunder möglich, und dein gespaltenes Bewusstsein wird immer mehr geheilt, während du sorgenfrei auf dem Weg zu immer größerer Freude bist.

Es ist an der Zeit, den Angriff auf Gott aufzugeben, der dich dazu gebracht hat, dich von deinen Eltern, deinem Partner und Gott zu trennen. Wenn du ein höheres Maß an Ganzheit erlangst, wird auch allen anderen an den vergangenen und den gegenwärtigen Situationen beteiligten Menschen ein höheres Maß an Ganzheit zuteil, und das Leben verliert seine Gefährlichkeit. Alles, was du einem anderen Menschen anlastest, legst du auch Gott zur Last. Wenn du Gott vergibst, kann er dir wieder überwältigende Freude schenken. Alles, wovon du glaubtest, Gott habe es getan oder unterlassen, *hast du selbst getan oder unterlassen* und auf ihn projiziert. Das hast du natürlich auch bei allen anderen Menschen getan. Dich mit Gott zu versöhnen gibt dir jedoch die Möglichkeit, dem Selbst in dir zu vergeben, das darauf wartet, dass du dich an dein höchstes Selbst erinnerst. Wenn du Gott vergibst, öffnest du dich dafür, einen großen Sprung hin zu einem höheren Maß an Ganzheit zu machen, und dadurch kannst du vielen Menschen helfen.

Vergib Gott, aber erkenne, dass die vollkommene Liebe niemals imstande wäre, die Dinge zu tun, derer du das Einssein angeklagt hast. Eine Erfahrung, in der du zum Opfer gemacht wurdest, zeigt, dass du sowohl dich als auch andere Menschen und Gott zum Opfer gemacht hast. Nicht, dass es die vollkommene Liebe kümmern würde. Auf Gott und seine Liebe übt es keine Wirkung aus. Gott würde dir ganz einfach die Hand reichen und dir Trost spenden. Da du nun die göttliche Liebe von neuem willkommen heißt, kann das hohe Maß an spiritueller Verdrängung rückgängig gemacht werden, das dich dazu gebracht hat, die Hilfe des Himmels abzuschneiden. Du bist unschuldig, und Gott möchte, dass du zu ihm zurückkehrst. Du bist sein Kind.

Lektion 82

Was willst du?

Nur wenige Menschen erkennen, dass Wahrnehmung eine Entscheidung ist, die wir treffen. Was wir sehen und erleben, hat seinen Ursprung in uns und nur in zweiter Linie und auf einer oberflächlichen Ebene in dem, was in unserer Umgebung geschieht. Das gibt uns die Fähigkeit und die Macht, unsere Welt zu transformieren. Wenn wir es nicht tun, ist sie nur ein Spiegel unserer Gedanken, Entscheidungen, Wünsche und Glaubenssätze, bei denen es sich um alte, statische Entscheidungen handelt. Diese Lektion können wir auf zweierlei Weise angehen. Der erste Weg besteht darin, das, was uns nicht gefällt, zu transformieren, indem wir bestimmte *Worte der Kraft* sprechen. Verbunden mit unserer Absicht werden diese Worte dann zu einer wunderbaren Möglichkeit, das zu transformieren, was wir sehen. Der zweite Weg besteht darin, dass wir auf die tiefste Ebene unseres Bewusstseins vordringen. Hier sind wir Licht und Liebe, eine Ausdehnung Gottes, der Licht und Liebe ist, und von hier aus reichen wir hinaus, um uns mit dem zu verbinden, was wir außerhalb unserer selbst wahrnehmen. Gott ist überall. Er ist in unserem Bewusstsein und in allen Dingen. Wenn wir zu dem Ort in unserem Bewusstsein gehen, an dem Gott ist, können wir erkennen, dass Gott in allem ist, was wir sehen. *Ein Kurs in Wundern* hat mich diese spirituelle Schau gelehrt. Wenn wir unsere eigentliche Identität als Kind Gottes erkennen, brauchen wir uns nicht mehr länger auf die Suche danach zu begeben, wer wir wirklich sind, oder eine Identität für uns zu erschaffen, die später zu einem Gefängnis wird, das uns fesselt.

Es steht außer Frage, dass du weder deinen Schmerz noch deine Probleme willst, aber willst du überwältigende Freude erfahren? Solche Momente sind rar gesät. Wir wollen nun in einem ersten Schritt das transformieren, was wir nicht wollen. Betrachte die Situation, die du als problematisch empfindest, und spüre den Schmerz, die Emotionen und die Schwierigkeiten, die damit verbunden sind. Stelle sie dir so schwierig wie möglich vor und frage dich: „Was will ich sehen und erfahren?“ Betrachte die Situation dann wieder und frage dich erneut: „Was will ich sehen und erfahren?“ Die Worte sind nicht entscheidend. Entscheidend ist die Absicht, Heilung zu erlangen. „Was will ich?“ Nimm nach jeder Wiederholung wahr, ob die Situation sich positiv verändert, negativ verändert oder gleich bleibt. Wenn sie sich positiv verändert, ging es um diese Situation. Wenn sie sich negativ verändert, hast du unterdrückten oder verdrängten Emotionen die Tür geöffnet. Wenn sie auch nach der siebten Wiederholung der Frage unverändert bleibt, hast du in einen Ort investiert, an dem du festgefahren bist und dich davor fürchtest, den nächsten Schritt zu gehen. In dem seltenen Fall, in dem dies geschieht, finde den versteckten Anteil deines Bewusstseins und lerne ihn kennen. Er dient einem bestimmten Zweck, und wenn er mit den anderen Anteilen deines Bewusstseins integriert wird, fällt das fort, was negativ ist, und es besteht eine weitaus größere Chance dafür, dass sein wirklicher Zweck erfüllt wird. Wenn du Worte der Kraft sprichst, verändert und transformiert die Situation sich zumeist nach den ersten Wiederholungen von selbst. Deine Gefühle werden aufgrund dieser Veränderung ebenfalls transformiert. Ich habe erlebt, dass der Prozess der Transformation bei einigen Menschen auch mit körperlichen Schmerzen einherging. Zu den Worten der Kraft, die du bei dieser Übung einsetzen kannst, gehören beispielsweise: „Das Problem, das ich sehe, ist nicht die Wahrheit.“ „Will ich dieses Problem oder die Antwort?“ Gehe diese Übung langsam an. Schaue, fühle, spüre oder – wenn das deine Stärke ist – höre auf das, was sich zu verändern scheint, wenn du auf die Situation blickst und dich in sie einfühlst. Wiederhole die Worte immer wieder, bis deine Wahrnehmung und deine Gefühle im Hinblick auf die Situation von Schönheit geprägt sind. Du kannst sogar bis zu dem Punkt gehen, an dem die gesamte Situation sich in Licht verwandelt hat.

Schließe zu Beginn der zweiten Übung die Augen und gehe tief nach innen. Lasse die Welt und ihren äußeren Lärm los. Gehe nach innen, bis du bei deiner geistigen Wesensnatur angekommen bist. Entspanne dich in diesem Licht und in dieser Liebe. Sie sind das, was du in Wirklichkeit bist. So wurdest du erschaffen. Erkenne, dass dies der Ort des Einsseins ist und dass Gott nicht nur in deinem Geist ist, sondern dass du auch im Geist Gottes bist. Verweile fünf Minuten oder länger an diesem Ort. Öffne dann deine Augen, schaue um dich und erkenne, dass Gott in allem ist, was du siehst, und dass die höchste Liebe in dir und die höchste Liebe außerhalb deiner selbst in Wirklichkeit nicht voneinander getrennt sind. Das höchste Licht ist in allem, was du siehst, weil Gott in allem ist, was du siehst. Nimm dir heute drei- oder viermal die Zeit, diese Übung zu wiederholen. Je mehr du sie meisterst, umso offener und dankbarer wirst du gegenüber dem, was du außerhalb deiner selbst siehst. Die spirituelle Schau verbindet dich mit dem, was außerhalb deiner selbst ist, und heilt das entartende Wesen von Urteil und Trennung, das sich über Äonen im kollektiven Bewusstsein der Menschheit aufgebaut hat. Jedes Mal, wenn du den Schleier durchdringst, bewirkst du eine positive Veränderung – nicht allein für dich selbst, sondern, wie es in *Ein Kurs in Wundern* heißt, für unzählige Millionen.

Es ist höchste Zeit, das zu heilen, was dich zurückhält, und genau die richtige Zeit, um überwältigende Freude zu empfinden.

Lektion 83

Was du durch Angriff zu bekommen glaubst

Wenn du andere Menschen angreifst, greifst du dich selbst an. Das zählt zu den schlimmsten Dingen, die du tun kannst, wenn es um deine Gesundheit oder darum geht, ein ausgeglichenes, von Mühelosigkeit geprägtes Leben zu führen. Wenn du angreifst, dann machst du Schwierigkeiten, und das Leben gibt dir diese Schwierigkeiten doppelt und dreifach zurück. Wenn du angreifst, fühlst du dich schwach und hoffst, eine Situation ausgleichen zu können. Angriff führt jedoch immer zu Machtkampf. Wenn dein Angriff erfolgreich ist, langweilt es dich schon sehr bald, andere Menschen zu beherrschen. Du wirst zu ihrem Gefängniswärter und verbringst ebenso viel Zeit im Gefängnis wie deine Gefangenen. Wenn dein Angriff nicht erfolgreich ist, leidest du. In beiden Fällen stellt dein Angriff jedoch eine Verzögerungstaktik dar und ist auch als Verzögerungstaktik gedacht. Angriff rührt von Angst her und bringt größere Angst hervor. Angriff ist ein Sieg für das Ego, ganz gleich, ob wir gewinnen oder verlieren. Es strebt nach Besonderheit. Es will sich verstecken und zugleich den Scheinwerfer auf dich richten. Dies ist das gespaltene Bewusstsein aus Angriff und Angegriffenwerden, das eine passive Form von Angriff, aber eine aktive Form von Rache ist. *Es kann keinen Angriff auf einen anderen Menschen geben ohne die Hoffnung, etwas zu gewinnen.* Dieser erhoffte Gewinn oder der Wunsch, etwas zu bekommen, ist das, was den Angriff antreibt. Alle gesundheitlichen Probleme und Schwierigkeiten rühren von inneren Konflikten her. Es sind Orte, an denen du nicht mit dir selbst in Einklang bist, und der innere Angriff wird nach außen verlagert.

Finde heute die Orte, an denen du angreifst oder angegriffen wirst. Suche nach Problemen. Sie alle sind eine Form von Konflikt und Selbstangriff. Lasse sie heute los. Bitte den Himmel, dich von dem Schlachtfeld, auf dem du dich gerade befindest, fort und weit darüber hinaus zu tragen. Fördere keine Angstgedanken, denn sie sind eine Form von Selbstangriff und nicht das, was du willst. Triff eine bessere Entscheidung für dich selbst, und entscheide dich auch dafür, anderen Menschen das zu geben, was du selbst willst.

Lektion 84

Du trägst deine Geschichte in deinem Körper

Du trägst die Geschichte deines Lebens in deinem Körper. Deine Krankheiten und deine Verletzungen ebenso wie deine Freude sind darin verkörpert, wie du aussiehst und wie du dich fühlst. Du trägst sie in deinen Knochen, Muskeln und Organen. Du trägst sie in deiner äußeren Erscheinung. Strahlst du, oder siehst du aus, als wolltest du für einen Zombiefilm vorsprechen? Was du in deinem Körper siehst und fühlst, kann dich auf das hinweisen, was in deinem Bewusstsein der Heilung bedarf. Du kannst Krankheiten, Verletzungen und Schmerzen als Hinweis auf das benutzen, was geheilt werden muss, statt dafür zu sorgen, dass sie dich von deinem inneren Konflikt ablenken.

Wenn eine Verletzung geschieht, kannst du dich fragen, ob der Konflikt, den das Problem widerspiegelt, alt oder uralt ist. Wenn er uralt ist, frage dich, ob er von der Seelenebene, der Ahnenebene oder beiden Ebenen herrührt. Wenn du seit vielen Jahren in einem Heilberuf arbeitest oder am Beginn des Stadiums der Meisterschaft stehst, nimmst du über deinen Körper und dein Bewusstsein allmählich nicht nur persönliche, sondern auch kollektive Themen auf dich. Was zuvor nur ein kleines körperliches Problem gewesen wäre, über das du mühelos hinausgelangt wärest, kann sich nun als chronisches Problem zeigen. Deine Seele vertraut darauf, dass du mit der Hilfe des Himmels das Problem sowohl für dich selbst als auch für das kollektive Bewusstsein überschreiten kannst. Die folgende Passage aus *Ein Kurs in Wundern* beschreibt am besten, was ich selbst seit vielen Jahren weiß und beobachte. Hier heißt es wortgewandt, dass der Körper ebenso wie die Erinnerung ...

„... in sich selber ohne Zweck [ist]. Und wenn sie [die Erinnerung] dazu zu dienen scheint, alten Hass zu hegen, und dir Bilder von Ungerechtigkeiten und Verletzungen gibt, die du aufbewahrt hast, so hattest du verlangt, dass genau dies ihre Botschaft sei und ist. Ihren Gruften anvertraut, ist die Geschichte der gesamten Vergangenheit des Körpers hier versteckt."

Ein Kurs in Wundern, T-28.I.5.5:7

Sobald ein Konflikt auf den Körper verlagert wird, wird er dissoziiert. Damit wird es sehr viel schwieriger, das wirkliche Thema ausfindig zu machen. Wenn du über dein Symptom meditierst und darauf achtest, welche Gedanken oder Emotionen in dir aufsteigen, findest du sehr rasch heraus, was in dir der Heilung bedarf.

Eine Methode der Heilung besteht darin, über das hinauszugelangen, was du zu sein glaubst. Es ist das, was du dein ganzes Leben lang unter Beweis stellen wolltest. Dieser „Beweis" bindet dich an den Traum und hält dich in der Illusion der Welt fest. Je mehr du im Lauf der Welt gefangen bist, *umso mehr glaubst du, dass du ein Körper bist und auf den Tod zusteuerst.* Das, was du zu sein glaubst, bemächtigt sich deiner zuerst und engt dich dann immer mehr ein, sodass es dir allmählich die Luft abschnürt oder das Leben infolge dieses Glaubens allmählich tröpfchenweise aus dir herausfließt. Wenn dir klar wird, dass die Welt ein von deinem Bewusstsein nach außen projiziertes Hologramm ist, dann erkennst du, dass etwas jenseits der zahllosen weltlichen Bilder liegt, die deinem Bewusstsein entspringen. Wenn du alle inneren und äußeren Bilder abstreifen könntest, dann würdest du feststellen, dass nur Licht bleibt, und du würdest die überwältigende Freude erleben, die mit der Erfahrung des allumfassenden Lichts einhergeht. Du würdest dich selbst als ein Lichtteilchen in den Wellen des Lichts erkennen. Du würdest dein Einssein erkennen, und du würdest erkennen, dass du ein Teil von Gottes Geist und somit zutiefst heilig bist.

Gegenwärtig hast du diese Erkenntnis über dich selbst natürlich noch nicht. Du kennst nur die Identität, die du selbst aufgebaut hast. Du hast deinen Körper benutzt, um bestimmte Dinge im Hinblick auf dieses von dir geschaffene Selbst zu beweisen. Du lässt deinen Körper manchmal einen teuren Preis für den Groll bezahlen, den du benutzt, um andere Menschen zu beschuldigen, damit du deine eigene Schuld verstecken kannst. Aus all diesen Dingen wird eine Geschichte, die davon handelt, was dir widerfahren ist und was andere Menschen dir angetan oder nicht für dich getan haben. Du hast dein inneres Licht verdunkelt. Für jedes Selbstkonzept hast du einen Preis aus Schmerz, Angst und Schuld bezahlt. Dies verdeckt die Liebe, die deine geistige Wesensnatur und das ewige Licht ist, das du bist, das ein Teil Gottes ist.

Die folgende Übung gräbt nach und nach alle Konzepte aus, mit denen du dir selbst die Luft abgeschnürt hast. Sie soll das, was du wirklich bist, aus der Tyrannei befreien, die du deinem Körper auferlegt hast. Beginne in dieser Übung mit Krankheiten und Verletzungen, gehe dann aber weiter zu jedem Ort, an dem dein Körper scheinbar ein Problem hat, älter oder schwächer wird. Stelle dir die folgende Frage sechsunddreißigmal: „Wenn ich wüsste, was mein Körper über mich beweist, dann ist es ...."

Nach jedem Selbstkonzept, das du ans Licht förderst, wiederhole den Satz: „Aber mein Geist ist Teil von Gottes Geist. Ich bin sehr heilig." Dies sind Worte der Kraft aus *Ein Kurs in Wundern* (Lektion 35).

Diese Übung kann dich von der Geschäftigkeit und den zahllosen Aufgaben befreien, die jedes deiner Selbstkonzepte dir auferlegt, und sie bekräftigt deine ursprüngliche Identität und ihr Hauptmerkmal, das Heiligkeit ist. Diese Heiligkeit rührt von deiner Ganzheit her. Du kannst deine Ganzheit und dein Einssein nicht verlieren. Du kannst nur träumen, sie verlieren zu können. Diese Übung hilft dir, deine Geschichte abzustreifen, sodass du auf dem Weg, den du gekommen bist, und zum ewigen Jetzt der Gegenwart zurückkehren kannst. Diese Übung hilft dir, dich Schicht um Schicht von der Schale zu befreien, die dich gefangen gehalten hat. Sie erinnert dich an das wahre Wesen der Welt und daran, dass sie ein Film ist, dessen Ursprung in deinem Bewusstsein liegt.

Wenn du den ersten Teil dieser Übung abgeschlossen hast, kannst du eine weitere Frage stellen, in der es um die Welt geht. „Wenn ich wüsste, was die Welt über mich beweist, dann ist es ...." Was du über die Welt glaubst, ist der Beweis dafür, dass du besser bist als das, was du in ihr siehst. Dennoch ist jeder Glaubenssatz über die Welt ein Glaubenssatz über dich selbst. Alle Konzepte sind Selbstkonzepte. Mit Hilfe der folgenden Affirmation kannst du jedoch deinen Glaubenssatz und damit eines deiner zahllosen Selbstkonzepte auflösen, die dich einschließen und den Fluss zum Stillstand bringen: „Aber mein Geist ist Teil von Gottes Geist. Ich bin sehr heilig."

Damit tritt das wieder in den Vordergrund, was du wirklich bist, und nimmt den Platz der Geschichte ein, die du über dich erfunden hast. Die Wesensnatur, in der Gott dich erschaffen hat, ist unveränderlich. Du kannst nur träumen, dass sie verändert wurde, indem du sie mit zahllosen Selbstkonzepten zudeckst. Nun beginnst du den Reinigungsprozess, der dich zu deiner Ganzheit zurückbringt. Er erspart dir viel Zeit, die du anderenfalls auf einen Traum vergeudest, in dem du sehr beschäftigt bist. Je stärker du in deinem Traum gefangen bist, umso stärker entwickelt er sich zu einem Albtraum. Je mehr du erkennst, dass es ein Traum ist, umso größer werden sowohl deine Macht als auch deine Freiheit. Begib dich auf die Reise zurück zu deinem höchsten Selbst und zur Erfahrung des Himmels auf Erden.

Lektion 85

Hilflosigkeit und dein gebrochenes Herz

Denke an dein Leben zurück, und beginne bei deiner Kindheit. Denke an die Zeiten zurück, in denen du dich hilflos gefühlt hast. Aus psychologischer Sicht sind dies wichtige Zeiten. Es sind Zeiten, in denen du Gefühle der Schuld, des Versagens und sogar des Herzensbruchs in dir getragen hast, weil du außerstande warst, den Menschen zu helfen, denen du helfen wolltest und denen zu helfen du dich aufgerufen fühltest. Weil deine Familie dir sogar wichtiger war als du dir selbst, hat deine Hilflosigkeit dir manchmal im wahrsten Sinne des Wortes das Herz gebrochen. Ein Herzensbruch hat mit dem Leiden anderer Menschen, vor allem aber mit dir selbst zu tun. Du wolltest ein leuchtender Stern sein. Du warst das goldene Kind, warst aber nicht gut genug, um deine Familie zu retten. Wir verlieren in solchen Situationen unseren goldenen Glanz oder werfen ihn vielmehr fort, weil er uns nicht geholfen hat. Er hat uns nicht geholfen, weil das Ego sich zu diesem Zeitpunkt bereits einer Form von Selbstangriff bedient hatte, um deine Bestimmung – die Gaben des großen Glücks, die deinem *Sein* entspringen – zu übertrumpfen.

Bei den Geschichten und Verschwörungen, die das Ego zu diesem Zweck benutzt, handelt es sich meist um Geschichten und Verschwörungen, in denen du dich ungewollt fühlst oder glaubst, das Leben eines anderen Menschen zerstört zu haben. Kinder neigen dazu, sich selbst die Schuld an allem zu geben, was in der Familie vorgeht, sei es Mangel, Streit, Krankheit, Alkoholismus, Promiskuität, Süchte oder eine Scheidung. Dieser Selbstangriff trennt sie vom Himmel und von ihrem wahren *Sein* oder reinen Geist, aus dem Transformationskraft und großes Glück hervorgehen können. Als reiner Geist umhüllt unser goldener Glanz alles, und in dieser Eigenschaft bewirkt er, dass alles, was problematisch war, sich zur Ganzheit hin entfaltet. Unser Ego weiß, dass dies den Anfang seines Niedergangs bedeutet, und es macht Überstunden, um dafür zu sorgen, dass wir uns selbst anklagen und sowohl unsere Verbindung zum Himmel als auch unser geistiges Erbe der Grenzenlosigkeit aufgeben. Nun ist es an der Zeit, dass wir die Dinge aufspüren, derer wir uns selbst beschuldigt haben, unsere falschen Glaubenssätze und Schuldgefühle zu neuer Ganzheit integrieren, unsere Verbindung mit dem Himmel wiederherstellen und den goldenen Glanz und das große Glück unserer geistigen Wesensnatur und unserer Bestimmung annehmen.

Lektion 86

Krankheiten und Verletzungen zeigen Fehler

Der emotionale Inhalt einer Krankheit oder einer Verletzung ist das, was der Heilung bedarf. Das ist jedoch schwierig, weil wir ihn vor uns selbst verborgen und den Konflikt des Bewusstseins auf den Körper verlagert haben. Körperliche Probleme zeigen einen Ort, an dem wir selbstgerecht sind. Selbstgerechtigkeit ist eine Abwehrstrategie, die entschieden erklärt, dass jemand anderer im Unrecht ist. Wir sind unnachgiebig und arrogant. Wir verurteilen und beschuldigen einen anderen Menschen. Urteile, Schuldzuweisungen und Selbstgerechtigkeit weisen aber immer auf unsere eigene verborgene Schuld hin. Es spielt also keine Rolle, ob wir Recht haben, denn Selbstgerechtigkeit bedeutet, dass wir in jedem Fall im Unrecht sind. Wir fühlen uns zumindest im Unrecht und weisen damit ebenso entschieden auf unsere Schuld hin, wie wir es zuvor durch unsere Urteile, unsere Schuldzuweisungen und unsere Selbstgerechtigkeit getan haben. Unser Verhalten zeigt, in welch hohem Maße wir uns selbst bestrafen.

Alle Krankheiten oder Verletzungen weisen auf einen Ort hin, an dem wir glauben, von einem anderen Menschen emotional verletzt worden zu sein. In diesem Punkt sind wir selbstgerecht. Schau nur, was er mir angetan hat! Unsere Krankheit oder Verletzung ist ein Zeichen und eine Botschaft, mit der wir kundtun, wie schlecht der betreffende Mensch sich benommen hat. Unsere Krankheit oder Verletzung zeigt, dass jemand etwas falsch gemacht und uns damit zugleich ein Unrecht zugefügt hat. Er ist ein schlechter Mensch, und unsere Krankheit oder Verletzung ist seine Strafe. Erkenne, dass, wenn du in deiner Umgebung einen Menschen wahrnimmst, der krank oder verletzt ist, du in gleichem Maße diesen Mechanismus in dir trägst, der andere Menschen ins Unrecht setzt und erwartet, dass sie sich für dich ändern. Du kannst die Krankheit oder Verletzung anderer Menschen als ein Frühwarnsystem benutzen, um an deiner eigenen Heilung zu arbeiten, denn wenn du es nicht tust, wird das Problem größer und kommt dir immer näher, bis du schließlich selbst krank oder verletzt bist. Emotionale Unreife ist ein Ort, an dem wir glauben, jemand sei im Unrecht und sollte sich ändern, weil wir uns schlecht, verletzt, wütend oder bloßgestellt fühlen. Es ist vor allem wichtig zu erkennen, dass du alles, was dein Partner tut, auf einer tiefen Ebene entweder selbst tust oder kompensierst. Im Hinblick auf alles, was deine Eltern getan oder nicht getan haben, trägst du dieselben unbewussten Selbstkonzepte in dir. Wir bevölkern die Welt mit unserer Vergangenheit. Die Welt zeigt uns, wer wir zu sein glauben. Alle diese Dinge dienen unserer Heilung. Eine Krankheit oder eine Verletzung zeigt einen Ort, an dem wir glauben, ein anderer Mensch sei im Unrecht gewesen und wir seien zum Opfer gemacht worden. Heilung bedeutet jedoch zu erkennen, dass die Tatsache, dass wir zum Opfer gemacht wurden, zugleich ein Angriff war, den wir gegen den Täter, wichtige Menschen in unserem Leben, uns selbst und Gott geführt haben. Wir haben diese Opferereignisse benutzt, um uns von einer wichtigen Seelengabe sowie von der Gnade und den Wundern des Himmels abzuwenden, mit deren Hilfe diese Situation entschärft worden wäre. Wir haben das Opferereignis zudem als Ausrede dafür benutzt, uns von unserer Lebensaufgabe und unserer Bestimmung abzuwenden. Wir haben entschieden, uns zu verstecken und schwach zu sein. Wir haben den Weg der Ausreden und Schuldzuweisungen gewählt. Wir haben den Weg emotionaler Unreife gewählt, auf dem jede Emotion und jedes Problem signalisiert, dass ein anderer Mensch uns ein Unrecht zugefügt hat. Reife ist jedoch gleichbedeutend damit, dass wir unsere negativen Gefühle und unsere Probleme benutzen, um zu erkennen, dass wir derjenige sind, der den Fehler gemacht hat. Es ist durchaus möglich, dass ein anderer Mensch ebenfalls einen Fehler macht. Den Fehler, den er macht, haben wir jedoch selbst gemacht und machen ihn noch immer in Form des versteckten Konflikts, den wir in uns tragen.

Wenn wir negatives Verhalten bei einem anderen Menschen wahrnehmen, dann verhalten wir uns ebenso, haben jedoch die bessere Verhaltensausstattung oder glauben, sie zu haben. Bei dem, was wir ihn tun sehen, kann es sich um ein Bild aus unserer Vergangenheit, manchmal auch uralten Vergangenheit handeln, das im Unbewussten eingeschlossen ist und eingeschlossen bleiben soll. Weil wir diese Tatsache in hohem Maße kompensiert haben, glauben wir, dass wir selbst so etwas niemals tun würden. Um es zu beweisen, lassen wir uns durch dieses Verhalten zum Opfer machen. Damit zeigen wir zumindest uns selbst, dass wir uns nie so verhalten würden. Der Ort, an dem wir zum Opfer gemacht wurden, zeigt jedoch, dass wir uns ebenso verhalten haben und die Selbstkonzepte nach wie vor in uns tragen.

Opfer und Täter gleichen den beiden Seiten einer Medaille. Jede Seite blickt nach außen, sodass sie die jeweils andere Seite nicht sehen kann. Alle diese Dinge sollen uns davon abhalten, uns mit unseren „Geschichten" auseinanderzusetzen, und machen uns selbstgerecht. Sie liefern uns einen Vorwand dafür, uns von uns selbst, unserer Lebensaufgabe und unserer Bestimmung abzuwenden. Sie liefern uns einen Vorwand, uns zu trennen, uns von unserer ursprünglichen Identität als reiner Geist abzuwenden und eine Identität anzunehmen, die wir für uns selbst erschaffen haben. Wir trennen uns noch stärker von uns selbst und vom Himmel. Wir werden zu einem noch größeren Opfer. Wir sind von Selbstgerechtigkeit und Rache erfüllt und nicht bereit, uns unsere eigenen Geschichten anzuschauen. Wir verpflichten uns niemals uneingeschränkt dem Weg der Heilung. Jedes Problem und jeder Schmerz, den wir erfahren, ist ein Problem und ein Schmerz mehr, den wir heilen müssen. Es ist an der Zeit, uns wieder unserer Heilung zu verpflichten, weil es noch mehr zu lernen und noch mehr zu heilen gibt. Wenn wir es nicht tun, gelangen wir nicht auf eine bestimmte Ebene emotionaler Reife, was zur Folge hat, dass uns auch eine höhere Ebene der Liebe und der Partnerschaft entgeht. Unser Glück und die Frage, ob wir frei von Problemen leben können, hängen vom Grad unserer emotionalen Reife ab. Volle Partnerschaft ist gleichbedeutend mit unserer Fähigkeit, zu erkennen, dass die Menschen in unserer Umgebung unsere „Geschichten" ausagieren.

Es ist an der Zeit, dass wir die Verantwortung für unseren Schmerz, unsere Probleme und unsere Situation übernehmen. Es ist an der Zeit, dass wir unsere Fehler eingestehen, denn sobald wir es tun, beginnt unser höheres Bewusstsein, sie zu berichtigen. Sobald wir die Verantwortung für unsere Fehler übernehmen, können wir sie in die Hände des Himmels legen, damit er sie für uns ungeschehen macht.

Lektion 87

Der Mann mit dem vorzeitigen Erguss

Bei einem Workshop in Kanada warf ein junger Mann eine Frage auf, die mit seiner gesundheitlichen Verfassung zu tun hatte. Er hatte ein Problem mit seiner Prostata, das zu einem verfrühten Samenerguss führte. Er redete unentwegt von seinem körperlichen Problem. Ich erklärte ihm schließlich, dass er das Problem transformieren könne, wenn er bereit sei, die Kraft seines Geistes einzusetzen, um eine Veränderung zu erreichen. Daraufhin erzählte er, dass der chinesische Arzt, bei dem er in Behandlung war, ihm erklärt habe, es würde ihn körperlich schwächen, wenn er zu viel Sex hätte. Ich erwiderte, dass es in Ordnung sei, das zu glauben, dass andere Ärzte meines Wissens aber genau die entgegengesetzte Meinung verträten. Was immer er glaubte, würde die entsprechende Auswirkung auf ihn haben. Es läge an ihm, in welches Glaubenssystem er investieren wolle, aber ich würde ihm empfehlen, sich für das Glaubenssystem zu entscheiden, das mit der größten Freiheit und den meisten Vorteilen verbunden sei, weil dies ein sicheres Zeichen dafür sei, dass es auch das höchste Maß an Wahrheit in sich trage.

Nach einigen Minuten gelangte der junge Mann zu der Erkenntnis, dass er seinen vorzeitigen Samenerguss in Wirklichkeit benutzte, um sich an seiner Frau zu rächen. Seine Frau war eine Tigerfrau und liebte Sex. In sexueller Hinsicht war sie von ihm abhängig, während er in allgemeiner Hinsicht von ihr abhängig war. Er war eher sanftmütig, und ihre Aggressivität – die für eine Tigerfrau normal ist, aber besonders deutlich hervortritt, wenn sie zu wenig Sex bekommt – hatte ihn verletzt. Ich riet ihm, nicht davonzulaufen oder sich zurückzuziehen, wenn seine Tigerfrau ihn angriff, sondern Liebe in sie einströmen zu lassen, denn während sie angriff, war sie gleichzeitig auf einer Gefühlsebene weit offen. Wenn er es tat, würde er in ihrem Verhalten allmählich einen deutlichen Unterschied feststellen. Es stellte sich heraus, dass ihr Verhalten ihn bereits häufiger verletzt hatte, weil er sanftmütig und friedliebend war, während seine Partnerin die Angewohnheit hatte, durch Auseinandersetzungen eine Lösung herbeizuführen. Weil er ihr nicht vergab oder sie nicht verstand, hatte er es ihr durch Rückzug heimgezahlt, denn diese Form von Angriff würde sie am stärksten zu spüren bekommen. Er hatte seinen Angriff unter seiner „gesundheitlichen Verfassung" verborgen. Als er zu einem neuen Verständnis für seine Tigerfrau und ihre Beziehung gelangte, wuchs seine Bereitschaft, ihr zu vergeben. Ich erklärte ihm, dass körperliche Themen wie Sex oder Gesundheit, wenn sie nicht funktionieren, zu einer Form von Angriff auf uns selbst, andere Menschen und Gott werden.

Nimm dir ein wenig Zeit, um über die Themen nachzudenken, mit denen du es in den Bereichen von Gesundheit oder Sexualität zu tun hast. Wofür greifst du dich selbst an?

Wen greifst du außerdem an?

Wofür greifst du den betreffenden Menschen an?

Wofür greifst du Gott an?

Ist es den Preis wert, den du dafür bezahlst?

Willst du das Problem oder die Antwort?

Stelle dir diese Frage immer wieder.

Willst du das Problem oder die Antwort?

Lektion 88

Fixierung heilen

Wenn dein Denken in einer Endlosschleife steckt, bist du fixiert. Fixierung bedeutet, dass du ein Problem hast, und wenn du wirklich feststeckst, kannst du dich leicht verletzen oder krank werden. Selbst dann dreht dein Verstand sich in derselben Schleife weiter. Du hörst dich Dinge sagen wie: „Mein Schmerz ist so groß. Mein Schmerz ist so groß. Mein Schmerz ist so groß." Oder du erklärst: „Ich bin so müde. Ich bin so müde. Ich bin so müde." Diese Gedanken, die sich unaufhörlich im Kreis drehen, sind die vorderste Verteidigungslinie des Egos. „Ich kann so nicht weitermachen. Ich kann so nicht weitermachen. Ich kann so nicht weitermachen." Diese und andere, ähnliche Gedanken wiederholen sich ständig wie eine Schallplatte, die einen Sprung hat.

Unsere Gedanken programmieren uns. Sie diktieren, wie die Dinge im Film unseres Lebens ablaufen. Stelle dir die Auswirkungen eines Computerprogramms vor, das Regie im Film deines Lebens führt: „Mein Mann ist eine miese Ratte. Ich hasse ihn. Mein Mann ist eine miese Ratte. Ich hasse ihn. Mein Mann ist eine miese Ratte. Ich hasse ihn." Was für Filmszenen liefern solche Gedanken, wenn nicht Szenen, in denen dein Mann miese und hassenswerte Dinge tut? Du solltest deine Wahrnehmung ändern, denn deine Wahrnehmung sorgt stets dafür, dass deine Gedanken und Glaubenssätze sich bewahrheiten.

Finde heute die Schleifen, die ständig in deinem Kopf kreisen. Sie lassen die Welt entstehen, die du siehst, und die Welt, die du siehst, verstärkt deine fixierten Gedanken und setzt einen abwärts gerichteten Teufelskreis aus Erfahrung und Wahrnehmung in Gang. Wahrnehmung ist keine Schau. Schau sieht eine positive Zukunft, die dich befreit. Schau inspiriert dich und versetzt dich in den Zustand, in dem alles fließt. Spirituelle Schau reinigt die Wahrnehmung von Inhalten, die dich gefangen halten, und wenn du diese Gedanken in die Hände deines höchsten Ursprungs legst, werden sie zu dem Mittel, mit dessen Hilfe du deinen Blick auf diese Welt überschreiten kannst. Du kannst Worte der Kraft sprechen, um deine Wahrnehmung zu verändern und dich zu befreien, indem du das, was du siehst, segnest und erhebst.

Die folgenden Worte der Kraft aus *Ein Kurs in Wundern* können, wenn du sie wiederholst, deinen Blick und deine Gefühle in Bezug auf eine Situation rasch verändern.

„Ich könnte stattdessen Frieden sehen." (Lektion 34)
„Ich will vergeben, und dieses wird verschwinden." (Lektion 193)
„Gott ist meine Stärke. Die Schau ist SEINE Gabe." (Lektion 42)
„Ich bin gesegnet als SOHN GOTTES." (Lektion 40)
„Ich lege die Zukunft in GOTTES HAND." (Lektion 194)

Jedes Mal, wenn du einen dieser Sätze der Kraft sprichst, wird eine Schicht der Zwiebelhaut abgeschält. Gehe in die Stille und wiederhole einen dieser Sätze. Nimm nach jeder Wiederholung wahr, wie die Situation sich nun für dich darstellt und wie sie sich anfühlt. Meist beginnen nach der sechsten Wiederholung sogar zutiefst chronische Probleme, sich zu verändern. Wenn du jedoch in den Wunsch investiert hast, dass alles so bleiben soll, wie es ist, tritt keine Veränderung ein. In diesem Fall solltest du der Frage nachgehen, warum du es so haben willst und in Bezug worauf du Recht haben willst. Du könntest stattdessen Frieden sehen, der das Fundament von Glück, Liebe, Gesundheit und Fülle ist.

Lektion 89

Es gibt nichts

„Es gibt nichts, was meine Heiligkeit nicht vermag, weil die Macht GOTTES in ihr liegt.“

Ein Kurs in Wundern, Lektion 38.5.3

Eine solche Aussage kann absurd und sogar blasphemisch klingen, wenn sie gegenüber einem Menschen gemacht wird, der nicht darauf vorbereitet ist. In Wirklichkeit ist es jedoch arrogant, etwas anderes in Betracht zu ziehen, denn unsere Heiligkeit wurde von Gott angelegt, der uns nach seinem Bild geschaffen hat. Ich will es erklären. Gott als der reine, ewige Geist der Liebe hat uns nach seinem Bild erschaffen. Wir sind also unschuldig, allmächtig und heilig, weil wir so erschaffen wurden. Wir haben jedoch zahllose Selbstkonzepte aufgebaut, um unsere eigene Identität, das heißt unser Ego, zu erschaffen. Mit jeder Abspaltung vom Einssein – von der wir glaubten, sie sei möglich, die in Wirklichkeit aber nur eine Illusion war – haben wir Angst, Schuld, Angriff, Selbstangriff und Schmerz vergrößert. Wenn wir schließlich Heilung erlangen und den Weg gehen, der uns zum Einssein zurückführt, dann steigen diese alten und uralten Spaltungen und Verletzungen, gesundheitlichen Herausforderungen und Probleme zur Oberfläche empor. Es liegt in der Natur der Dinge, dass wir uns hilflos fühlen, wenn wir mit einem dieser Dinge konfrontiert werden. Dabei spielt es keine Rolle, wie groß das Maß an Heilung ist, das wir bereits erlangt haben, denn das versetzt uns nicht automatisch in die Lage, auch die neuen Herausforderungen zu heilen. Wenn wir zum Bewusstseinsstadium der Meisterschaft gelangen, ist es tatsächlich so, dass unsere persönliche

Heilung sowohl an die kollektive Heilung als auch an die tiefste Dunkelheit in unserem eigenen Bewusstsein geknüpft ist. Manchmal ist es sogar möglich, dass der kollektive Anteil größer als unser persönlicher Anteil ist. Das kann rasch zur Folge haben, dass wir uns hilflos fühlen. Wir können diese uralten Spaltungen überschreiten, indem wir zu dem Zustand zurückzukehren, in dem wir erschaffen wurden, und zu dem tiefen Frieden und der Heilung, die wir dort finden.

Um heute Heilung zu erlangen, wünsche dir, zu deiner Identität als ewiger, reiner Geist und als Kind Gottes zurückzukehren. Stelle dir vor, dass du mit Hilfe des Himmels an allen Emotionen, Bildern und Gedanken in deinem Bewusstsein vorbeigelangst und tief in dich selbst hinein an den Ort fällst, an dem du reines Licht bist. Ruhe an diesem Ort. Dein Geist ruht im Geist Gottes. Dies ist der Ort, von dem deine Macht herrührt. Nachdem du geruht hast, bringe jedes Problem, das dich zurückhält oder quält, an diesen heiligen Ort. Hier lösen sich Illusionen auf. Du gewinnst deine Stärke und deine Macht zurück, weil du erkennst, dass du kein Körper, sondern ein Kind Gottes bist und ***dass es nichts gibt, was deine Heiligkeit nicht vermag, da die Macht Gottes in ihr liegt***. Lasse dies heute deine Antwort auf jeden Schmerz und jede emotionale Verstimmung sein. Rufe dir ins Gedächtnis, wer du bist und was du verdienst. Du bist sehr heilig, und dein Geist ruht im Geist Gottes. Verweile morgens, wenn du aufwachst, und abends, wenn du schlafen gehst, fünf Minuten oder länger an diesem Ort. Lasse die unzähligen Selbstkonzepte mit all ihren Hindernissen und ihrer Angst im Angesicht der Liebe zerrinnen. Sie bestehen aus Trennung, und Liebe löst diese Illusion auf. Wenn du es mit einer chronischen Situation zu tun hast, wiederhole die Worte der Kraft: „Es gibt nichts, was meine Heiligkeit nicht vermag, weil die Macht Gottes in ihr liegt." Nimm jedes Mal, wenn du diese Worte, durchdrungen von deinem Willen und dem Willen Gottes, wiederholst, wahr, ob eine Veränderung eingetreten ist, wie die Situation sich darstellt und wie sie sich anfühlst.

So wird deine Wahrnehmung der Erfahrung – vergleichbar mit der Schale einer Zwiebel – Schicht um Schicht geheilt. Du kannst diese Worte unaufhörlich wiederholen, dein Licht und die Macht Gottes anrufen und zulassen, dass deine Wahrnehmung in immer höherem Maße zur Ganzheit gelangt.

Lektion 90

Niemand kann leiden

„Niemand kann leiden, wenn er sich nicht als angegriffen sieht und als Verlierer durch den Angriff."

*Ein Kurs in Wundern,*T-28.VI.4.5

Unser Leiden ist eine Täuschung. Wir haben uns selbst und unsere Umwelt getäuscht. Wir benutzen diese Opfersituation, um uns an einem Menschen in der Gegenwart und einem Menschen aus der Vergangenheit zu rächen. Wir benutzen diese Täuschung, um vor unserer Lebensaufgabe davonzulaufen, unabhängig zu sein, unseren Willen durchzusetzen, Recht zu haben und an unserer Geschichte zu schreiben, die davon handelt, dass wir schlecht behandelt wurden. Alle diese Ereignisse hätten jedoch vermieden werden können, wenn wir in der Absicht, unser Ego zu stärken, nicht hartherzig gewesen wären und uns geweigert hätten, den an der Situation beteiligten Menschen zu helfen. Weil wir hartherzig waren und unsere Selbstkonzepte mehren wollten, waren wir nicht offen für die Liebe. Dieses Verhalten rührt von unserem Verlangen her, die Kontrolle zu übernehmen und unseren Willen durchzusetzen. Unser Leiden ist deshalb eine Folge unseres eigenen Handelns. Das wollen wir am wenigsten hören, obwohl es die wichtigste Botschaft ist, auf die wir hören sollten. Wir haben das, was in der Vergangenheit geschehen ist, falsch wahrgenommen. Diese Fehlwahrnehmung hat zu unserem Leiden geführt. Wir setzen ein Muster fort, das bis in den Mutterleib zurückreicht. Das Gefühl, angegriffen zu werden, ist in Wirklichkeit eine Form von Angriff. Wir nehmen einen Hilferuf falsch wahr. Wir könnten jetzt helfen und dadurch sowohl das Leiden des betreffenden Menschen als auch unser eigenes Leiden lindern. Wir hätten sogar verhindern können, dass die Situation geschieht, wenn wir die Hilfe gewährt hätten, die wir damals in uns getragen haben und auch heute noch in uns tragen. Statt zu helfen, haben wir uns eine Schale zugelegt, die nun zu einem ganzen Riff geworden ist, das uns von anderen Menschen trennt. Wir haben uns gefürchtet, den nächsten Schritt hin zu Nähe und Erfolg zu gehen, und stattdessen eine Identität für uns selbst erschaffen, bei der es sich um Vorstellungen von uns selbst handelt, die unser Leiden kompensieren sollen. Das funktioniert aber nur so lange, bis das Leiden in unser Leben hereinbricht und den Anschein vermittelt, als sei es einfach geschehen und nicht etwas, das auf die Wurzeln zurückgeht, die im Unterbewusstsein oder sogar im Seelenbewusstsein vergraben liegen. Bitte nun um die Hilfe deines höheren Bewusstseins. Wir wollen dieses ganze Muster klären. Frage dich, wer der Mensch ist, von dem du glaubst, er habe dein jetziges Leiden verursacht. Welches Ereignis hat dazu geführt, dass du leidest? Kannst du nun erkennen, wie er gelitten hat, um sich so zu äußern oder so zu handeln, wie er es getan hat? Frage dich, ob es noch ein anderes Ereignis in deinem Leben als erwachsener Mensch gibt, das zu diesem Vorfall geführt hat, und was geschehen ist.

Wenn du wüsstest, wer daran beteiligt war, dann war es vermutlich ....

Wenn du wüsstest, was geschehen ist, dann war es vermutlich ....

Wenn du wüsstest, wie es sich auf dich ausgewirkt hat, dann war es vermutlich ....

Kannst du erkennen, dass das Leiden eines Menschen das Leiden anderer Menschen hervorruft? Du hast diese Menschen dort für deine Zwecke benutzt, wo du hättest helfen können, um die Situation zu transformieren. Das kann jetzt geschehen. Fahren wir fort.

Frage dich, welche Situation in deiner Kindheit zu deinem jetzigen Leiden geführt hat. Wie alt warst du, als es geschehen ist?

Wenn du wüsstest, wer daran beteiligt war, dann war es vermutlich ....

Wenn du wüsstest, was geschehen ist, dann war es vermutlich ....

Kannst du erkennen, welche Auswirkungen das Ereignis auf dich hatte und in welcher Weise du es benutzt hast, um Recht zu haben und die Position deines Egos zu stärken?

Kannst du auch erkennen, dass die anderen an diesem Ereignis beteiligten Menschen gelitten haben und dass du durch deine Liebe und deine Gaben eine entscheidende Veränderung hättest bewirken können, wenn du dich nicht von ihnen abgewendet hättest?

Dieses Muster wollen wir jetzt ändern. Das Alter, in dem dieses Ereignis in deiner Kindheit geschehen ist, entspricht dem Monat im Mutterleib, in dem die Wurzel zu finden ist, die das gesamte Muster in deinem Leben in Gang gesetzt hat. Wenn es im Alter von zehn, elf oder zwölf Jahren geschehen ist, dann weist es auf ein früheres Ereignis in deiner Kindheit hin, das im Alter von einem, zwei oder drei Jahren geschehen sein muss. Stelle dir im Hinblick auf dieses frühere Ereignis die gleichen Fragen wie zuvor. Wer war an der Situation beteiligt? Was ist geschehen? Wie hat es sich auf dich ausgewirkt? Erkenne wiederum, dass die an der Situation beteiligten Menschen gelitten haben und dass auch du gelitten hast, weil du dich getrennt hast, statt zu helfen.

Nun wollen wir zum entsprechenden Monat im Mutterleib zurückkehren. Wenn du wüsstest, wer in diesem Monat an der Situation beteiligt war, die dein Leiden verursacht hat, dann war es vermutlich ....

Wenn du wüsstest, worum es bei dem Ereignis gegangen ist, das dein Leiden verursacht hat, dann war es vermutlich ....

Im Mutterleib nimmst du die Emotionen wichtiger Menschen in deinem Leben als deine eigenen Emotionen wahr. Kannst du erkennen, dass sie gelitten haben?

Kannst du außerdem erkennen, dass du das Ereignis benutzt hast, um dich zurückzuziehen und dein Ego zu stärken?

Das können wir nun ändern, aber kannst du erkennen, wie dieses Ereignis dein Leben beeinflusst hat?

Nun wollen wir uns mit den unbewussten Wurzeln befassen. Es gibt zwei wichtige unbewusste Wurzeln, die zu Mustern im Mutterleib führen können. Bei der ersten Wurzel handelt es sich um Ahnenmuster, die von einer Generation zur nächsten weitergegeben werden, während es sich bei der zweiten Wurzel um die Metapher „früherer Leben“ handelt. Ob du an die Existenz früherer Leben glaubst oder nicht, spielt hier keine Rolle, weil es sich dabei um eine Metapher handelt, die ein Muster des Egos ist. Es gibt in unserem Bewusstsein einen Bereich, der uns nicht nur unsere Schlafträume, sondern sogar unseren Wachtraum schickt. Wir befassen uns nun mit einem Grundmuster des Bewusstseins, das uns, unsere Emotionen und unser Leben programmiert. Frage dich, ob die unbewusste Wurzel deines jetzigen Leidens auf der Ahnenebene, in einem vergangenen Leben oder in beidem liegt.

Wenn du wüsstest, ob die unbewusste Wurzel deines jetzigen Leidens von einem Ahnenproblem, einem anderen Leben oder beidem herrührt, dann rührt sie vermutlich von .... her.

Wenn sie aus einem anderen Leben herrührt, frage dich, in welchem Land du gelebt hast.

Warst du ein Mann oder eine Frau?

Wenn du wüsstest, welches Ereignis, das damals geschehen ist, die Wurzel deines jetzigen Leidens ist, dann ist es vermutlich ....

Wenn du es wüsstest, worin bestand dann die Lektion des Lichts, die du damals lernen solltest?

Welche dunkle Lektion hast du stattdessen gelernt?

Wenn die Wurzel deines Leidens auf ein Ahnenproblem zurückzuführen ist, frage dich, auf welcher Seite deiner Familie es weitergegeben wurde. War es die Seite deiner Mutter, die Seite deines Vaters, oder waren es beide Seiten? Wenn du Stiefeltern hast, beziehe sie in diese Frage ein, da du ihr Vermächtnis sowohl in positiver als auch in negativer Hinsicht übernommen hast.

Frage dich, vor wie vielen Generation das Leiden begonnen hat.

Frage dich, ob es mit einem Mann, mit einer Frau oder mit einem Mann und einer Frau begonnen hat.

In welchem Land haben sie gelebt?

Was ist dort geschehen?

In welcher Form hat es sich gezeigt, als es innerhalb der Familie von einer Generation zur nächsten weitergegeben wurde?

In welcher Form hat es sich bei deinen Großeltern, deinen Eltern, dir selbst und deinen Kindern gezeigt?

Wende dich nun wieder dem gegenwärtigen Ereignis zu. Bitte den Himmel und dein höheres Bewusstsein darum, dich in deine Mitte und alle Menschen, die Teil der Situation waren, in ihre Mitte zurückzutragen. Deine Mitte ist ein Ort des Friedens und der Unschuld. Sie gibt dir Selbstwert, Macht, Erfolg, Kreativität, Liebe und Gnade zurück. Nachdem alle Menschen einschließlich dir selbst in ihre erste Mitte zurückgetragen wurden, nimm wahr, wie die Situation sich jetzt für dich darstellt und wie sie sich anfühlt. Wie stellen die daran beteiligten Menschen sich für dich dar? Sei unbesorgt, wenn zunächst eine Verschlechterung eintritt. Es bedeutet lediglich, dass tief eingepresste oder sogar unbewusste Emotionen zur Oberfläche aufsteigen. Bitte nun darum, in eine zweite Mitte zurückgetragen zu werden, die höher und zugleich tiefer als die erste Mitte ist. Wie stellt sich die Situation für dich dar, und wie fühlt sie sich an? Bitte dann darum, in eine dritte tiefere und zugleich höhere Mitte zurückgetragen zu werden. Wie geht es den an der Situation beteiligten Menschen, nachdem sie in diese Mitte zurückgetragen wurden? Du kannst darum bitten, in so viele Mitten zurückgetragen zu werden, bis alle an der Situation beteiligten Menschen von Freude erfüllt sind, oder die Übung so lange fortsetzen, bis die gesamte Situation sich in Licht verwandelt hat. Das jüngste Ereignis ist die Frucht an einem Baum des Leidens, sodass seine Heilung am längsten dauern kann.

Wenn du das Gefühl hast, dass der Prozess abgeschlossen ist, wende dich dem Ereignis zu, das in deinem Leben als erwachsener Mensch geschehen ist. Bitte darum, in deine Mitte zurückgetragen zu werden. Bitte auch darum, dass alle anderen an der Situation beteiligten Menschen in ihre Mitte zurückgetragen werden. Bitte den Himmel und dein höheres Bewusstsein immer wieder darum, dass alle an dieser Situation beteiligten Menschen, du selbst eingeschlossen, in ihre Mitte zurückgetragen werden, bis sie von Freude erfüllt oder sogar in Licht verwandelt ist. Im nächsten Schritt kehren wir zum Kindheitsereignis zurück und bitten darum, dass alle an dieser Situation beteiligten Menschen ebenfalls in ihre Mitte zurückgetragen werden mögen. Nimm wahr, wie die Situation sich für dich darstellt und wie sie sich anfühlt. Wiederhole die Bitte, bis sie von Freude erfüllt ist oder sich in Licht verwandelt hat.

Führe die Übung anschließend mit dem Ereignis im Mutterleib und dann mit den unbewussten Ereignissen durch. Dadurch, dass du diese Situationen und die daran beteiligten Menschen in ihre jeweilige Mitte zurückführst, veränderst du die Muster in deinem eigenen Bewusstsein, sodass dir ein höheres Maß an Liebe und Erfolg zuteilwird, das dir hilft, glücklich zu sein. Auf diese Weise kannst du dich von deiner Vergangenheit befreien und sie in eine freudvolle Vergangenheit verwandeln. Das bringt dich wiederum in stärkerem Maße in den gegenwärtigen Augenblick zurück, der von Frieden, Glück und der Möglichkeit zur Transzendenz erfüllt ist.

Diese Übung kann dein Leben wirklich transformieren und es auf eine neue Ebene emporheben. Lasse den Himmel und dein höheres Bewusstsein die ganze Arbeit für dich vollbringen. Lasse zu, dass sie mühelos geschieht, und entspanne dich wie ein kleines Kind in den Armen liebevoller Eltern.

Lektion 91

Märtyrertum heilen

Bei chronischen Problemen, schweren Krankheiten oder Verletzungen ist Märtyrertum fast immer eine der Kerndynamiken, die zu dem Problem geführt haben. Wir glauben, einen Menschen, den wir lieben, retten zu können, indem wir uns aufopfern. Aufopferung verbirgt jedoch oft eine Beziehung der Hassliebe. Sie ist von verborgener Konkurrenz, Angriff und Rückzug geprägt. Wir erkennen nicht, dass der mit unserem Märtyrertum verbundene Angriff nicht vereinzelt ist, sondern auf alle Menschen projiziert wird – die Menschen, die wir retten wollen, eingeschlossen.

Märtyrertum ist wie alle Probleme, die wir haben, eine Botschaft, die sagt: „Wenn du nicht wärest, würde ich nicht so leiden." Märtyrertum vermittelt eine doppelte Botschaft. Alles, was wir erreichen, indem wir zum Märtyrer werden, hätten wir auch ohne Märtyrertum erreichen können. Die größeren Zwischenfälle in unserer Kindheit waren fast alle an die Dynamik des Märtyrertums geknüpft, mit dessen Hilfe wir versucht haben, unsere Familie oder ein Mitglied unserer Familie zu retten. Märtyrertum funktioniert nur selten, vergrößert jedoch immer die Schuld der Menschen, für die du zum Märtyrer wirst. Das größte Geheimnis der Rolle des Märtyrers und anderer ähnlicher Rollen besteht darin, dass sie den Wunsch nach Unabhängigkeit verbergen.

Märtyrertum hält uns in einem Zustand der Verschmelzung fest, statt uns die Ebenbürtigkeit der Partnerschaft zu bringen. Wir glauben, dass wir uns selbst oder zumindest einen Teil unserer selbst aufgeben müssen, um unsere Familie oder eine bestimmte Person zu retten, der wir dadurch unsere Liebe beweisen wollen.

Es ist wichtig, dass wir uns unserer Märtyrerdynamiken bewusst werden. Stelle dir die Frage, wie viele Muster des Märtyrers du von deinen Vorfahren und von deiner Familie übernommen hast. Stelle dir die Frage, wie viele Geschichten und Verschwörungen des Märtyrers du in dir trägst. Stelle dir die Frage, wie viele Schattenfiguren und Selbstkonzepte des Märtyrers du in dir trägst. Stelle dir die Frage, wie viele Götzen des Märtyrers du in dir trägst. Wenn du mit Hilfe deiner Intuition die Antworten auf diese Fragen erhalten hast, stelle dir die Frage, wie diese Götzen, Schattenfiguren, Selbstkonzepte, Geschichten und Verschwörungen des Märtyrers sich auf deine Gesundheit, deine Beziehungen, deinen Erfolg und auf die Erfüllung deiner Lebensaufgabe ausgewirkt haben. Die Verschwörung des Märtyrers ist an die Verschwörung der Familie geknüpft, bei der es sich um die größte Falle handelt, die es gibt, um uns an der Erfüllung unserer Lebensaufgabe zu hindern.

Gott würde niemals wollen, dass wir uns aufopfern, da dies für das Einssein ohne Bedeutung ist. Er würde wollen, dass wir den mühelosen Weg gehen, der gleichbedeutend mit dem wahrhaftigen Weg ist, denn Wahrheit, Mühelosigkeit, Freiheit und Partnerschaft folgen einer Dynamik. Die Dynamik von Aufopferung und Märtyrertum besteht zum einen aus Verschmelzung und zum anderen aus Verbitterung. Aufopferung wird oft als der Weg gepriesen, den es einzuschlagen gilt, aber dies ist ein psychologischer Fehler. In *Ein Kurs in Wundern* (T-4.3.1) heißt es, dass Jesu Aufopferung am Kreuz als „die letzte nutzlose Reise" gedacht war, die alle Aufopferung beenden sollte. Die Kreuzigung war ein extremes Beispiel, dessen Lehre darin bestand, dass Jesus liebte und deshalb keine Feinde hatte. Niemand muss eine derart extreme Erfahrung machen oder eine derart dunkle Lektion lernen, aber viele Menschen haben es sich dennoch abverlangt, solche Albträume zu durchleben.

Werde dir also bewusst, ob du die Dynamik des Märtyrers in dir trägst, da sie mit vielen großen Problemen verknüpft ist. Frage dich, wen du möglicherweise zu retten versuchst. Wenn du dich zum Märtyrer machst, glaubst du, allein zu sein, aber das ist genau das, was das Ego dir weismachen will. Die Überzeugung, allein zu sein, ist gleichbedeutend damit, den Himmel zu verleugnen. Gott hat versprochen, dass du niemals ohne Trost sein wirst, und wenn Gott derjenige ist, der allen alles gibt, dann wird Hilfe immer gewährt, sobald sie gebraucht wird, auch wenn sie nicht immer erkannt oder angenommen wird. Wenn du darum bittest, kannst du dich der Gnade öffnen. Wunder sind die Antwort des Himmels auf unsere Probleme. Es ist an der Zeit, dein Märtyrerdenken aufzugeben und stattdessen eine Partnerschaft mit anderen Menschen und mit Gott einzugehen. Dies verändert dein ganzes Leben. Lege alle Dynamiken des Märtyrers in Gottes Hände und nimm wahr, was du im Gegenzug dafür empfängst.

Lektion 92

Kollektive Glaubenssätze, die dich zurückhalten*

Es gibt viele Glaubenssätze, die uns zurückhalten und uns begrenzen. Infolge der Trennung, mit der wir unsere Identität als reiner Geist und Licht aufgegeben haben, haben wir zahllose Selbstkonzepte aufgebaut. Auf diese Weise sind wir in Konkurrenz zu Gott getreten und haben den Kampf gegen ihn aufgenommen. Es ist allerdings nicht so, als würde Gott sich jemals auf den Kampf einlassen, weil er in Wahrheit nichts zu verteidigen hat und vollkommenes Vertrauen in uns setzt. Wir haben uns durch unsere Glaubenssätze selbst Grenzen auferlegt. Sie gleichen Gefängniszellen, die unsere Wahrnehmung begrenzen. Daneben gibt es allgemein akzeptierte kollektive Glaubenssätze beispielsweise über Ernährung, Wirtschaft und Medizin oder darüber, dass das Geld, das wir besitzen, oder die Menschen, die wir kennen, unsere Sicherheit gewährleisten. Diese Glaubenssätze binden uns an die Gesetze der Welt, aber als Kind Gottes binden uns nur die Begrenzungen, die wir selbst anerkennen.

Wir glauben, dass kleine Pillen und Injektionen uns gesund machen, und das können sie tatsächlich, solange diese Glaubenssätze stärker sind als andere, damit konkurrierende Gedankensysteme, die wir in uns tragen. Es geht nicht nur darum, unseren Glauben an Krankheit, Verletzungen oder Probleme loszulassen, sondern auch darum, das loszulassen, was sie verursacht.

Unsere Überzeugung, eine äußere Sache bekommen zu können, die uns

---

* Das gesamte Kapitel ist durch *Ein Kurs in Wundern* inspiriert.

glücklich macht, ist der grundlegende Glaubenssatz, auf den sich die kollektiven Glaubenssätze stützen. Äußere Dinge retten mich oder machen mich glücklich. Von diesem Glaubenssatz rühren alle kollektiven Glaubenssätze in Bezug darauf her, worin genau die äußere Sache besteht, die uns rettet oder glücklich macht. Dies ist der grundlegende Glaubenssatz, den wir loslassen müssen. Nicht unsere harte Arbeit lässt uns erfolgreich sein, sondern das, was wir in Wirklichkeit sind. Erfolg entspringt unserer geistigen Wesensnatur und der Art und Weise, in der wir vom größtmöglichen Glück, vom Schöpfer selbst, erschaffen wurden. Unsere wahre Identität hat alles erschaffen, was wir brauchen, um unsere Wünsche und Bedürfnisse zu erfüllen. Wir tragen es in uns. In *Ein Kurs in Wundern* heißt es, dass wir keinen Gesetzen unterstehen außer den Gesetzen Gottes (Lektion 76). Diese Erkenntnis und die Investition der Kraft unseres Geistes in diese Wahrheit sind unsere Rettung. Wir haben sie weder unserer Magie noch einem Talisman oder einem glücklichen Zufall zu verdanken. Sie liegt in der Wesensnatur dessen, wer wir sind. In *Ein Kurs in Wundern* heißt es außerdem, dass wir ein Anrecht auf Wunder haben (Lektion 77). Es rührt von der Wesensnatur dessen her, wer wir als grenzenloser, reiner Geist sind. Aus dieser Mitte heraus brauchen wir nichts, und wir brauchen auch nichts zu tun, um das zu empfangen, was wir zu brauchen glauben.

Gib deshalb den grundlegenden Glaubenssatz auf, dass etwas anderes als deine geistige Wesensnatur, die mit dem Geist Gottes verbunden ist, dich jemals glücklich machen kann. Deine Wesensnatur als Kind Gottes birgt dein Glück und deine Rettung. Du unterstehst keinen Gesetzen außer den Gesetzen Gottes, und du hast ein Anrecht auf Wunder.

Lektion 93

Wenn der Tod dein Schatz ist

„Du bezahlst keinen Preis für das Leben, denn dieses wurde dir gegeben, aber du zahlst in der Tat einen Preis für den Tod, und zwar einen sehr hohen. Wenn der Tod dein Schatz ist, dann wirst du alles andere verkaufen, um ihn zu erwerben."

Ein Kurs in Wundern, T-12.IV.6.3:4

In meinen Workshops und bei Beratungen habe ich mit einigen Klienten gearbeitet, die den Tod zum Schatz hatten. Diese Tatsache war in hohem Maße kompensiert, sodass es tatsächlich den Anschein hatte, als wollten sie, dass es ihnen besser geht, aber auf den tieferen Ebenen übernahmen Widerstand, falsche Geisteshaltung und Autoritätskonflikt das Ruder.

Einige Klienten strebten nach der Aufmerksamkeit und Besonderheit, die ihre Krankheit ihnen brachte. Andere hatten dramatische Geschichten, tragische Geschichten, Geschichten des Todes und andere dunkle Geschichten geschrieben, weil sie glaubten, dass diese Geschichten ihnen Glück bringen oder ihrem Leben einen Sinn verleihen könnten. Bei den meisten Menschen war ein tiefgreifender Autoritätskonflikt mit anderen Menschen am Werk, der fast immer tief verborgen war. Auf der tiefsten Ebene lag schließlich der Kampf mit Gott verborgen. Dein Ego will Gott sein. Es tut alles, was in seiner Macht steht, um zu verhindern, dass du einen spirituellen Weg gehst. Es liefert dir weltliche Zerstreuungen, die dich scheinbar glücklich machen, in Wirklichkeit aber dafür sorgen, dass du abgelenkt bist. Das Ego will erreichen, dass du seinem Beispiel folgst und in Schwäche und Opferhaltung investierst. Es will beweisen, dass Gott ein schlechter Gott ist. Der Tod ist dabei seine höchste Trumpfkarte, denn er beweist, dass es mächtiger ist als Gott und dass Gott es nicht aufhalten und dich nicht vor dem retten kann, was es will.

Die Tatsache, dass der Tod dein Schatz ist, kann unter Leugnung vergraben liegen, sodass du dir dessen überhaupt nicht bewusst bist. Dennoch hast du dem Leben den Rücken zugewandt. Du schätzt den Tod als Ausweg. Wenn Menschen mit einem sehr hohen Maß an Schmerz konfrontiert werden, dann setzen sie als Ausweg aus dieser Situation häufig eher auf den Tod als auf Heilung. Emotionaler Schmerz und der Wunsch nach Rache haben körperlichen Schmerz zur Folge, aber durch Vergebung wird der emotionale Schmerz losgelassen und der körperliche Schmerz wird gelindert. Körperlicher Schmerz wird zur körperlichen Ablenkung, die von den tatsächlichen Wurzeln eines Problems wegführt. Nur die Symptome werden behandelt und können in anderer Form zurückkommen, weil auf das eigentliche Thema nicht wirklich eingegangen wurde. Wenn der Tod dein Schatz ist, kann es passieren, dass du dich in einer ausweglosen Lage wiederfindest, in der es so aussieht, als ob es keine Hoffnung gäbe. Es ist entscheidend, dass du dich an diesem Punkt für das Leben entscheidest. Es ist wichtig, dass du dich in dieser Zeit auf die Gnade verlässt, weil es dir anderenfalls so vorkommen kann, als seien die Anstrengung und die Erschöpfung zu groß, um es aus eigener Kraft zu schaffen. Viele Menschen geben an diesem Punkt auf, anstatt auf den reinen Geist zu vertrauen. Wie es scheint, bist du so sehr an die Welt gebunden, dass es keinen anderen Weg zu geben scheint. Diese geistige Wirklichkeit ist jedoch deine grundlegende Wirklichkeit, die auch dann bleibt, wenn alles andere fortgefallen ist. Entscheide dich für das Leben, und berufe dich auf den Himmel. Mache eine Lebenseinstellung daraus, die dich ins Leben zurückführt.

Lektion 94

Versteckte Hartherzigkeit

Wir glauben zu wissen, wann und wo wir hartherzig gewesen sind, aber die Geschichte ist komplizierter und spielt sich auf einer tiefer verborgenen Ebene ab. Hartherzigkeit hat zur Folge, dass wir einen Mangel an Liebe und Erfolg erfahren. Dieser Mangel bleibt vergraben, bis eine Zeit kommt, in der unsere Beziehungen oder unsere Unternehmungen nicht erfolgreich sind. Dann denken wir aber nicht mehr an die Zeit zurück, in der wir hartherzig gewesen sind, und es kommt uns nicht in den Sinn, dass eine Verbindung bestehen könnte. Wir waren immer dann hartherzig, wenn wir in einer beherrschenden Position waren und diese Position zu unserem eigenen Vorteil ausgenutzt haben. Dies gilt – allerdings noch stärker verleugnet – ebenso für alle Zeiten, in denen wir in einer unterwürfigen Position oder in der Opferposition waren und die Möglichkeit gehabt hätten, vorzutreten, unsere Bestimmung anzunehmen und die Situation zu retten. Stattdessen haben wir zugelassen, dass jemand anderer den Kopf hinhielt und zum Bösewicht wurde und dass die Situation sich weiter verschlechterte, während wir gelitten haben. Wir haben die Situation genutzt, um unabhängig zu sein, uns zu verstecken, vor unserer Lebensaufgabe und unserer Bestimmung davonzulaufen und die Position unseres Egos zu stärken.

Neben einem Mangel an Liebe, Geld, Erfolg und Gesundheit kann unsere Hartherzigkeit uns Schwierigkeiten und harte Arbeit bescheren, die jedoch kaum etwas einbringt, und sie kann unsere besten Pläne durchkreuzen. Sie erschafft selbstzerstörerische Muster karmischen Ursprungs, und auch wenn der Himmel nicht an Karma glaubt, tun wir es sehr wohl. Nun ist es an der Zeit, über unser Leben nachzudenken, und zwar sowohl aus der dominanten, nicht einfühlsamen Position als auch aus der bedürftigen Position der Aufopferung oder des Opfers, in der wir uns davor gefürchtet haben, unser Licht leuchten zu lassen. Alle diese Situationen haben unser Herz verhärtet und es dadurch ein Stück weit seiner Fähigkeit beraubt, zu geben und zu empfangen. Sie haben uns in eine schützende Schale gehüllt, die unsere Einfühlsamkeit verringert und unsere Fähigkeit, Dinge zu genießen, herabgesetzt hat. Sie haben uns auch ein Stück weit aus dem Fluss des Lebens herausgenommen.

Unabhängig davon, ob diese Muster von der beherrschenden oder von der unterwürfigen Position herrühren, ist es nun an der Zeit, sie loszulassen und ein höheres Maß an Liebe und Freude in unserem Leben willkommen zu heißen. Das lässt dort Partnerschaft entstehen, wo wir in Rollen erstarrt waren, die den Fluss zum Stillstand gebracht und Nähe verhindert haben.

Wir sind an einem Zeitpunkt in der Geschichte angekommen, an dem wir, wenn wir selbstzerstörerische Muster und ihre Auswirkungen auf uns erkennen, Verantwortung für sie übernehmen und uns von ihnen befreien können, damit wir unsere Gesundheit und unser Glück wiedererlangen.

Das wollen wir heute tun. Das wollen wir jetzt tun. Es geschieht in drei einfachen Schritten: uns des Musters bewusst zu werden, die Verantwortung dafür zu übernehmen und es in die Hände Gottes zu legen, damit er es für uns auflösen kann.

Lektion 95

Selbstangriff ist die Wurzel dieses Problems

Selbstangriff ist die Wurzel all deiner Probleme und Krankheiten. Nun ist es an der Zeit, dass wir uns selbst überwinden, die Lektion lernen und den Fehler berichtigen. Wenn wir es tun, entdecken wir die Angst vor dem nächsten Schritt, die Angst vor dem Unbekannten und die Angst, mit dem, was auf uns zukommt, nicht umgehen zu können. Wir wollen dies zu einer Zeit der Liebe machen, denn Liebe löst Angst auf, und Liebe ist alles, was du willst. Selbstangriff erzeugt Angst, und angsterfüllte Menschen greifen an. In Angriffssituationen gewinnt das Ego an Stärke und Kraft. Wir selbst entscheiden jedoch, ob wir uns von Angst steuern lassen oder aus der Liebe heraus leben wollen.

Entscheidest du dich dafür, sklavisch deinem Ego zu folgen, oder willst du auf die Weisung deines höheren Bewusstseins hören und in seinem Fluss leben? Willst du von Angst beherrscht werden oder aus der Liebe heraus leben? Du allein kannst diese Entscheidung treffen, und sie muss von Augenblick zu Augenblick neu getroffen werden. Entscheidest du dich für dein höheres Bewusstsein, das mit dem Himmel und der Liebe Gottes verbunden ist, oder investierst du in dein Ego, das eine von dir selbst erschaffene Illusion der Trennung ist? Die Entscheidung für dein höheres Bewusstsein bringt dir Frieden und die Gaben Gottes, während die Entscheidung für dein Ego dich in Schwäche, Bedürftigkeit und Aufopferung oder der falschen Stärke von Beherrschung und Dissoziation gefangen hält. Deine Identität ist auf Angriff und Selbstangriff aufgebaut. Sie sind die Mauern, die dich von dir selbst, von anderen Menschen und vom Himmel trennen. Freude rührt daher, dass du dich öffnest und mit anderen Menschen verbindest. Sie schwächt die Glaubenssätze, die dich trennen, weil sie durch die Wahrheit gestärkt wird, und Wahrheit geht mit Mühelosigkeit und Freiheit einher. Die richtige Einstellung ist folglich ihr eigener Lohn. Entscheide dich heute für die Liebe. Dies ist eine Entscheidung, die du aus der richtigen Einstellung heraus triffst. Wenn du deinen Selbstangriff aufgibst, hilfst du dir selbst, den Menschen, die du liebst, und auch Menschen, denen du niemals begegnen wirst.

Segne dich selbst und vergib dir selbst, bis du vollkommen im Frieden bist. Heilung führt stets zu einem höheren Maß an Wahrheit. Die Alternative besteht darin, dich weiterhin selbst anzugreifen und in die Lügen des Egos zu investieren, die Schmerz und Selbstgerechtigkeit zur Folge haben.

Verwende den heutigen Tag darauf, an deinem größten Problem zu arbeiten. Segne dein Problem, dich selbst und deine Glaubenssätze. Vergib dem Problem, dir selbst und deinen Glaubenssätzen immer wieder, bis du von tiefem Frieden erfüllt bist. Vergib dir selbst und deinem Selbstangriff im Laufe des heutigen Tages immer wieder, sobald sie dir in den Sinn kommen. Segne dich selbst und vergib dir selbst immer wieder, bis du von tiefer Liebe zu dir selbst und zu anderen Menschen erfüllt bist. Wähle morgen ein anderes Problem oder schmerzhaftes Ereignis aus der Vergangenheit, um es zu segnen, und liebe dich selbst, statt dich anzugreifen. Wiederhole diese Übung jeden Tag. Es kann sein, dass du an einem chronischen Problem arbeitest und Schicht um Schicht die darunter verborgen liegende Angst vor Veränderung heilst. Wenn du dir selbst immer wieder vergibst, heilst du deine Angst vor der Liebe und deine Angst vor Gott, der die tiefste Liebe ist.

Lektion 96

Du kannst dich für den Himmel entscheiden

Eine Krankheit oder ein Problem deutet darauf hin, dass du leidest. Leiden deutet auf eine Illusion hin. Eine Illusion ist ein Ort, an dem wir glaubten, eine Stufe nach oben zu gehen, stattdessen jedoch eine Treppe betreten haben, die abwärts führt. Eine Illusion bedeutet, dass wir auf einen Götzen gesetzt haben, um uns glücklich zu machen. Der Götze hat irgendwann nicht mehr funktioniert, wie es bei Götzen üblich ist. Etwas, wovon wir glaubten, es würde uns tragen, ist in sich zusammengestürzt. Unabhängig davon, wie groß der Schmerz war, den der Sturz verursacht hat, war unser Götze eine Versuchung, von der wir etwas zu bekommen hofften, das uns glücklich machen sollte. Versuchungen sind jedoch stets Verzögerungstaktiken und Ablenkungsmanöver, die verhindern sollen, dass wir den nächsten Schritt gehen. In *Ein Kurs in Wundern* (Lektion 272 2.2) heißt es in diesem Zusammenhang, dass die Versuchung uns ruft, „dazubleiben und in einem Traume zu verweilen." Weiter heißt es, dass „der HIMMEL ebenso leicht wie die Hölle gewählt werden kann und die Liebe glücklich jede Angst ersetzen wird."

Ein Götze erzeugt Schmerz, Groll und weitere Selbstkonzepte. Wir wollen eine Weile darüber nachdenken, in welchen Götzen wir unser Vertrauen gesetzt haben. Sobald du herausgefunden hast, worin er besteht, übergib ihn deinem höheren Bewusstsein, dessen Aufgabe es ist, solche Illusionen aufzulösen. Wenn es sich um mehr als einen Götzen handelt, übergib deinem höheren Bewusstsein alle Götzen, die du in den verschiedenen Bereichen in dir trägst. Entscheide dich dann ganz einfach für den Himmel. Triff diese Entscheidung von Augenblick zu Augenblick neu und nimm auf allen Ebenen wahr, welche Auswirkungen eine solche Entscheidung hat. Entscheide dich immer wieder für den Himmel, bis sich dauerhaft himmlische Gefühle eingestellt haben.

Lektion 97

Probleme als eine Form von Angriff

Krankheiten und Probleme sind Formen von Angriff. Auf einer bestimmten Ebene bestreiten sie Schuld: „Schau nur, was du mir angetan hast." Dieser Angriff besagt, dass mir etwas widerfahren ist, weil du mich nicht genug geliebt und dich nicht so um mich gekümmert hast, wie du es hättest tun sollen. Jeder Angriff beschuldigt einen anderen Menschen, bei der Erfüllung der Aufgabe versagt zu haben, die wir als das Opfer ihm zugewiesen hatten. Alle Emotionen übermitteln im Grunde genommen die gleiche Botschaft.

Unsere Wahrnehmung verwechselt hier jedoch Ursache und Wirkung. Wir sehen, fühlen und erfahren das, was wir selbst tun, und nicht das, was der andere tut. Die Welt stützt diese Wahrnehmung weitestgehend durch unsere kollektiven Glaubenssätze. Die Zuweisung von Aufgaben verursacht uns Schmerz und bringt uns in Schwierigkeiten. Wir glauben, dass eine äußere Sache uns retten kann. Wir glauben, dass eine äußere Sache uns glücklich machen kann. Wir weisen anderen Menschen entsprechende Aufgaben zu und leiden, wenn sie nicht erfüllt werden. Die anderen Menschen agieren ihre Unabhängigkeit aus, die mit dem heimlichen Drehbuch übereinstimmt, das wir ihnen zugewiesen haben, um unsere eigene Unabhängigkeit aufrechterhalten oder sogar noch vergrößern zu können. Wenn wir Menschen oder Dingen bestimmte Aufgaben zuweisen, um uns glücklich zu machen, dann verwandeln wir sie in Götzen, und Desillusionierung oder geplatzte Träume sind die Folge. Dies ist ein Weg, der in die Hölle führt. Statt anzugreifen, könnten wir die Lektion lernen, die mit der Situation verbunden ist, und uns nicht von äußeren Dingen oder anderen Menschen abhängig machen. Wenn wir diese Götzen und die geplatzten Träume, die sie zur Folge haben, loslassen, können wir auch den Angriff und Selbstangriff loslassen, die das Fundament des Egos sind. Das gibt uns die Möglichkeit, einen großen Sprung voran auf eine neue Ebene emotionaler Reife zu tun und nicht nach außen, sondern nach innen zu schauen, nicht anzugreifen, sondern großzügig unseren Beitrag zu leisten. Wir erinnern uns daran, dass wir reiner, ewiger Geist sind, dass wir alles haben und dass es uns eine Freude ist, es mit anderen Menschen zu teilen. Dieses Geben stärkt unseren Selbstwert. Es lässt das Glück und die Ganzheit entstehen, die Krankheiten heilen und Probleme auflösen.

Rufe dir heute deine Verletzungen ins Gedächtnis, die in Wirklichkeit ein Angriff waren, sowie alle Orte, an denen du enttäuscht wurdest. Richte deinen Blick dabei jedoch auf das, was du hättest geben sollen. Teile es mit den an der damaligen Situation beteiligten Menschen, um sowohl deinen Schmerz als auch deine Bedürfnisse aufzulösen. Öffne die Gabe, die du in der damaligen Situation mit ihnen teilen solltest und die du nun mit ihnen teilen kannst.

Lektion 98

Die Kinder der Vernachlässigung

Die Kinder der Vernachlässigung neigen ihrerseits zur Vernachlässigung. Sie beginnt bei ihnen selbst und überträgt sich dann auf ihren Partner, ihre Kinder und ihre Arbeit. Sie kann sich auf einen oder mehrere Lebensbereiche erstrecken. Es kann einen Versuch geben, Gefühle der Vernachlässigung durch Dissoziation, Aufopferung oder Schwelgen zu kompensieren, aber keines dieser Dinge vermag diese Emotionen zu lindern. Es deckt sie lediglich zu oder führt die betreffenden Menschen in einen Teufelskreis aus Vernachlässigung und Aufopferung. Jemand, der vernachlässigt wurde, setzt dieses Muster mitunter fort, indem er sich selbst vernachlässigt. Er geht leichtsinnig mit seiner Gesundheit um und ist schlampig, wenn es um Haushalt und Körperpflege geht. Er kann allerdings auch übertrieben auf seine Gesundheit achten oder sogar zum Hypochonder werden. Obwohl die übertriebene Kompensation die beste der drei Verhaltensweisen zu sein scheint, ist sie dennoch lediglich eine Abwehrstrategie, die Gefühle der Vernachlässigung verteidigt. So können die erwachsenen Kinder von Alkoholikern zum Beispiel sehr pedantisch sein und immer das Richtige tun, fühlen sich aber niemals wirklich authentisch oder frei.

Kinder der Vernachlässigung haben oft Probleme damit, sich selbst zu lieben und wertzuschätzen. Selbstliebe und Selbstwertschätzung sind ganz wesentliche Elemente, wenn es um Gesundheit, Wohlbefinden und ein problemfreies Leben geht. Sie sind das Gegenteil von Depression.

Menschen, die sich vernachlässigt fühlen, tragen eine tiefe Depression in sich, die mit Gefühlen der Verbitterung und der Bitterkeit verbunden sein kann. Sie sind häufig in einem Teufelskreis aus Aufopferung und Schwelgen gefangen. Daraus kann sich leicht eine Sucht entwickeln, weil fast alle süchtigen Menschen diese Falle in sich tragen. Sie wechseln zwischen harter Arbeit, die eine Form von Aufopferung ist, und Schwelgen, das ein Versuch ist, Freude zu empfinden. Derart starke Gefühle der Vernachlässigung können auch starrsinnige Unnachgiebigkeit zur Folge haben. Starrsinn kann Gefühle der Vernachlässigung ebenso verbergen wie Angst vor dem nächsten Schritt und davor, das zu verlieren, was sie erreicht haben. Ihre Anhaftung gilt meist einem Götzen. Sie haften an etwas an, von dem sie glauben, es könne sie glücklich machen, das in Wahrheit jedoch eine Methode des Egos ist, um sie aufzuhalten und in eine Falle zu locken.

Ein Blick auf unsere unterbewussten und unbewussten Entscheidungen und Muster zeigt uns, wo wir dazu neigen, genau die gleiche Entscheidung zu treffen. Ein Muster der Vernachlässigung setzt andere Muster in Gang, die auf den Rollen des Opfers, der Aufopferung und der Unabhängigkeit beruhen. In der Regel haben wir das Muster der Vernachlässigung nicht deshalb aufgebaut, weil wir Schmerz und Mangel erfahren wollten, sondern weil wir bereit waren, die schmerzhaften Muster als Preis für die Unabhängigkeit zu zahlen, von der das Ego uns überzeugt hat, dass sie den Preis wert sei. Das entspricht jedoch nicht der Wahrheit, denn Unabhängigkeit ist eine Rolle, die weder empfangen noch genießen kann. Sie ist nicht gleichbedeutend mit Freiheit. Sie ist nicht gleichbedeutend mit Wahrheit, und sie hat uns nicht glücklich gemacht. Sie hat lediglich die Macht unseres Egos gestärkt.

Wir wollen alle diese negativen Aspekte nun integrieren, denn Integration lässt Fluss und Ganzheit entstehen, und sie bereitet Angst und Schuld ein Ende. Diese Übung der Integration benutzt den Körper als Werkzeug. Lege eine Hand auf den Bereich deines Körpers, in dem sich die meisten deiner vernachlässigten Selbstanteile angesammelt haben. Ziehe dann auch alle anderen Schattenfiguren, Geschichten, Verschwörungen und Gefühle der Vernachlässigung an diesen Punkt. Lege die andere Hand nun auf alle falschen Entscheidungen, die du getroffen hast und in deren Folge diese Muster der Vernachlässigung entstanden sind. Bewege beide Hände über deinen Körper und führe sie zusammen, bis du eine Hand auf die andere legen und so diese Aspekte zu neuer Ganzheit verschmelzen kannst. Lasse eine Hand auf dieser Stelle liegen und lege die andere Hand dann auf den Bereich deines Körpers, in dem sich die Anteile des Mangels angesammelt haben. Bewege beide Hände wieder über deinen Körper und führe sie dort zusammen, wo es sich richtig anfühlt. Lasse eine Hand dort liegen und lege die andere Hand auf den Bereich, in dem sich alle deine Anteile des Starrsinns angesammelt haben. Führe die Hände erneut zusammen und lege sie übereinander, damit Integration geschehen kann. Sollte nach einer Integration ein schlechtes Gefühl aufkommen, lege deine Hand auf diese Emotion, ziehe alle ähnlichen Emotionen an diesem Punkt zusammen und integriere sie dann mit dem, was bereits integriert wurde, zu neuer Ganzheit.

Integration wendet das Negative zum Positiven, fügt es zu einem größeren Ganzen zusammen und bringt damit Frieden und ein höheres Maß an Integrität. Integriere nun im nächsten Schritt alles, was bereits integriert wurde, mit deinen Selbstanteilen der Aufopferung und des Schwelgens sowie mit den Teufelskreisen aus Aufopferung und Schwelgen. Integriere anschließend alle deine Selbstanteile, Geschichten und Verschwörungen der Verbitterung. Integriere im nächsten Schritt alle deine Selbstanteile, Geschichten und Verschwörungen der Unabhängigkeit und des Rebellen. Die Integration all dieser Selbstanteile stärkt deine weibliche Seite, sodass du in höherem Maße empfangen und genießen kannst. Außerdem bringt sie deine männliche und deine weibliche Seite ins Gleichgewicht und bahnt so den Weg für ein höheres Maß an Partnerschaft, Erfolg und Nähe.

Lektion 99

Die Schattenfiguren des Kämpfers und des Überlebenden

Unsere Schattenfiguren gehören zu den Aspekten des Bewusstseins, die uns niederdrücken. Es sind Orte des Selbsthasses, die den Nährboden für Probleme und Krankheiten bilden. Es sind Orte, an denen unser Bewusstsein gespalten ist und die häufig durch Dissoziation oder Kompensationen zugedeckt werden. Eine Kompensation ist eine Rolle, die das Gegenteil der Schattenfigur darstellt, sodass es den Anschein hat, als sei sie nicht da. Schattenfiguren, die wir verdrängt haben, gleichen einem großen Anker, den wir unter unserem Schiff hinter uns herziehen. Wenn wir sie verdrängt und projiziert haben, ziehen wir sie nicht nur wie einen Schleppanker hinter uns her, sondern haben es auch noch mit der Situation oder den Menschen zu tun, auf die wir sie projiziert haben.

Die Schattenfigur des Kämpfers bedeutet, dass es in unserem Leben immer große Widerstände oder Herausforderungen gibt, die wir überwinden müssen. Wir erkennen nicht, dass wir durch unsere Glaubenssätze über uns selbst diese Ereignisse in unserem Leben selbst programmieren.

Wir glauben, ein Überlebensprogramm sei gut, weil es uns die Möglichkeit gibt, jede Situation bis zum Schluss zu überleben. Wir erkennen nicht, dass wir die Situation, in der es um unser Überleben geht, selbst herbeiführen, damit unsere Selbstkonzepte oder Schattenfiguren des Überlebenden auch einmal das Licht der Sonne genießen dürfen. Es ist möglich, dass wir diese Schattenfiguren sehr tief verdrängt haben, aber dennoch versuchen sie unaufhörlich, sich zu befreien und Aufmerksamkeit zu erlangen. Alle Selbstkonzepte und alle Schattenfiguren sind Glaubenssysteme, die unsere Welt so formen, wie wir sie für wirklich halten und dementsprechend erfahren. Diese Glaubenssysteme setzen unserem persönlichen Entwicklungsprozess sehr enge Grenzen. Irgendwann einmal werden wir sogar alle positiven Glaubenssätze als Begrenzungen des *Seins* und des reinen Geistes loslassen, der unser Wesenskern ist und den unsere unzähligen Selbstkonzepte nur zugedeckt haben.

Ein Selbstkonzept und eine Schattenfigur unterscheiden sich darin, dass die Schattenfigur mit einem viel höheren Maß an Selbstangriff verbunden ist, obwohl natürlich auch ein Selbstkonzept nicht frei von Selbstangriff ist. Meist tragen wir Selbstkonzepte des Kämpfers gemeinsam mit Schattenfiguren des Überlebenden in uns. Unsere Selbstkonzepte des Kämpfers und des Überlebenden sind die Orte, an denen wir glauben, es sei völlig normal, um unser Überleben zu kämpfen und es trotz aller Widrigkeiten zu schaffen. Frage dich, wie viele Schattenfiguren des Kämpfers du in dir trägst, und achte darauf, welche Zahl dir in den Sinn kommt. Frage dich dann, wie viele Selbstkonzepte des Kämpfers du in dir trägst. Frage dich zuletzt, wie viele Schattenfiguren des Überlebenden und wie viele Selbstkonzepte des Überlebenden du in dir trägst.

Stelle dir vor, dass alle Selbstkonzepte des Kämpfers und des Überlebenden links vor dir stehen. Wie sehen sie aus? Stelle dir anschließend vor, dass alle Schattenfiguren des Kämpfers und des Überlebenden rechts vor dir stehen. Wie sehen sie aus, und worin unterscheiden sie sich von den Selbstkonzepten des Kämpfers und des Überlebenden?

Lasse alle Selbstkonzepte des Kämpfers zu einer einzigen großen Gestalt verschmelzen. Wiederhole den Vorgang mit den Schattenfiguren des Kämpfers. Wie sehen sie aus, und worin unterscheiden sie sich?

Lasse nun alle Selbstkonzepte des Überlebenden zu einer einzigen großen Gestalt verschmelzen, und wiederhole den Vorgang mit allen Schattenfiguren des Überlebenden. Wie sehen sie aus?

Nähere dich dieser Gestalt. Sie ist nicht massiv, sondern ein Hologramm, das eine Zugangspforte verbirgt. Tritt in das Bild des Kämpfers hinein. Sieh die Pforte vor dir. Gehe hindurch. Was siehst du dort? Was du siehst, ist ein Anteil deines Bewusstseins, den du verloren hattest. Ihn wiederzufinden verleiht dir ein höheres Maß an geistiger Kraft. Für den äußerst seltenen Fall, dass du an einen dunklen Ort gelangst, bitte den Himmel und dein höheres Bewusstsein darum, diesen Bereich deines Bewusstseins mit Liebe und mit Licht zu erfüllen. Lade alle Menschen in deiner Umgebung, von denen du glaubst, dass sie die Energie dieses wiedergefundenen Ortes brauchen, und insbesondere die Menschen, die häufig kämpfen, an diesen Ort ein.

Nun wollen wir die Übung mit deinen Schattenfiguren und Selbstkonzepten des Überlebenden wiederholen. Mache dir keine Sorgen darum, dass du künftige Situationen nicht überleben könntest. Zum einen erschaffst du in der Regel keine Situationen mehr, in denen es um dein Überleben geht, weil sie bereits bewältigt wurden und infolgedessen ein neues Maß an Ganzheit existiert. Zum anderen gibt es keinen Grund, weshalb du zögern solltest, durch diese Pforten, die Orte der Initiation sind, hindurchzugehen, um mit neuer Offenheit bestimmte Aspekte deines Bewusstseins zurückzugewinnen.

Stelle alle deine Selbstkonzepte des Überlebenden links von dir und deine Schattenfiguren des Überlebenden direkt vor dir in einer Reihe auf. Lasse sie zu einem großen Selbstkonzept und zu einer großen Schattenfigur verschmelzen. Wie sehen sie aus?

Lasse beide nun zu einer großen Gestalt des Überlebenden verschmelzen. Wie sieht sie aus?

Gehe auf sie zu und in sie hinein. Sieh die Pforte vor dir, und gehe hindurch. Wie sieht es auf der anderen Seite aus, und wie fühlst du dich dort? Wenn du an einen dunklen Ort gelangt bist, erbitte die Hilfe des Himmels, um ihn zu erhellen. Lade alle Menschen in deiner Umgebung, die in Überlebenssituationen gefangen sind, an diesen Ort der Erholung und Erneuerung ein.

Genieße das höhere Maß an Ganzheit und Frieden, das diese Heilung dir gebracht hat. Wenn du diese Dinge mit anderen Menschen teilst, wird ihnen geholfen, und zugleich werden sie dir in noch höherem Maße geschenkt.

Lektion 100

Wer sündenlos ist, kann keinen Schmerz erleiden

„Wer sündenlos ist, kann keinen Schmerz erleiden."

Ein Kurs in Wundern, Lektion 356

Es gibt nichts anzugreifen, noch gibt es einen Grund, angegriffen zu werden. Schuldzuweisungen und Groll sind als die Illusionen zerronnen, die sie sind. Es gibt keinen Grund mehr, krank oder verletzt zu sein, denn Segnungen sind alles, was bleibt. Gnadenvolle Lektionen nehmen den Platz von Herausforderungen und Problemen ein. Einfühlsamkeit nimmt den Platz von Urteilen ein, weil wir die Hilferufe hören.

Wenn du sündenlos bist, erkennst du den Irrtum aus Versagen und Schuld, sodass das Leben nicht unter einem Bombardement aus Selbstangriff begraben wird. Wo es nur Unschuld gibt, herrscht die Liebe und Gaben werden geteilt. Wo ein Mangel wahrgenommen wird, dort gehen wir mit Liebe und Einfühlsamkeit auf ihn ein. Wer sündenlos ist, kann nicht leiden, weil es nichts zu bestrafen gibt. Sündhaftigkeit wird durch Liebe und das Christusbewusstsein ersetzt, Gott nicht nur als das Alpha und Omega, als das Ein und Alles, sondern auch als DAS-WAS-IST willkommen geheißen. In Wahrheit brauchst du nur zu sagen: „Gott ist." Darin ist alles enthalten. Alle Liebe, alle Freude und alles Glück. Wenn etwas hochkommt, das nicht Liebe ist, sprich einfach die folgenden Worte aus *Ein Kurs in Wundern* (T-18.I.7.1): „GOTT ist nicht Angst, sondern LIEBE."

Sündenlos zu werden bedeutet, alle Menschen als sündenlos zu betrachten und dir selbst und allen anderen Menschen zu vergeben. Es bedeutet, Gott für die Dinge zu vergeben, derer wir ihn beschuldigt, die wir aber selbst getan haben, damit wir seine Hilfe und seine Wunder erneut annehmen können. In unserer Vergebung erkennen wir, dass wir sündenlos sind und nicht leiden können. In unserer Unschuld erinnern wir uns unseres Urzustandes, und wir erinnern uns an Gott.

Nachwort

Gewinne zuerst und vor allem dein Herz zurück und gestehe dir die Ganzheit deines Herzens zu. Es lässt dich auf deinem Lebensweg schneller vorankommen. Es bringt dir ein höheres Maß an Heilung und Klarheit. In dem Maße, in dem du deine Bewusstseinsentwicklung beschleunigst, erreichst du höhere, freiere und liebevollere Zustände. Dein Selbstgefühl dehnt sich aus, bis es irgendwann wieder zu dem höchsten Selbst wird, aus dem deine geistige Wesensnatur besteht. Je mehr Schmerz unter deinen Problemen vergraben liegt, umso mehr gerätst du ins Stocken, statt im Fluss des Lebens mühelos voranzugelangen. Unzählige alte und uralte Konflikte liegen im Unterbewusstsein und Unbewussten verborgen. Sie alle bergen Schmerz in sich. Jeder Schritt in deinem Entwicklungsprozess heilt ein wenig von diesem Schmerz und diesen Konflikten. Mitunter geschieht dies sogar, noch bevor sie zur Oberfläche emporsteigen und sich in äußeren Geschehnissen manifestieren. Der Weg der Heilung ist ein Weg, der von Partnerschaft und von Hilfsbereitschaft gekennzeichnet ist. Es ist ein Weg der Kreativität, auf dem du zu einem leuchtenden Stern wirst. Es ist ein Weg der schamanischen Schau und Macht. Nicht zuletzt ist es ein Weg der spirituellen Schau. Alle diese Dinge führen zu einem höheren Maß an Bewusstheit, Integrität und Ganzheit sowohl in deinem Bewusstsein als auch in deinen Handlungen. Heilung bringt Glück, und du öffnest dich von neuem für Gnade und Weisung. Die Liebe in dir wächst ebenso wie die Verbundenheit mit den Menschen in deiner Umgebung. Du folgst einer inneren Weisung hin zu einer Lebensaufgabe, die nur du allein erfüllen kannst. Du bist aufgerufen, bestimmten Menschen zu helfen. Du bist aufgerufen, dich in einer bestimmten Weise hinzugeben. Du bist aufgerufen, das Licht in dir selbst und in anderen Menschen zu erreichen und zu einem Erlöser der Welt zu werden – zu einem Buddha, einem Christus. Schicht für Schicht steigt zur Oberfläche empor. Du heilst sie und feierst. Dann tritt die nächste Schicht zutage, und du schreitest immer weiter vorwärts und aufwärts auf das Licht zu. Du förderst die Dunkelheit des Unbewussten zutage, und du gebierst dich selbst auf neue Ebenen. Du wirst in Mitten zurückgeführt, die du vor Urzeiten verloren hattest. Dein Weg ist in immer höherem Maße von Spiritualität und Liebe geprägt. Heilung heißt, dass du ein immer höheres Maß an Ganzheit erlangst auf dem Weg hin zum Einssein, das du verloren hattest, wenngleich du es nach wie vor in dir trägst. Das Bewusstsein aller Menschen ist miteinander verbunden. Die Antworten, die du findest, und die Durchbrüche, die du erzielst, dienen daher dem gesamten kollektiven Feld. Ein Schritt voran ist zugleich ein Schritt hin zur Verbundenheit mit einem anderen Menschen, der zulässt, dass du von einem Finger der Gnade berührt wirst. Jeder Tag, den du der Heilung widmest, ist ein Tag, den du praktischer Liebe und Glück widmest. Die dunklen Lektionen des Egos und seine selbstzerstörerischen Muster verwandelst du in die Seelenlektionen, die der Himmel und deine eigene Seele für dich vorgesehen hatten. Das fällt dir leicht, wenn du dir selbst gestattest, die Gnade und die Wunder zu empfangen, die der Himmel dir jederzeit zuteilwerden lässt, um dich zu erneuern. Heilung schafft unbeschwerte Veränderung, sodass du dich zu dem zurückentwickelst, was im Einssein ewig und ewig glücklich ist. Der Weg ist lang, aber auf diesem Weg gibt es immer wieder Freudenfeste der Heilung, flüchtige Einblicke in den Himmel und Momente freudvoller Liebe. Der Weg der Heilung ist der Weg, der nach Hause führt, und je mehr Menschen ihn gehen, umso mehr schreitet der Entwicklungsprozess der Welt in Frieden und Wohlstand voran.

Weitere Bücher aus dem Verlag Via Nova:

Heilung beginnt im Herzen

Die inneren Kräfte wecken, um Körper und Seele zu heilen

Chuck Spezzano

3. Auflage

Hardcover, 240 Seiten, ISBN 978-3-86616-140-5

Das neue Buch des bekannten Lebenslehrers Dr. Chuck Spezzano gibt dem Leser grundlegende Prinzipien und Methoden an die Hand, um sich von allen Formen von Krankheit und Schmerz zu befreien. Es ergründet nicht nur die Wurzeln dessen, was Krankheiten und Schmerzen erzeugt, sondern zeigt darüber hinaus praktische Wege, wie man die dem eigenen Herzen und Geist innewohnende Kraft nutzen kann, um Krankheiten zu heilen und Schmerz aufzulösen.

Die inneren Heilkräfte erwecken

Heilung von • Krankheiten • Beziehungen • Lebensumständen

Chuck Spezzano

Hardcover, 256 Seiten, ISBN 978-3-86616-259-4

Hinter unseren Krankheiten, Beziehungs- und Lebensproblemen stecken sehr oft unbewusste und unterbewusste Lebensmuster. Diese in ihrer ganzen Tiefe zu erkennen und aufzulösen, um ein gesundes und erfülltes Leben zu führen, dazu lädt das neue Buch von Chuck Spezzano ein. Das Besondere dieses neuen Meisterwerkes ist, dass der Leser hier Erkenntnisse, Methoden und Techniken findet, die aus Spezzanos unmittelbarer, über 35-jährigen therapeutischen Arbeit stammen. Dieses Buch vermittelt lebendiges Wissen und vitale Weisheiten mit sehr praxisbezogenen Methoden und Übungen. Ein heilsamer Ratgeber und weiser Begleiter auf der Reise zu sich selbst, zu mehr Gesundheit, Zufriedenheit und Lebensfreude.

Partnerschaft und spirituelles Leben

Gemeinsam in ein höheres Bewusstsein

Chuck Spezzano

Hardcover, 272 Seiten, ISBN 978-3-86616-329-4

Mit gewohnt durchdringender Bewusstseinsklarheit und mitfühlender Menschenkenntnis öffnet der weltberühmte Weisheitslehrer mit den Botschaften dieses Buches unsere Herzen und unsern Geist für ein tiefes spirituelles Verständnis von Partnerschaft. In seiner unvergleichlichen Weise erinnert er uns daran, im Anderen, in uns selbst und in allen Prozessen, die in der Begegnung stattfinden, das Göttliche zu erkennen. Welche Widerstände und Schwierigkeiten wir auch immer in und durch unser Partnerschaft erfahren, sie sind die großen Wegweiser für unsere Heilung. Und wahre Heilung kann nur in und durch die Liebe geschehen. Dieses grandiose „Meisterwerk der Liebe" zeigt uns, wie wir gemäß unserer göttlichen Natur ein erfüllendes Miteinander leben können.

Karten der Selbstheilung

Illustrationen von Petra Kühne

Chuck Spezzano

2. Auflage

100 farbige Karten mit Begleitbuch (240 Seiten), ISBN 978-3-86616-209-9

Die Karten der Selbstheilung sind eine große Hilfe, denn sie geben jedem die Möglichkeit, unterbewusste Muster zu erkennen und aufzulösen, die oft Ursache von Krankheiten und Problemen sind. Die Karten der Selbstheilung sind nach bewährter Manier in fünfzig positive und fünfzig negative Karten unterteilt, und wie schon bei den Karten des Lebens und den Karten der Partnerschaft hat die Künstlerin Petra Kühne wunderbare kleine Kunstwerke geschaffen, die die Aussagen der Karten mit Leben erfüllen. Ein Begleitbuch erläutert die Bedeutung der Karten, macht Vorschläge für mögliche Legungen und stellt zudem heilende Übungen vor, die helfen, die Ursachen von Krankheiten und Problemen zu erkennen und aufzulösen.

Leben in emotionaler Freiheit

Heilung von unbewussten Hindernissen und Blockaden

Chuck Spezzano

Hardcover, 224 Seiten, ISBN 978-3-86616-312-6

Nichts bewegt und belastet uns und unsere Beziehungen mehr als unerlöste, unbewusste Emotionen. Über sie Meisterschaft zu erlangen, sie zu verwandeln und zu nutzen auf dem Pfad der eigenen Transformation, ist wahre Heilung – nicht nur für uns selbst, sondern auch für all unsere Mitmenschen. Mit seinem neuesten Meisterwerk, dem 3. Band zur emotionalen Reife, reicht der weltberühmte Weisheitslehrer Chuck Spezzano allen die Hand, die den Weg der inneren Verantwortung und Reife zu Ende gehen möchten. Die wundervollen, kristallklaren Botschaften dieses Buches könnten der Schlüssel sein, für ein neues lichtvolles Miteinander, nach dem sich alle Menschen so sehnen. Es öffnet uns Augen und Herz für den nächsten notwendigen Schritt der inneren Entwicklung hin zu wahrhaft erfüllenden Beziehungen, in der gelebte Liebe und Freiheit Wirklichkeit werden.

Spirituelle Hilfe bei Brustkrebs und anderen schweren Erkrankungen

Chuck Spezzano

Paperback, 144 Seiten, ISBN 978-3-86616-327-0

Seit über 40 Jahren erforscht der weltbekannte Weisheitslehrer Chuck Spezzano Wege ganzheitlicher Heilung und Transformation und begleitet Menschen dabei, zu ihrer wahren Essenz sowie zu erfüllenden Beziehungen zu finden. In diesem Buch erläutert er vor diesem Erfahrungshintergrund erstmals seine Erkenntnisse zu der Psychodynamik schwerer Krankheiten wie Brustkrebs und seine Sicht auf die Verbindung zwischen Körper und Geist. Er zeigt auf, wie das Verständnis der eigenen unterbewussten und unbewussten Muster helfen kann, die Schlüssel zur Heilung auch auf körperlicher Ebene leichter zu finden. Qualifizierte medizinische Beratung kann und will dieses Buch explizit nicht ersetzen, aber es will auch bei schweren Krankheiten wie Brustkrebs ermutigen und inspirieren, seinen ganz persönlichen Heilungsweg zu finden!

Die Brücke

Das Musical

Barbara Schenkbier / Reinhold Hoffmann

CD, Laufzeit: 64 Minuten, 25 Songs, ISBN 978-3-86616-351-5

Der Ursprung? Vergessen! Die Identität? Getilgt! In einer Welt fern der unseren, haben die Menschen – unterdrückt von einem skrupellosen Wissenschaftler und abhängig vom Serum einer Pflanze – ihr wahres Sein eingetauscht gegen ein Leben ohne Sorgen und Schmerz. Sie haben vergessen, wer sie sind und woher sie kommen. Doch es keimt Hoffnung. Zwei Menschen, ein Mann und eine Frau, begeben sich gemeinsam auf die Suche nach Liebe, Glück und Freiheit. Ein gefährliches Unterfangen. Doch die beiden sind nicht allein. Eine geheimnisvolle, große Kraft weist Ihnen den Weg und zeigt ihnen ihre Bestimmung: Die Brücke zu finden, die alles Leben miteinander verbindet. Nach einer riskanten Flucht stoßen sie schon bald auf Unterstützer und das spannende Abenteuer nimmt seinen Lauf. Werden sie die Fähigkeit erhalten die Menschen aus ihrer Maskerade zu befreien? Sind sie bereit für den großen Tanz des Lebens? Die spannende Geschichte, inspiriert von der erfolgreichen Autorin Barbara Schenkbier als Musical geschrieben, führt ausdrucksstark und liebevoll in eine Zeit, die sowohl in die Zukunft weist, als auch den Spiegel der heutigen Zeit vor Augen hält.

Der Aufstieg der Seele

Meditationsübungen des Raja-Yoga

Swami Kriyananda

Paperback, 240 Seiten, ISBN 978-3-86616-298-3

Wer sich auf die Übungen dieses ungewöhnlichen Buches einlässt, ganz gleich ob Anfänger oder Fortgeschrittener, der kann mit dem hier erstmals vermittelten Wissen zu höchstem Bewusstsein gelangen. Die detaillierten, praxisnahen Beschreibungen sowie die sehr konkreten Meditationsanleitungen aus der Tradition des Raya-Yogas führen den Leser Schritt für Schritt zum Erwachen des Geistes. Auch die Auswirkungen auf die Physiologie sowie der Nutzen für das tägliche Leben werden sehr ausführlich beschrieben. Selten zuvor hat es solch klare Anweisungen für den Prozess der Erleuchtung gegeben wie in diesem Buch, das inspiriert ist von der großen Weisheit des berühmten Paramahamsa Yogananda, Autor des Weltbestsellers „Autobiografie eines Yogis".

Sein Bewusstsein auf eine höhere Seinsebene bringen

Geführte Meditationen

Werner Vogel

CD, Laufzeit: 70 Minuten, ISBN 978-3-86616-123-8

Die Grundübung aller spirituellen Wege ist die Meditation. Das Ziel der Meditation in allen spirituellen Traditionen ist die Erfahrung eines nichtdualistischen Bewusstseinszustands. Um in den Zustand des Geistes in der bewussten Erfahrung des „ewigen Hier und Jetzt" zu kommen, bedarf es einer stufenweise aufgebauten Übungspraxis. Geführte Meditationen können helfen, den zerstreuten Geist zu sammeln und auszurichten. Dadurch kommt der Übende zur Ruhe und zur Erfahrung der inneren Stille. Der Geist beruhigt sich und wird klar wie die Oberfläche eines aufgewühlten Sees, auf dessen Grund man sehen kann. Schließlich tritt der Zustand der gesammelten inhaltslosen Wachheit im Geist ein und der Übende wird offen und frei für ein höheres Bewusstsein. In der CD werden 3 Meditationsübungen angeboten, teilweise unterlegt mit meditativer Musik.

Weckruf für die neue Zeit

Bewusstseinswandel zum wahren Selbst
Wolfgang G. Esser

Paperback, 288 Seiten, ISBN 978-3-86616-332-4

Das vorliegende Buch konfrontiert uns mit den harten Fakten einer dramatischen Weltsituation und ruft zugleich auf mit neuem Bewusstsein selbst „der Wandel zu sein, den man sich in der Welt wünscht". Unbewusst übernommene und selbstentfremdend wirkende Lebensweisen, gilt es aufzulösen und den „Ego-Tunnel zu verlassen" (Thomas Metzinger). Lassen Sie sich bestärken von diesem pragmatisch-spirituellen Weckruf „endlich aufzuwachen" und lassen Sie sich an die Essenz Ihres Mensch-Seins erinnern. Schonungslos ehrlich. Informativ, tiefgründig, voller Hoffnung und Zuversicht ermuntert uns dieses Buch, hier und heute im Licht eines neuen Bewusstseins zu handeln, und sein Leben zu gestalten.

Radikales Erwachen

Nimm dich im Alltag ganz an
Jeff Foster

Hardcover, 256 Seiten, ISBN 978-3-86616-282-2

Jeder spirituell Suchende sehnt sich nach Einssein, Freiheit und bedingungsloser Liebe, „anzukommen" und im Hier und Jetzt vollständig aufzuwachen. Wer es liest, begegnet keinem neuen spirituellen Konzept, keiner Theorie, sondern der Einfachheit, Schönheit und Tiefe einer überwältigenden Erfahrung. Lebensnah, humorvoll, berührend und im besten Sinne radikal in seiner Direktheit zeigt Jeff Foster, wie die vollkommene Akzeptanz des Lebens und der Gefühle zur Freiheit führen und alles verwandeln kann. In jeder Zeile ist spürbar, dass er aus der eigenen lebendigen Erfahrung schöpft, und so geraten wir schon beim Lesen in den erfrischenden Sog der Freiheit.

Das Buch der ewigen Weisheit

Die Originaltexte der bedeutendsten Mystiker
in der Sprache unserer Zeit
Plotin • Meister Eckhart • Heinrich Seuse • Johannes Tauler •
Nikolaus von Kues • Angelus Silesius
Ermin Döll

Hardcover, 240 Seiten, ISBN 978-3-86616-284-6

Es ist eine außerordentliche Leistung des Theologen Ermin Döll, ausgewählte historische Texte westlicher Mystiker zusammengetragen zu haben und in solch brillanter Weise in unserer modernen Sprache zu vermitteln, dass sie uns auch heute noch mitten ins Herz treffen. In diesem Buch begegnen wir den heraus – ragendsten Mystikern der westlichen Welt, ihren tiefsten Einsichten und Erfahrungen, die uns zeigen, dass die Suche und Sehnsucht nach dem Einen nicht an Ort und Zeit gebunden ist. Die Lektüre wird für jeden spirituell Suchenden selbst zu einem mystischen Ereignis und zu einer Schatztruhe spiritueller Inspiration und lebendiger Weisheit. Auch zeigt es, welch großartige Tradition die westliche Hemisphäre an griechischen und christlichen Mystikern von Plotin über Meister Eckhart bis Angelus Silesius besitzt.